国家治理研究书系

地方治理中的公民参与

中国与加拿大比较研究视角

陈振明

[加] 安德鲁・桑克顿（Andrew Sancton）／主编

中国人民大学出版社

・北京・

撰稿人

卡罗尔·阿戈克斯（Carol Agocs），加拿大西安大略大学政治学系

卡罗琳·安德鲁（Caroline Andrew），加拿大渥太华大学治理研究中心

伊曼纽尔·布鲁内特-杰利（Emmanuel Brunet-Jailly），加拿大维多利亚大学公共管理学院

陈芳，厦门大学公共事务学院

陈振明，厦门大学公共事务学院

丁煜，厦门大学公共事务学院

凯特·格雷厄姆（Kate Graham），加拿大西安大略大学政治学系

凯瑟琳·格雷厄姆（Katherine A. H. Graham），加拿大卡尔顿大学公共管理学院

胡荣，厦门大学公共事务学院

琼·昆兹（Jean Kunz），加拿大政府战略预见中心

李学，厦门大学公共事务学院

孟华，厦门大学公共事务学院

安德鲁·桑克顿（Andrew Sancton），加拿大西安大略大学政治学系

汤姆·厄巴尼克（Tom Urbaniak），加拿大卡普顿大学政治学系

余章宝，厦门大学公共事务学院

目 录

第一章 导论

[加] 安德鲁·桑克顿（王宇颖　译）

中国与加拿大在地方性公民参与方面有何相似之处（如果有的话）？这正是这本论文集所关注的核心问题。我们将在最后一章回答这个问题，但在第一章里，我们的任务是阐明中加两国间的明显差异，为本书其余章节提供背景知识。第二章和第三章分别对中加两国公民参与的环境进行概述，不过没有采用比较的视角。

本章首要宗旨是提供比较性背景，使读者更容易理解第二章和第三章。第二个宗旨是解释“地方层面”在两个国家里的不同含义，对此的讨论不可避免地要转入对政府结构的探讨，即本章第二部分。第三部分用于概述其余章节。

一、公民参与

中国是由中国共产党领导的国家，宪法规定了党在国家中的最高地位。与此同时，中国有各种形式的非制度性参与①。

加拿大奉行西方的自由民主，公民参与政治活动的自由几乎不受限制，但蓄谋以暴力推翻现有法律秩序显然是非法的，参与旨在鼓励仇视某一种族、民族或宗教群体的政治活动也是非法的。与美国不同的是，加拿大限制富人（和企业）花自己的钱去影响选举结果。

关于选举值得一提的是，本书其中一章的中方论文作者（胡荣）几乎完全专注于讨论选举。这是因为，村委会选举是中国的一个比较新的

① 关于中国的非制度性参与的解释，参见由余章宝撰写的第六章。加拿大作者在后续章节（第七章和第十三章）中也使用了这一概念。

机制，即村民可以选择让谁来管理当地社区。自由、公开的公民投票选举无疑是极其重要的公民参与机制，这正是胡教授研究这种选举机制的原因所在。加拿大作者在本书中几乎没有提及选举，他们认为公民参与是某种超越投票的行为。不过，凯瑟琳·格雷厄姆在第二章中对一些加拿大地方上的选任官员提出了质疑。这些官员认为，他们获得了选举胜利，所以即使在两次选举之间，在没有严格的机制来保证市民的声音能够被倾听的情况下，他们做出的地方性决策仍然具有合法性。实际上，在加拿大各地，投票人数常常少于40%，低得可怜的投票率严重削弱了选举的合法化功能。

两国作者的另一差别在于，至少在某些情况下，中国作者更多地将接受政府项目的行为当成公民参与的形式之一，李学在第十二章中关于农民工子女教育政策的论文尤其体现了这一点。中国作者实际上指出了仅仅从项目中受益也是一种参与形式，这一观点完全正确，尤其是如果在项目实施过程中，因为受助人的客观需要而改变了项目的既定目标的时候。除了琼·昆兹探讨移民子女教育的那一章可能是个例外，其他加拿大作者所著章节都是关于公民在项目实施之前，如何努力影响政府项目和政策的设计。可是，在本书中最戏剧化的一个关于公民参与导致政府决策发生改变的案例却是余章宝所阐述的中国案例，即厦门市政府原先同意让一个有争议的化工厂建在其辖区内，但厦门“网民们”迫使当地政府改变了初衷。

尽管两国在选举的重要性以及政策实施和参与的相关性方面可能持有不同观点，但中国的政治生活中还有两个基本特征，导致两国公民参与的本质存在着巨大差异。首先是因为公民的流动性。在加拿大，公民的流动没有任何限制，公民有权在这个国家任何地方，在他们能买得起的任何合法住所里生活。虽然，某个省份认可的一些专业技术资格可能在其他省不被认可，对于拥有这些资格的公民来说，在本省之外谋生更为困难。而在中国，人口流动受户籍制度限制，特别是大量外来务工人员因为没有当地户口就鲜有机会享受由当地政府向本地居民提供的公共服务，李学在第十二章中对此进行了深入探讨。事实上，近年来，大量农村人口出于经济上的考虑到城市打工，为中国的经济奇迹做出了巨大贡献。2013年中共十八大召开前后，这种状况发生了变化，目前，一些公立学校允许一部分农民工子女入学。

两国间的第二个重要差别是，加拿大政府对公民结社没有做出规定，而中国对此有相关规定。这一点对公民参与来说非常重要，因为大多数西方国家，包括加拿大，都认为有效的公民参与需要某种形式的志愿结社，独立于政府之外。在中国，所有社会团体都必须在政府那里登记，而且要在某种形式的党政机构支持下才有权登记。中国有各种形式的非正式社会团体均未进行过登记，比如在较大城市里的"同乡会"。许多这类团体是被允许的，但农民组织以及一些类型的教派和宗教团体则不行。① 业主委员会（HOAs）是新型中产阶级组织，近年来颇受关注。有些业主委员会进行过登记，有些则没有。

中国共产党作为中国的执政党，一方面，它鼓励各种形式的公民参与，以获得有效的政治反馈，原因在于，如果知道人们关注的是什么，就可以更好地调整政策，防止政治动乱和维护社会稳定；另一方面，如果对公民参与完全不予约束，那么公民可以以各种不受控制的方式走到一起，而这种新的集体行动本身引发的政治诉求，可能会威胁到中国共产党的领导地位。因此，官方采取的路线是，公民参与是值得鼓励的，但有共同政治目标的公民结社是不行的。这就是为什么本书读者会发现，在关于中国的章节里很少提及正式组织的行动。在这种情况下，很难判断持续的公民参与是否有可能实现。中国的政治观察家们，也包括本书的作者们，似乎低估了当前中国国情的特殊性。外国观察家托马斯·海贝勒指出，模糊性是中国社团的主要特征。他认为，社团一般受到党领导下的国家的监督，但是"它们可能会表现出某种独立性"，只要它们不挑战党的统治地位。②

正如凯瑟琳·格雷厄姆在她论文开篇所指出的那样，在加拿大，选举的合法性与公民参与者之间往往关系紧张。地方议会议员通过公开且相对公正的选举而获任，即使在前文所述的投票率往往低得可怜的情况下，他们还是认为自己有合法权威做地方决策。如果刚好又有许多关键候选人参选，那么当选者获得的选票很可能极少。但当愤怒的公民要求按他们的意愿行事时，即便是这样的"胜利"，也并不妨碍这些"赢家们"伪装作拥有选举赋予的合法性。地方议员总是声称他们欢迎公民参与，但到了做决策的时候，有些人又会说，议员应该代表那些**没有**参加

---

① Thomas Heberer, "Creating Civil-Society Structures Top-Down?" in Jianxing Yu, Sujian Guo, eds., *Civil Society and Governance in China*, Houndsmills, Basingstoke, Hampshire, UK: Palgrave Macmillan, 2012.

② Ibid., p. 74.

的公民。在这样的情况下，公民参与者最好的选择就是待在家里，计划着在下一次选举中进行报复。

但是加拿大地方政治中还有另外一番景象。如果议员在某个问题上没有鲜明的个人观点，有时会被指责过于轻易地屈服于声音最大的公民团体，特别是当这个公民团体占据了议会公众旁听席的许多位置且引起当地媒体关注的时候。为什么不做活动家们希望的事情呢？特别是个人不会因此受到直接的政治惩罚时。民主不应该起这样的作用吧？在某个层面上，也许是的。但是，如果公民仅仅想防止一些事情发生在自己的安全区内（自家后院），而对于那些不在自家后院发生的事情做出让步，这样做不可能符合社区的长远利益。在这种情况下，当工程师和规划者想要为一个大的新建楼区、交通枢纽或垃圾处理场选址时，公民很可能希望有一个强有力的政党机器可以代表明显符合多数人的利益。地方性的政治参与有时可能是混乱、丑陋的。在本书中两国的案例都说明了这一点。

二、政府结构

从地图上可以看到，加拿大和中国都是幅员辽阔的国家，但鲜为人知的是，尽管中国共产党在国家中居于领导地位，但是中国和加拿大一样，存在着严重的地方分权。为了解这两个国家的地方性公民参与，我们必须具备两国在地方分权设置上的一些基本知识。

加拿大是由10个省份组成的联邦，除此之外，目前在北方至少仍有3个地区处于联邦（国家）政府的正式管辖之下。各省在“市政府体制”方面均有独特的宪法责任，这意味着加拿大有10种截然不同、互不相关的地方决策体系，这里就不做逐一描述了。[①] 除了魁北克省的部分地区和不列颠哥伦比亚省，加拿大是没有地方性政党的，市议会的参选议员们普遍奉行无党派的市政府。相较于其他大多数国家，加拿大的市政当局从功能上来说相当薄弱。例如，他们不控制公共教育。他们主要关心的是提供城市公共基础设施和管理人工建筑环境。市长虽然由直选产生，

① 参见 Andrew Sancton，*Canadian Local Government：An Urban Perspective*，Toronto：Oxford University Press，2011。

但其拥有的正式权威一般比较弱。在市议会里，市长只有一票，他们被看作象征性的领袖。每个市政当局都有自己的工作人员。关于市政官僚结构，在加拿大没有全国性的统一规定，各省也只做了很少的规定。市政高层管理人员在开放的服务市场内流动，至少在本省内流动频繁，并非跨市行政系统内无足轻重的一枚棋子。加拿大市政当局的财政来源几乎完全依赖于契税及用者付费产生的收入。

中国是单一制国家。中国大陆地域划分为5个自治区，23个省和4个中央直接管辖的、相当于省一级的直辖市（北京、上海、天津和重庆）。尽管观察家通常把省当作中国地方政府体系的一部分①，我们似乎没有太多理由需要注意省份。皮埃尔·兰德里说，居于中央政府之下的其他中国政府单位都称为“地方”，并认为中国“是世界上地方分权最严重的国家之一”，他指出，“2002年，地方政府开支占政府支出的近70%”②。实际上，中国各省份不具有加拿大各省所拥有的独立的地方立法权或政治权力，地方政府的最终控制权掌握在北京中央的手里。不过省份恐怕是中国最重要的行政区域了，了解各省份显然是了解中国的重要方式。

中国的省（市、区）之下又划分为地级市和县。③ 不过有些县整个被划为市，这种“县级市”常由许多乡、镇以及数百个村组成。④ 另一种情况是，市跟县管辖下的偏僻农村分开了，形成另一个县级政权，而一些市和县则被合并起来打造成“副省级城市”，中国有15个“副省级城市”⑤。正如

① John Donaldson, “Provinces: Paradoxical Politics, Problematic Partners,” in Jae-Ho Chung, Tao-Chiu Lam, eds., *China's Local Administration: Traditions and Change in the Sub-National Hierarchy*, London: Routledge, 2010.

② Pierre F. Landry, *Decentralized Authoritarianism in China: The Communist Party's Control of Local Elites in the Post-Mao Era*, Cambridge: Cambridge University Press, 2008, p. 3.

③ Yang Zhong, “Dissecting Chinese County Governmental Authorities,” in Yongnian Zheng, Joseph Fewsmith, eds., *China's Opening Society: The Non-State Sector and Governance*, London: Routledge, 2008; Tao-Chiu Lam, Carlos Wing-Hung Lo, “The Urban District: Half or Full Level of State Administration,” in Jae-Ho Chung, Tao-Chiu Lam, eds., *China's Local Administration: Traditions and Change in the Sub-National Hierarchy*, London: Routledge, 2010.

④ Jinfa Shen, “Reorganizing Urban Space in Post reform China,” in John Meligrana, ed., *Redrawing Local Government Boundaries: An International Perspective*, Vancouver: University of British Columbia Press, 2004.

⑤ Jae-Ho Chung, “Deputy-Provincial Cities: Embedded Yet De Facto Powers,” in Jae-Ho Chung, Tao-Chiu Lam, eds., *China's Local Administration: Traditions and Change in the Sub-National Hierarchy*, London: Routledge, 2010.

县级市一样，这些副省级城市拥有大片外围地区，这也是把已有单位继续作为市下面的“区”的一个原因。这些区有自己的总部，处理大部分的区行政事务。①

市进一步划分为区和街道（有时也称为街道办事处），街道又划分成很小的居委会。在上海，一个典型的居委会约有 2 000 人口②。到 2006 年为止，40％的居委会由直接选举产生，但志愿参加投票的人数很少，居委会和党支部的工作人员不得不努力动员居民投票，其中大部分居民是委托他人代为投票。③ 观察家们声称，“居委会的主要职责是把社会福利的责任和公共服务的提供从地方政府转移到社区”，这些公共服务包括“社区健康、公共安全、计划生育、解决冲突、人口普查、社会保障等”。大多数工作人员的时间都花在这些行政事务上，而不是帮助居民参与社区事务。④

1978 年（中国开始改革开放之时）以来，城市的数量（即上述所有类型的市，包括直辖市）已经从 185 个增加到 663 个。⑤ 大多数情况是城市代替了农村，虽然有些县级市实际上以农业经济为主。不管怎样，这说明建立新城市的主要动机在于让市政府得到更多土地以供城市发展。这与发生在加拿大的情况，特别是小城镇和大面积农业用地的直接合并（不同于渐进式合并）相类似。温尼伯、伦敦、哈利法克斯、渥太华、汉密尔顿和大萨德伯里恐怕是加拿大在这方面的有力证据。主要的区别是，中国没有采用公众参与的方式来使这类合并合法化。⑥

有学者全面列举了中国各级政府的相应职责⑦，这与加拿大各级政

---

① Tao-Chiu Lam, Carlos Wing-Hung Lo, “The Urban District: Half or Full Level of State Administration,” in Jae-Ho Chung, Tao-Chiu Lam, eds., *China's Local Administration: Traditions and Change in the Sub-National Hierarchy*, London: Routledge, 2010.

② Bin Chen, Terry L. Cooper, and Rong Sun, “Spontaneous or Constructed? Neighborhood Government in Los Angeles and Shanghai,” *Public Administration Review* 69 (S1), 2009, S112.

③ Ibid., S111-112.

④ Ibid., S113. 对该问题相当正面的论述，参见 Chunrong Liu, “Empowered Autonomy: The Politics of Community Governance Innovations in Shanghai,” *Chinese Public Administration Review* 5 (1/2), 2008, pp. 61-71。

⑤ Jinfa Shen, “Reorganizing Urban Space in Post reform China,” in John Meligrana, ed., *Redrawing Local Government Boundaries: An International Perspective*, Vancouver: University of British Columbia Press, 2004, p. 198.

⑥ Ibid., p. 200.

⑦ Fulong Wu, Xu Jiang, Anthony Gar-On Yang, *Urban Development in Post-Reform China: State, Market, and Space*, London: Routledge, 2007, pp. 122-123.

府的职责不太容易对应。需要指出的是，国家政府和省级政府关注“政策、标准和监督”，而市政府（各级市）更注重直接提供服务①。然而市，作为一个行政单位，明显地更为关注城市发展问题，这一点与加拿大的城市政府非常相似。事实上市政府还关注很多其他问题，这又清楚地表明了市一级的官僚机构其实还充当着中央和省级政府在当地的办事处。中国公民似乎不需要知道哪级政府负责什么，因为他们可以通过市政府获得几乎所有类型的政府服务。政府间的冲突和相互责难在加拿大是非常普遍的问题，而由于中国的整个政府体系由中国共产党领导，这种问题似乎相对较少发生，因为地方领导（除了村一级）是由上一级党组织任命的。②

县主要划分为非城市化的乡和镇，中国有成千上万的乡镇。③ 乡镇是党和政府组织在农村地区的基本单位。确切地说，村不属于中国地方政府的正式组成部分，因为村里没有设任何国家官僚组织，村由所在乡镇进行管理。尽管如此，每个村都设村委会，村委会成员不是国家官员（干部）。1988 年以来，村委会成员一直是由公开、竞争的选举产生，这已经引起对中国政治变革有兴趣的学者们的高度关注。④

关于中国税收有大量的资料⑤，而问题的关键在于确定地方政府在多大程度上能够自主决定税率，但这种自主权似乎很小。很多税都由地方征收，这些税收（或是按照国家指定的税收的一部分）往往成为当地财政来源。加拿大实行全国统一财产税，各市保留各自的税收。因为温

---

① Fulong Wu, Xu Jiang, Anthony Gar-On Yang, *Urban Development in Post-Reform China: State, Market, and Space*, London: Routledge, 2007, p. 123.

② Pierre F. Landry, *Decentralized Authoritarianism in China: The Communist Party's Control of Local Elites in the Post-Mao Era*, Cambridge: Cambridge University Press, 2008, p. 50.

③ Yang Zhong, "Chinese Township Government: Between a Rock and a Hard Place," in Jae-Ho Chung, Tao-Chiu Lam, eds., *China's Local Administration: Traditions and Change in the Sub-National Hierarchy*, London: Routledge, 2010.

④ Pierre F. Landry, *Decentralized Authoritarianism in China: The Communist Party's Control of Local Elites in the Post-Mao Era*, Cambridge: Cambridge University Press, 2008, pp. 222-23; Huayin Li, *Village China under Socialism and Reform: A Micro-History*, 1948—2008, Stanford, CA: Stanford University Press, 2009; Lily L. Tsai, *Accountability without Democracy: Solidary Groups and Public Goods Provision in Rural China*, Cambridge: Cambridge University Press, 2007.

⑤ Shanda Xu, Daoshu Wang, "Land and Property Tax in China," in Richard Bird, Enid Slack, eds., *International Handbook of Land and Property Taxation*, Cheltenham, UK: Edward Elgar, 2004.

哥华和多伦多的不动产价格高，所以在这种税收体系下，这两个城市税收颇丰。试想一下市政当局被允许保留所征销售税的一部分（处于城市边缘的当地购物中心能够吸引其他城市市民前来购物），这将是一笔可观的税收。关键问题是，在该体系中，市政当局无权决定税率，他们能做的只是调整开支使之与收入相适应。在中国，地方政府这种调整开支的能力只存在于后毛泽东时期。在此之前，强大的中央决定着地方开支。

中国有各种各样的财产税，但以商业财产转让税居多。2002 年，非商业性财产税仅占地方政府财政收入的 8%，不包括中央给地方政府的补贴。① 与加拿大不同，财产税似乎不是中国地方政府的主要财政来源。

大多数关于中国地方政府的描述都提到了地方国企的重要性。② 中国经济改革始于 20 世纪 70 年代末，大多数国有企业由当地政府接管，之后各地做法差别很大，但在加拿大人眼里，中国在过去几十年所取得的经济奇迹主要取决于地方官员的经济决策。③ 试想一下加拿大市长对主要产业拥有最终控制权吧。可见中国地方政府与加拿大地方政府的主要特征是多么不同。尽管一些中国地方国企已被私有化，但大多数还跟当地政府保持着错综复杂的关系。地方国企的利润仍是地方财政收入的一个重要来源，吸引着那些追求政治权力的人。

不过市政府最重要的资产是土地和信贷。市政府实际上拥有所有的城市土地④，它们有权把土地转让给商业用户，并收取土地转让金。

通过各种企业化方式把土地租赁给商业用户（如征用现有的行政划拨土地，再转让给商业用户，以低成本征用农村集体用地，然后将其变为可转让给商业用户的土地，等等），市政府可以收取巨额土地转让金。⑤

---

① Shanda Xu, Daoshu Wang, "Land and Property Tax in China," in Richard Bird, Enid Slack, eds., *International Handbook of Land and Property Taxation*, Cheltenham, UK: Edward Elgar, 2004, p. 174.

② Jian Zhang, *Government and Market in China: A Local Perspective*, New York: Nova Science Publishers, 2004.

③ Shu Keng, "Developing into a Developmental State: Explaining the Changing Government-Business Relationships behind the Kunshan Miracle," in Tse-Lang Leng, Yuan-Han Chu, eds., *Dynamics of Local Governance in China during the Reform Era*, Lanham, CO: Lexington Books, 2010.

④⑤ T. G. McGee, George C. S. Lin, Andrew M. Marton, Mark Y. L. Wang, and Jiaping Wu, *China's Urban Space: Development under Market Socialism*, New York: Routledge, 2007, p. 20.

市政府应该将这些收入的一部分上缴中央，但显然这种情况很少发生。当市政府没有土地可转让的时候，它们会企图合并周边农村化县城，这种企图常常获得成功。①

似乎有相当多的证据表明，中国有关土地使用的地方纠纷和加拿大所发生过的相当类似，尤其类似于加拿大在 20 世纪 50 年代后期和 60 年代期间经历的大规模的城市重建。市政府提出开发者赞助计划，清除"贫民窟"并代之以现代化的写字楼和公寓楼，当地居民表示反对。② 我们开展这项合作研究项目的目的之一就是要确定，在我们研究的案例中，社区团体能够在何种程度上影响这样的计划。

因为中国共产党在中国政府体系内居于领导地位，加拿大人很可能出于直觉认为中国的地方政府不太重要。因为所有成员都隶属于同一政党，所以大家都服从于中央政府做出的具体指示。这样的设想完全错误。③ 中国地方官员有着某种加拿大地方官员没料到的力量，这种力量在某种程度上——可能只有一小部分——源于中国中央政府无力去执行它所制定的所有规章制度。

但另外还有几个更为重要的因素。第一，中国政权中数量庞大的官僚主要处于地方政府控制之下。第二，地方国企的经济重要性。第三，我们还应该考虑到，中国大城市的市长，尤其直辖市市长④，通常在党中央及中央政府机构里扮演着重要角色。从这个意义上说，中国的体制更像法国而非加拿大，除了一点，即在中国，个人获得的地方权力来源于中央；在法国，观察者更可能会得出中央权力来源于地方这一结论。

---

① T. G. McGee, George C. S. Lin, Andrew M. Marton, Mark Y. L. Wang, and Jiaping Wu, *China's Urban Space: Development under Market Socialism*, New York: Routledge, 2007, p. 20.

② Shenjing He, "State-Sponsored Gentrification under Market Transition: The Case of Shanghai," *Urban Affairs Review* 43 (2), 2007, pp. 171－198; Shenjing He, Fulong Wu, "Property-Led Redevelopment in Post-Reform China: A Case Study of Xintiandi Redevelopment Project in Shanghai," *Journal of Urban Affairs* 27 (1), 2005, pp. 1－23.

③ Pierre F. Landry, *Decentralized Authoritarianism in China: The Communist Party's Control of Local Elites in the Post-Mao Era*, Cambridge: Cambridge University Press, 2008.

④ Tse-Kang Leng, "Centrally-Administered Municipalities: Locomotives of National Development," in Jae-Ho Chung, Tao-Chiu Lam, eds., *China's Local Administration: Traditions and Change in the Sub-National Hierarchy*, London: Routledge, 2010, p. 58.

三、案例研究

我们合作研究的初衷是围绕城市发展所产生的影响及公民参与方式进行比较案例研究，不论是当地政府发起的或是人民发起的公民参与，都是对城市化固有进程的一种反应。我们认为，尽管细节上有所变化，但还是坚持了既定目标。细心的读者会注意到，以下大部分论文的研究对象来自这两个国家的同类案例。加拿大和中国各有一篇关于城市贫民的公民参与（布鲁内特-杰利和丁煜）、社会住房（厄巴尼克和孟华）以及中产阶级参与环境保护（余章宝和阿戈克斯、格雷厄姆）。有两篇关于加拿大的国际移民参与城市事务（昆兹和安德鲁），一篇关于中国农民工的地方性公民参与（李学），还有一篇是关于中国村委会选举（胡荣）。尽管不尽完美，但采用同类案例有助于在最后一章对两国进行比较分析。

如前所述，我们首先呈现的是关于两国公民参与框架的论文。凯瑟琳·格雷厄姆在关于加拿大的论文中（第二章）声称，加拿大地方政府集体完成了（没有任何形式的中央指导，不包括大多数省份的土地使用规划立法）从温和的公民协商阶段发展到目前的地方民选官员与公民组织、私营企业“共享”权力的阶段。在中国方面（第三章），陈芳详尽描述了中国共产党近年来为促进各种形式的地方性公民参与而实施的改革。陈芳认为，中国鼓励“社团”的发展，尽管它们必须在民政部门进行登记。

第四章和第五章是关于城市贫困人口的参与。在第四章中，伊曼纽尔·布鲁内特-杰利强调地方政治、社区团体以及其他各级政府共同行动，以改变温哥华市中心东区（Downtown Eastside），这个地方的社会问题恐怕是加拿大城市中最严重的。丁煜（第五章）介绍了厦门中华街道低保及其他社会服务管理，强调其与各种政府发起的参与之间的联系。

在第六章和第七章，余章宝以及卡罗尔·阿戈克斯和凯特·格雷厄姆（注意：与凯瑟琳·格雷厄姆不是同一作者）研究中产阶级在地方事务上的参与案例，均涉及环境问题。中国案例中，公民参与出乎意料地导致厦门市政府的行为发生明显逆转；加拿大案例则是关于公民与政府机构如何持续地努力与合作，以保护贯穿伦敦住宅区的一条岌岌可危的小河。

第八章和第九章涉及保障性住房。汤姆·厄巴尼克以加拿大新斯科舍省卡普顿地区（Cape Breton）作为研究背景，孟华着眼于厦门市公民参与。

第十章至十三章之间有一些不同关联。关于中国的有两章（胡荣和李学）均涉及农村人口：胡荣的论文涉及村委会选举，李学的论文涉及城市里的农民工子女教育。另外两章，一章（昆兹）是关于国际移民子女在加拿大的教育，另一章（安德鲁）是有关近年来渥太华的国际移民对地方事务的各种参与。

第十四章总结我们所知道的加拿大和中国在地方参与方面的异同。然而，从许多方面来看，本研究最重要的成果是，我们做了这项研究。西方学者和中国学者就公民参与展开合作研究实属不易，但这种合作创造了宝贵的学习机会，为此付出的所有努力都是值得的。①

---

① 关于已出版的北美和中国的学术合作成果，参见 Arthur Sweetman，Jun Zhang，eds.，*Economic Transitions with Chinese Characteristics：Social Change during Thirty Years of Reform*，Montreal：McGill-Queen's University Press，2009；Robert Grafstein，Fan Wen，eds.，*A Bridge Too Far？Commonalities and Differences between China and the United States*，Lanham，MD：Lexington Books，2009。与我们这个合作项目不同的是，所有这些合作项目之所以几乎都涉及中国，是因为北美方面的参与者大多为某方面的中国问题专家。

第二章 参与悖论
——加拿大地方政府与公民参与发展

[加] 凯瑟琳·格雷厄姆（陈芳　译）

一、引言

从加拿大地方政府观察者的角度来看，公民参与和地方政府议题是一个相当明显的悖论。市政选举期间投票率不高，居民和一些市政官员的参与需求正日益尖锐和复杂化。虽然有些人不认为这是个问题。但对另一些人来讲，笔者曾在别处也提到过："就市政层级而言，选举只是政治参与的一小部分，且不是最重要的媒介。"不管怎样，理解这一悖论需要分析当前地方政府公民参与的历史并评估其对地方民主的影响。

本章对加拿大地方政府的公民参与情况进行了回顾，以公民参与政策与实践演化的三个阶段为线索展开。

- 20 世纪 60 年代至 90 年代——地方政府开始回应公众的协商要求。这些要求一般都来源于土地使用冲突，往往涉及大型开发项目，例如高速公路或高层建筑。事实上，矛盾与冲突是许多发展至今的公民参与的基础。

- 20 世纪 90 年代中期至新千年之初——市政府不得不更广泛地加强公民参与，因为加拿大市级政府与其他层级的政府正在进行将政府项目交由志愿机构的分权与减负行动，而其他形式的可替代服务供给（ASD）方式在地方政府层次也越来越普遍。也正是这一时期，地方政府开始尝试更全面的规划程序，以应对广泛的环境问题和具体的土地利用问题。

- 21 世纪初至今——市政府意识到他们作为"市区集群"的一部分，

也即哲学意义上所说的“共享政府”①，这一理念体现的思想是市政府不应在地方公共物品的决策与提供上具有垄断地位。这表明自前一阶段集中于公私伙伴关系（Public-Private Partnership，PPPs 或 P3s）原则的讨论以来，出现了一些有关可替代性服务供给方式（特别是关于公私伙伴关系）的成熟争论。

虽然这三个阶段存在理论与实践的重叠，但却有助于突出长期以来，加拿大地方政府与其所服务的公民间关系正变得日益复杂与多样化。在市政府的观念里已发生了从“居民”到“公民”的转变：前者消费地方服务，后者则同时具有参与的权利和义务。事实上菲利普斯将现阶段称为一个“社区建设议程”阶段，其主要特点是社区居民参与一体化服务的供给以及公民、当地志愿组织、政府间的合作规划——由当地政府主导但也不排除其他层级的政府参与社区事宜的可能性。②

本章将论及反映上述三阶段加拿大地方政府与公民参与的案例。这一讨论将关注近些年的发展。本章结尾将界定加拿大地方治理与公民参与中一些正在发生的事件并探索其对地方民主的影响。

二、第一阶段：协商时期

可以说，在加拿大各级政府中，地方政府是推进公民参与的先锋。从 20 世纪 60 年代开始，它们就不得不顺应公众有关土地使用规划的协商诉求。这些针对地方政府的诉求是由省政府规划立法（planning legislation）保护的。讽刺的是，省政府直到最近才将公众协商纳入自身的实践中。加拿大联邦政府有关公民参与的政策和实践也落后于市级政府。

不过的确存在第二种促进加拿大地方政府较早接纳公民参与的动力，这就是 20 世纪 60 年代到 70 年代早期的地方激进主义，公民团体联合起

① Susan D. Phillips, *The Intersections of Governance and Citizenship in Canada: Not Quite the Third Way*, Montreal: IRPP, 2006.

② Susan D. Phillips, "'You Say You Want an Evolution?': From Citizen to Community Engagement in Canadian Cities," in Emmanuel Brunet-Jailly, John Martin, eds., *Local Government in the Australian and Canadian Federations: A Comparative Analysis*, Toronto: University of Toronto Press, 2010.

来阻止地方的大型发展规划，如高速公路、摩天大楼和其他形式的“城市重建”。虽然这些抗议并不总能取得成功，但是这确实提醒了多数的加拿大市政部门，在项目开工、变更社区项目和做出预算决定前至少要告知民众政府的意图。许多城市的政治官员和行政人员至少在初期不情愿地承担了一些最基本的协商工作。与可能反对项目规划提案的居民见面的想法，让被广泛称之为“保守派”① 的议员们深恶痛绝，至少多伦多市是这样的。

随着 20 世纪 60 年代社会激进主义的蓬勃发展，以及城市发展与宜居城市建设间的冲突的出现，公众的协商要求及其实践需求逐渐成为加拿大市级政府的核心。出版于 1961 年的简·雅各布斯（Jane Jacobs）的开创性著作《美国城市的生与死》对这一时期城市激进主义有着重要影响，简的思想使一个典型案例——阻止横穿多伦多市中心社区的士巴丹拿（Spadina）高速公路提案——的斗争更具活力。支持与反对这一提案的力量引发了多年的政治战。直到 20 世纪 70 年代，它才以省政府介入并终止该项计划而告终。② 但是参与和需求在本质上具有地方性，这与其他事宜一起促成了 1972 年的选举，产生了由市长戴维·克龙比（David Crombie）领导的潜心致力于改革的多伦多市政议会。他们（本届议会）提出的市中心建筑限高 45 英尺计划，部分地提升了这一时期的协商与争议水平。

讽刺的是，这一时期联邦政府的一个创议刺激了加拿大地方城镇话语表达的参与需求。CYC（The Company of Young Canadians）成立于 20 世纪 60 年代，是加拿大国产版约翰·F·肯尼迪的和平队。加拿大联邦政府资助青年人成为社区发展人员，以维护加拿大所有社区的公平为职业。CYC 成员在加拿大市政一级的各类社区发展和反发展创议中十分活跃，如蒙特利尔市这一时期上演的一些邻里争议，都是针对市政厅机械化政治这一传统展开的。③

协商虽然源于土地使用规划，仍然期望能够扩展到预算、社区服务规划、地方出租车行业规制等市政活动的其他领域。这一时期出现了两

① Richard Tindal, Susan Nobes Tindal, *Local Government in Canada*, Fourth Edition, Toronto: McGraw-Hill Ryerson, 1997.

② John Sewell, *The Shape of the City*: *Toronto Struggles with Modern Planning*, Toronto: University of Toronto Press, 1993.

③ Karen Herland, *People*, *Potholes and City Politics*, Montreal: Black Rose Books, 1992.

个主要的地方政府协商工具。

第一个并且是最普遍使用的工具是公众见面会或信息发布会。这类会议可以由当地政界人士或市政工作人员出席或主持。一般说来，会包括一个展示阶段（常会有一些视觉辅助如地图、图表等）、问答阶段和一个提出非正式结论的阶段。有些城市聘请专业调解人主持这些会议，从而造就了一批“公共参与专家”骨干，他们全身心关注会议的流程而非具体事宜。

这些会议的经验不尽相同。在有些会议中，市政工作人员远远多于出席会议人员。而在某些会议中，当民众对议题感兴趣时，听众可能多达数百人。这种情况通常发生在当某项增进发展或服务变更的提议被认为给当地居民带来负面影响的时候。在规划问题上，当地居民可能会非常强烈地表达“别在我家后院”（NIMBY，邻避）的情绪。尽管这种纳入公民参与的方式应用广泛，然而对此持批评态度的观点认为，这不过是一个“告知与推销”的方式而非参与，这种观点促成了市政府对其他公民参与方式的采纳。

然而，必须承认公众见面会仍然是地方政治家和行政人员推进公共参与的主要方式。事实上，市政议会成员和行政官员在公众见面会召集和参与时，各自的角色有时会成为彼此出现摩擦的根源。例如，渥太华市 2008 善治特别工作组（2008 Task Force on Good Governance）听到来自议员的抱怨称，行政人员在未知会他们的情况下活跃于他们的选区。

第二个工具是出现在协商初期的咨询委员会，它是许多加拿大城市公民参与的基石。20 世纪 70 年代初，新组建的温尼伯市成立了进行协商的居民咨询委员会（RAGs），为处理社区问题提供了方向。魁北克的邻里劝解会（Les Conseils de Quartier），成立于 20 世纪 90 年代，也发挥同样的职能，向市议会表达社区居民的诉求和愿望。还有一些咨询委员会关注某些市政职能。例如，2013 年，渥太华市有 5 个咨询委员会，包括一个旨在让城市变得更方便于残疾人的残疾人咨询委员会；一个为议会在政策、项目和环境管理的相关服务上建言献策的环境管理咨询委员会。后者成员由 7 名公民与 1 位议员组成。[①] 其中公民成员是在某项服务或政策领域有直接利益的个人，或者是消费者或者是供货商，而市议会牢牢占据主导地位。

---

① 参见 http://ottawa.ca/en/city-hall/your-city-government/advisory-committees。

除了这两个比较有代表性的公民参与方式外，这一时期我们还发现了更加丰富的公民参与实践源头。20 世纪 60 年代末，联邦政府启动了邻里改善项目（NIP)。该项目为整个国家的城市社区改善提供资金支持。一个重要的革新是，积极的协商必须介于市政官员和社区居民之间。联邦资金的拨付需在双方就改进达成合作意向之后。正如土地规划立法一样，市级政府更复杂的公民参与早在另一级政府的行动中就打下了基础。

三、第二阶段：需求参与

20 世纪 90 年代伊始，加拿大市政府意识到其所面临的三大挑战：第一是要处理更多的城市环境中的参与而不是仅局限于有关土地规划的参与视角。第二是城市重组，通常指几个城市合并成一个大的城市实体。重组给加拿大许多省份的城市和大大小小的社区都带来了影响。第三是市级政府已进入替代性服务时代，它们已不再介入具体的服务供给环节，工作内容体现在服务设计与需求调查方面。这些挑战促成了新形式的公共参与和某些冲突。

20 世纪 90 年代，卡尔加里市实施了 GoPlan 项目，这是市政府鼓励公民参与回应广泛环境挑战的经典案例。GoPlan 项目尝试探索更加综合且行之有效的方式促进环境可持续性领域的利益相关者的参与，以应对诸如河源损害、城市侵占耕地、空气污染和交通方面的问题。① 通过此项目，该市已纳入一个具有完善网络的社区协会，扩大参与过程以纳入一个由市政官员、开发商、学校董事会、当地的大学和建筑行业以及社区组织组成的圆桌会议工作组。圆桌会议也包含卫生和社会服务行业，以及房地产行业的指定顾问。普通大众的参与机会非常广泛并伴随大范围的媒体播报，出现了许多可以商谈和辩论的公共会议、开放日和讨论文章。贾米森（Jamieson）等人总结道，这些有助于符合需求的综合政策的出现。有点讽刺的是，这个成功的过程并没有作为城市政策制定过程的一个部分被永久保留下来。即便它是明显的成功，但它因为成本问题和某些领域上演的“公关戏剧”（public relations circus）而遭受批评。

---

① Walter Jamieson，Adela Cosijn，and Susan Friesen，“Contemporary Planning：Issues and Innovations，” in Trudi Bunting，Pierre Filion，eds.，*Canadian Cities in Transition*，second edition，Don Mills：Oxford University Press，2000，pp. 462-478.

这个阶段有关城市重建前景的议题吸引着最热烈的公民参与。意识形态、节约成本的追求及“效率”促使市政府及其公民展开有关城市合并的激烈辩论。① 这种情况在好几个省出现：新斯科舍省、新不伦瑞克省、魁北克省和安大略省。

20 世纪 90 年代初，安大略省政府开始了城市合并的改革运动。该省城市数量几乎锐减一半。在一些情况下，有些城市被迫“自愿”合并，试图避免省政府对其命运的“摆布”。在另一些情况下，省政府采取先发制人的措施，任命重组委员考虑重组方案。无论合并过程如何，都出现了大量的公民辩论与参与。

也许公民参与重建最有名的案例与 1996 年安大略省政府的一项决议有关，即参与解散多伦多市现存两级城区体系的讨论。这个体系开始于 20 世纪 50 年代，现合并为一个单一的“大城市”。

除了 5 个下级市长和议会（共 6 个）提出反对意见外，随后的几个月可被称为是反对城市合并的群众总动员。多伦多市的一名前任市长牵头组织发起了地方民主公民组织（C4LD），吸引了大约 1 200 人参与，并坚持于每周周一晚上召开集会反对城市合并。C4LD 还创新性地利用互联网和邮件群发的方式告知公众相关信息。4 个公民组织和 125 个人联合起来组成公民法律质疑公司（Citizens Legal Challenge Inc.），仅为挑战建立新城的省立法。这个组织最终没有成功，包括其让加拿大最高法院听取案件的尝试。②

多伦多并不是唯一因城市合并而引起高度公民参与的案例。蒙特利尔、哈利法克斯及其他更多的农村地区在城市合并中（与后来的去合并中）也同样引发了公民的参与热情。曾经就出现过这样的情况，受命处理城市重建工作的省任命官员提出需要警方提供保护，原因就是高涨的公众参与热情。

这一时期第三个推进公众参与进程变革的动力源于各级政府对服务供给的大幅削减。虽然相较于加拿大联邦政府或省政府而言，地方政府在实行服务合同外包（包括私人部门的外包和社区组织的外包）方面已

① Andrew Sancton，Merger Mania，*The Assault on Local Government*，Kingston and Montreal：McGill-Queen's，2000.

② Beth Moore Milroy，“Toronto's Legal Challenge to Amalgamation，” in Caroline Andrew，Katherine A. Graham，Susan D. Phillips，eds.，*Urban Affairs*：*Back on the Policy Agenda*，Montreal and Kingston：McGill-Queen's University Press，2003.

具有十分广泛的实践背景，但对私营或志愿组织作为替代服务供给机构的更多可能性探索却是缘于20世纪90年代北美兴起的新公共管理理论。与此同时，市政府发现自己面临来自联邦政府和省政府大幅削减财政的打击。在某些情况下，市政府被要求承担新的责任，但因为日益严峻的财政问题而不得不放弃传统的活动。在地方层面，关于公共服务的替代性供给的讨论，尤其是关于P3s方面的讨论更加热烈。可能的原因有两个：地方政府所面临的财政压力程度；各级政府考虑采纳P3s时遭遇的反对呼声，这种反对的先锋通常是参加工会的工人。

从公共参与的视角来看，有三个主要结果。第一，地方服务供给的责任界限和预算选择变得更为复杂。如果市民对于当地的垃圾收集不满，谁应当负责，是市政府还是受雇于市政府的私人承包商？

第二，这一时期确定市政服务供给优先性及在某些情况下修正或减缓服务供给的压力，促成了评估市民需求和偏好的新方法的兴起。一些城市（例如布罗克维尔市和伯灵顿市）开始使用市民调查。这些调查的目的是检验三样东西：居民对名目繁多的当地服务的熟悉程度和使用情况；对所提供服务的满意程度；对未来可获得服务（各种层级服务供给）的优先排序。许多城市的市民或者为市政总预算提出建议（伯灵顿市①、埃德蒙顿市②），或者参与一些小的预算分配环节（圭尔夫市③）。

第三，加拿大的市级政府这一时期引入了更多的地方志愿组织参与。加拿大市级志愿部门的特征发生了改变，大城市更是如此。无论身居城市何处，居民都能够享受到一些新兴组织为其提供的针对不同群体的服务，这使得加拿大城市人口日益多元化。现在，加拿大城市中的公民社

---

① Michael Fenn, "Expanding the Frontiers of Public Participation: Public Involvement in Municipal Budgeting and Finance," in Katherine A. Graham, Susan D. Phillips, eds., *Citizen Engagement: Lessons in Participation from Local Government*, Toronto: Institute of Public Administration of Canada and Intergovernmental Committee on Urban and Regional Research, 1998, pp. 113-136.

② Edwards Jr. Lesage, "Public Participation in the Budgeting Process: Edmonton's On-going Experiment," in Katherine A. Graham, Susan D. Phillips, eds., *Citizen Engagement: Lessons in Participation from Local Government*, Toronto: Institute of Public Administration of Canada and Intergovernmental Committee on Urban and Regional Research, 1998, pp. 137-162.

③ Josh Learner, Estair Van Wagner, *Participatory Budgeting in Canada: Democratic Innovations in Strategic Spaces*, accessed at www.tni.org/detail_page.phtml? page=newpol-docs_pbcanada#3, 2006.

会组织所反映的社区利益（民族身份、性别、经济状况）正如城市里地理意义上的社区所反映的那样。

在某些情况下，地方志愿服务组织（利益导向的和地理位置导向的）通过签订合约执行原来由市政府承担的活动。在另一些情况下，市级政府完全撤出（通常是指那些从其他层级政府那里减除或卸下的责任）时，志愿服务组织感觉到自身在承担服务供给责任方面所面临的压力。这一时期，日益增多的地方志愿服务组织提供了越来越多的服务，使得其在整个加拿大境内市政厅的影响力日益上升。结果是使得加拿大市政府采用复杂的社团主义方法来制定政策和提供服务。例如，汉密尔顿市的城市乞讨人员安置是由社区行动计划指导，与城市社会规划委员会联合确定。此外，对城市乞讨人员的资金分配就是由一个志愿的社区顾问委员会承担的。①

四、第三阶段：共享政府

20 世纪 90 年代，日益复杂的卫星选区开始出现，政府减负导致的地方经济和社会健康的斗争也不断出现，作为这些现象的合理延伸，一个加拿大公民参与市政工作的新范式已崭露头角。这一范式建立在合作模式的基础之上，涉及地方政府、私营部门和当地志愿服务组织，以及推动地方公共议程向前发展的积极公民。这些元素看似简单——主要评估它们当前的位置，想要的目标及达到目标的方式等，但这个过程还涉及很多地方组织，市政府只是其中的一个，一个已经被设定好的角色，其他部门和其他政府也有它们各自所要扮演的角色。

渥太华市至少提供了两个具有代表性的案例。市妇女创议会（The City for All Women Initiative，CAWI）将自身定位成“妇女与多元社区、组织、学界和渥太华市的伙伴关系”②，积极参与城市议会关于预算的规划。它还开发了“多样化透镜”，协助市政府评估各种社区对多样性政策的反应。渥太华研究与创新中心（the Ottawa Centre for Research and Innovation，OCRI）成立于大约 20 年前，主要是一个主张本地区发展高科技产业的倡导组织。它已经演变成该地区主要的经济规划和发展组织，

---

① Susan D. Phillips，Katherine A. Graham，and Alex Ker，*The New Trilateralism：Experiments in Federal-Municipal-Community Relationships*，Denver：ARNOVA，2003.

② 参见 www. cawi-ittf. org。

涉及当地市政当局、大学、学院和学校董事会以及私营部门。①

公民参与是通过市政当局及其他途径完成的。例如，在多伦多市，市政当局当前形势分析的发展是通过“多伦多之音”创议完成的。该项行动发起于 2003 年，市长和议员向多伦多市市民征询他们所关注的城市问题及他们所建议的解决方法。这项创议由一系列明确的原则指导：

- 市政府要寻求市民对广泛城市议题的建议，而这些议题需要且期待公众意见。
- 决策者需要在场并聆听。
- 向参与者提供议题讨论所需的充足信息。
- 参与者必须考虑城市的多元性。②

同时，志愿慈善组织多伦多社区基金会一直发行年度“社区报告卡”，内容涉及志愿评委对城市经济、社会、人口健康及需要解决议题的评价。另外，多伦多城市峰会召集市政及社区领导界定并处理城市面临的紧迫问题，这些问题分析不乏公民参与，市政府只是众多参与者之一。

同样的，围绕行动展开参与的责任被共享。尽管以身份为基础的利益集团被认可，但这种社区发展新途径的支持者认为，参与最终是关于地点（place）的。“‘社区’议程是共享意义上的地方表达。”③

能反映这一新范式的最全面的地方创议是活力社区——一项社区驱动的减少贫困的努力，由公民、社区为基础的组织，企业和加拿大的许多地方政府参与。每个社区都用到四种主要方法：

- 旨在减少贫困的广泛地方议题。
- 包括社会各界的草根联合。
- 界定社区财富并充分用于扶贫努力中。
- 学习、改变与共享所有成功和失败经验的承诺。④

所有这些都表明了地方政府所扮演的重要角色，但是从公众参与的角度来看，充满活力的社区的一个重要方面就是，地方（或其他）政府能够履行分享公民参与成功或失败经验的承诺。参与型城市的地方官员出于这一目的可获得参加“政府学习圈”（Government Learning Circle）

---

① 参见 www. ocri. ca。

② 参见 www. toronto. ca/listeningtotoronto/。

③ Sherri Torjman，*Shared Space：The Communities Agenda*，Ottawa：The Caledon Institute of Social Policy，2007.

④ 参见 www. tamarackcommunity. ca/g2s1. html。

的机会。迄今为止，讨论已经超出了单纯描述参与地方政府或地方其他行动者的技术范畴。这些讨论还考察了公民参与的机会和限制。①

然而，意识到这些新方式与市民认为他们的诉求已被市政府充分感知的传统斗争方式并存很重要。渥太华市有两个新近案例。第一个是关于城市中央兰斯当公园（Lansdowne Park）体育与展览设施复兴的提议，这是一个关于特殊地点的规划议题。第二个是城市关于某些乡村居民不满情绪的回应。这是自 2001 年城市合并后一直未得到解决的问题，数个城市合并为一个 2 796 平方公里的城市，包括大面积的农业用地和乡村地产，以及一个较密集的城市和郊区的中心。

兰斯当振兴

2007 年，渥太华市议会投票发起一个设计比赛，以振兴中心城区博览会现场的兰斯当公园。该地点还包含一个废弃的体育场，位于繁荣的居民区中，紧靠里多运河，是联合国教科文组织指定的世界文化遗产。

设计竞赛公告发布之后是标准化的公众参与操作流程：信息公开接待会（2008 年 1 月）；两次公开研讨会，由个人、社区组织、地方议员和市工作人员（2008 年 1 月、2 月）参与，并将有关调查表发放给那些报名参与市政讨论的个人（2008 年 3 月）。但无论是过程还是潜在的结果都引起了相当大的争议，最后不得不由法庭裁决。

政府启动该设计竞赛是在 2008 年后半年，收到本地某一开发商财团——渥太华体育及娱乐事业集团（OSEG）主动投标（市政府承担大约 7 500万美元的费用）重建该体育场，以容纳一支足球队，OSEG 享有附加条件的特许经营权和对其进行包括零售店、高层公寓和一间酒店在内的设施的综合开发。第二个在城市的另一部分重建体育场的提案（又是主动上门）使形势变得复杂化。2009 年 4 月的第三周，渥太华市规划委员会听取了支持或反对这些提案的代表的意见。多数民众更关注兰斯当提案。当地企业和居民担心其设计对交通和现有社区的影响。网上对此事的讨论也非常热烈。这一地区的一位议员反对启用当前进行的程序，并反对发展概念本身。他试图让议会重回原来的设计竞赛，并让其同事陈述他们是否收受了来自开发商或其雇员提供的竞选资金。2009 年 4 月 23 日，议会投票以 14 对 9 通过对兰斯当振兴提案实行 60 天的专门谈判。提案继续附加许多条件，而这些条件至少部分地反映了提案批评者的某些顾虑。

① 笔者曾经是这个组织 2007 年的合作主持人（共同促进者之一）。

经修订的提案在2009年秋季推出供市民和议会审议。一系列的公众咨询会在整个城市举行。磋商方式有了很大改变，主要是因为第一届关于开发地址提案的讨论被普遍认为是一场灾难。支持者中的行政职员身戴胸卡以表明他们是市政工作人员。磋商程序起初并未设置问答环节，直至一位怒气冲冲的公民用大喇叭扩音器打断会议才迫使其开启问答环节。尽管磋商方法确实发生了变化，但却留下了愤怒民众——一位手持扩音器站在椅子上的民众——开启这一进程的印象。①

紧随这些磋商之后的是17个小时的议会辩论，辩论内容包括90位介入者提交的意见。修正后的提案于2009年11月中旬推进到下一阶段的审议中。然而，公众关于该项目的设计及生命力以及对周围社区的影响的持续讨论使得城市议会不得不任命一个独立的3人专家小组在计划推进的同时审议并商议项目的选址。事情并没有因此平息，一些担忧的民众——兰斯当公园之友（Friends of Lansdowne Park）向省级地方规划监督机构——安大略市政委员会（OMB）——发起关于这一提案的诉讼。该类上诉均被驳回。2010年9月，兰斯当公园之友又开始寻求法律途径。这次诉讼请求是因为市政府没有保证一个恰当的竞争招标过程。2011年2月，安大略省最高法庭宣判兰斯当公园之友败诉。同月，市政府发布了调整后的项目设计方案，强调更多的绿色空间，并降低了提案中高层建筑的高度。2012年的反对工作重点转向对这一位置上的不当的树木砍伐及挖掘对周边建筑物的影响上，反对工作会持续到2015年的项目完成期。

在许多方面，这一案例反映了公众参与规划事宜的普遍影响：当公众在争论中表达了疑虑时，开发者并不总能占上风。如今，这些公众所关注的问题都是通过正规流程传播，如通过上述的讨论会和会议以及传统媒体和新媒体。此外，这个案例也说明，即使有多年的公众参与的经验，市政府也可能在程序上出现差池。例如，渥太华的兰斯当振兴争议就促使2010年秋季公民选举中公共利益的上升。经历兰斯当事件的市长和多数在职议员都在大选中落马。尽管如此，兰斯当振兴计划仍在持续进行。

围栏中的乡村渥太华

截至2011年，合并后的渥太华市共有人口883 391人②，占地2 796平方公里。大约84 500人住在占城市面积80%的四大“乡村选区”③。渥

---

① Patrick Dare, “How the Vote Was Won,” *Ottawa Citizen*，2009-11-22，A10.

② 参见 www.12.statcan.gc.ca/census-recensement/2011。

③ 参见 www.ottawa.ca/statistics。

太华乡村地区包括了经营性农场、村庄以及乡村住宅，其大部分乡村居民在就业、医疗、购物及其他服务上倚重中心城区和郊区。

合并前的农业城市曾是城市合并行动最激烈的反对者。那时乡村反对力量促成了四大特色乡村选区的出现。尽管2003年，公民特别行动小组就选区边界提出建议，倡议改变本市的选区结构，以反映乡村地区和相连郊区的共同利益，但四个原来的乡村选区已证明不可变。选区边界变化的建议遭到乡村议员和公民组织“乡村联盟”的断然拒绝，这项提案也被提请准司法诉讼。乡村民众对“诉求被新城市忽视”的担忧成为有关城市合并的另一项承诺。

新城市中设立了农业与乡村委员会议事会，其成员包括乡村选区议员和其他议会议员。该委员会的宗旨是“就包括村庄和小村庄，尤其是农业及其相关行业在内的农村地区的居民及企业相关的利益问题和项目向议会提建议”(City of Ottawa Official Plan，Schedule A)。

尽管有这些组织结构的保障，乡村片区仍然不断表达对新城的失望，包括市政服务的集中，距离乡村地区有数公里；使用可见路障区分乡村地区土地；某些关于乡村习俗与实际的不当规章制度——噪声规定与消防许可制度是相关的两个案例；城市政治家和市政雇员对农村生活与前景明显缺乏了解。一份2004年的城镇居民满意度调查报告反映了农村地区居民极大的不满情绪。城市合并带来的影响，如2004年农村地区公共服务的削减、公民调查结果及农村社区更大范围的流动促成了新的政治导向，即重新思考市政府与渥太华农村和城市地区的关系。① 2005年12月，渥太华市召开了第一次农村峰会。

为期2天的峰会实现了高水平的互动，得到了乡村与会人员和城市官员的高度认可。会议提出了许多短期、中期和长期行动建议。短期建议包括了2006年城市对农村所需预算承诺，扩大农业与农村委员会议事会的作用，在市政府中倚重农村问题咨询委员会的指导，以及成立以指定的农村事务部主任为首的农村事务办公室。中期发展建议则主要集中在与上述所提各种振兴提案相关的行动上。长期发展建议上，峰会提出采纳自治市镇模型，乡村议员将会代表议事会行使一些决策权。

虽然峰会有关组织结构的建议得到实施，但仍有其他问题尚待解决，

① Ned Lathrop，*Shifting Municipal Boundaries*：*New Rural/Urban Realities*，accessed at http://www.torc.on.ca/ShiftingMunicipalBoundariesNewRuralUrbanRealities.pdf，2006.

包括上面所说的规章制度/规划问题及具体的农村/郊区/城镇有关的运输和公交、村庄及小村庄的扩张和预算优先权等议题。第二次峰会的筹备于2008年上半年开始。协商会议分别在四大乡村选区召开。会议结果公布于一个特定的农村连接网站①以便获得更多的评论。由来自诸多农村社区和组织的代表们组成的农村峰会指导委员会将按照所界定问题，划分为不同主题（治理、规章制度、许可与程序、基础设施与服务供给），每个主题都会由指派的峰会工作组负责。

然而，无论2008年4月举行的第二次峰会②产生了什么样的积极想法和好的印象，都在有关“农村地区在城市中的长久未来”这一愤怒的争论中消耗殆尽。2009年2月，中心城区的一位议会成员公开表达了他对议会中乡村利益的过度代表和农村成员在联合并击败城市导向创议能力上的失望。他后来在市政大厅举办了一次论坛，讨论“去合并”。他的呐喊在一些拥护去城市合并乡村组织中引起共鸣。这也引起了一场别开生面、悬而未决的博客论战。③

从这一城市合并进程来看，仅为乡村渥太华居民创造获取意见表达机会和为城市创造回应乡村居民诉求机会这样的公民参与过程，对参与议题的影响甚微。两次农村峰会代表着相当广泛地发声和参与机会。同时，包括城市组织内部及市议会层面构建了永久性的组织结构来改善农村事务的关注度和回应度。但其关于“乡村呼声”的主要影响似乎局限在乡村议员对城市事务的投票表决上，而非对乡村关注议题的实质性回应上。

有趣的是，渥太华市并没有将能够检验其是否在农村地区取得任何实质性进展的任何标杆程序，或市民满意度调查落实到位。因此，媒体的参与（包括博客空间）确定了议题讨论的基调。2009年，渥太华一个善治工作小组强烈建议本市应当采取标杆管理和定期公民调查，从而实现市政府和市民对有关农村问题及其他问题更加系统化的了解。④ 正如最近备受争议的绿箱堆肥计划的强制执行表明，这方面的需求并没有减

---

① 参见 www. Ottawa. ca/rural。

② 峰会相关内容参见 http://www. ottawa. ca/residents/rural_connections/rural_summit_02/community_consultation/index_en. html。

③ 相关内容参见 http://communities. canada. com/ottawacitizenblogs/soundoff/archive/2009/02/13/269953. aspx and http://realgrouchy. blogspot. com/2009/02/deamalgamation-or-politics-as-usual. html。

④ 参见 www. governance-ottawa. ca。

弱。未经过协商，农村地区的居民即被要求使用城市供应的绿箱进行堆肥，此前他们使用自己的传统的花园堆肥系统，这使得他们奋起反抗。他们必须支付与城市居民相同的堆肥费的要求，更激起了乡村地区的不满情绪。

五、加拿大地方政府与公众参与：领域评价

特恩布尔和奥库安（Turnbull and Aucoin，2006）对加拿大三级政府在政策制定中的公众参与进行回顾。他们最终认为所有层级的加拿大政府都倾向做公众咨询平台的工作而非真正意义上的公民参与。然而，他们也认为公众参与在地方层级最具可行性，这既是缘于其公众参与咨询率较高的历史传统，也是因为与在全省或全国范围的努力相比，仅限于某个城市的公众参与成本较低。他们的第一个结论说明本章前面所描述的第一阶段的地方性公民参与方式（社区会议、咨询委员会）仍占主导地位。鉴于此，总结归纳加拿大地方政府与公众参与所面临的挑战非常重要。

第一个挑战是地方层面公民参与的复杂性。在一个层面上，它似乎很简单。市民不过是或偶然或必须住在某一个特定城市的居民。鉴于加拿大有史以来较低的城市选举参与水平，那么促进非选举时期公民参与的挑战就增加了新的复杂性。尤其是地方政府面临着同时纳入利益社区和基于地理位置划分的社区的需要。在每一种情况下，它们的特性都是复杂多样的，这种特性包括了历史意愿和参与政府的偏好途径。市政府尝试迎接这些任务艰巨的挑战，尤其是在面临当今不断成长又日趋多元的城市的情况下。如果认同地点（place）在地方治理中是首要的这一观点，那情况更是如此。在加拿大的某些最具多样性的城市，有相当一部分人口因为不具有加拿大公民资格而没有选举权。在这样的情况下，地方政府议员们考虑通过投票，将那些没有公民权的又有某种急切的需求或者特殊利益诉求的新外来人口，纳入考虑范围之内确实是一个挑战。①对于真正意义上的当地公民权的定义就变得更加复杂和令人费解。

① Myer Siemiatycki，“Invisible City：Immigrants Without Voting Rights in Urban Ontario，” in Katherine A. H. Graham，ed.，*Our Diverse Cities*：*Ontario*，No. 4，Fall 2007，pp. 166-168.

第二个挑战是谁对参与的过程负责。这至少跟三个方面的问题有关：一是代表多元利益的社区领导所采取的一些新途径表明多情境多层次的公众参与潜力对地方政府决策产生影响，但却不必然受地方政府领导的掌控。鉴于其对某些事项的磋商和协商的传统角色和法定职责，地方政府应该如何在这新范式中应对公众参与议程呢？

二是政治家和市政工作人员在开展公众参与工作时的角色问题。罗宾逊认为，在加拿大的国家层级和地方层级的公众参与问题上，大多数的加拿大市政府缺少一个一般性策略、原则性的或协调性的途径。发展和完善公民参与的创议往往是分散的、多样的，还可能是临时的。① 在什么样的情况下谁应当起牵头作用？当政府工作人员开展公众参与工作时，议会成员应该怎样？何时参与到这一进程中？这些基准的确立早于服务于地方政府的公民参与研究的兴起，不论是作为工作人员还是咨询者。这些人应在多大程度上控制参与过程？这最终又回到问题：加拿大城市中的公民参与是达到目标的手段（更好的决策和做法）还是其本身就是目的。

三是咨询技术的问题。早在1998年，加廷格尔（Gattinger）就描述了通过互联网实现公民参与加拿大地方政府的可能性。公民调查也被讨论过，还有经受时间考验的社区会议和咨询委员会。显然，没有绝对的“正确方法”。地方政府需要弄清每一种方法的优点和局限性，避免过度依赖某一种方法。它们也能从非传统方法中受益，如通过公共保健师提升城市中心区居民关于经济发展问题意识的温尼伯市经验所证实的那样。②

这让我们不得不思考如何评估加拿大地方政府的公民参与问题。阿贝尔森和高文（Abelson and Gauvin，2006）认为公民参与的评估工作仍处于起步阶段。就现有评估工作的程度来看，他们发现大部分评估是基于使用者对过程的评估，而不是基于某种固定的评估框架。这似乎是真的，如卡尔加里市的 GoPlan 项目，缺乏确凿的数据来支持或反驳，新渥

---

① Pamela Robinson，“Background Paper：Civic Engagement and the City of Toronto：Review and Reflection on Current Practices and Future Approaches，” *Paper prepared for the Governing Toronto Advisory Panel*，Toronto：City of Toronto，2005.

② Jeff Fielding，Gerry Couture，“Economic Development：The Public's Role in Shaping Winnipeg's Future，” in Katherine A. Graham，Susan D. Phillips，eds.，Citizen Engagement：Lessons in Participation from Local Government，Toronto：Institute of Public Administration of Canada and Intergovernmental Committee on Urban and Regional Research，1998，pp. 25-48.

太华市农村地区对其表现的不满也充分体现了这个问题。因此阿贝尔森和高文认为公民参与投入的努力和成本保证了一个更严格的方法就不足为奇了。欧文和斯坦斯伯里（Irvin and Stansbury，2004）提出判断公民参与是否是一项有效政策工具的主要思考，即注意其对政府和公民所带来的有利之处和不利之处，因为它们关系到参与过程本身和政策结果。尽管评估的挑战依然存在，部分原因是某些公众参与过程非常不固定且不确定。正如菲尔丁（Fielding）和库蒂尔（Couture）所言，有时协商太多，而决断不够。

总之，虽然加拿大地方政府的公民参与已经开展数十年，但仍然面临许多新的和持续的挑战。一些民众和部分市政厅对这一事业仍持讥讽怀疑的态度。但是也有证据表明协商进程正在蓬勃发展。非选举时期的公民参与是加拿大地方民主的重要组成部分。许多案例都表明了它在制定城市方针时的重要意义。1972 年多伦多市士巴丹拿高速公路的争论对其市政选举的影响是本章所引的第一个案例。但是公民参与在扩大愿意更全面考虑本地区发展未来的人的数量上却没有产生一致的影响，这一点从市政选举过程中的地方民主参与实践中可见。但兰斯当提案和渥太华乡村地区的不满案例对这一模式却是例外。有关这些具体问题的辩论已转化为关于城市未来的发展方向的讨论①，这对后来渥太华政治领导班子的选举产生了影响。也许这就是将地方政府中的公民参与和选举时参与相结合的代价。

① Mohammed Adam，“What's wrong with this?” *Ottawa Citizen*，2009-11-14.

第三章

地方治理中公民参与的发展与中国特色

——基于政府职能转变的考察

陈　芳

为了理解和表述方便，人们常常对事物发展的历程进行阶段划分。约翰·克莱顿·托马斯（John Clayton Thomas）认为，从公民参与公共政策的视角出发，公民参与历程可大致分为传统公民参与阶段和新公民参与阶段，前者将公民参与限定在政策制定或决策上，而后者则更强调对政策执行的参与，即公民不仅参与政策的制定，而且一旦政策被采纳，公民也参与政策的实际操作，进入公共项目的实际管理过程；而且新公民参与阶段扩展了参与对象的范围，参与者包括了低收入阶层的公民及相关公民组织。① 基于托马斯的这一界定，我们曾将改革开放以来地方治理中公民参与的发展历程笼统地分为传统公民参与阶段和新公民参与阶段，并系统分析了这两个阶段公民参与主体、参与领域的区别。② 但对一些不熟悉中国国情的外国学者来说，这种划分使他们在了解中国地方治理中公民参与的发展变化程度上带来困难。正如一位外国教授曾经提出的疑问，中国的公民参与实践与西方民主国家相比，在参与程度上还存在一定差距的，但从当前参与主体的类型、参与的领域来看，中国公民参与实践已经发生巨大变化，难道中国公民参与实践在短短几十年突然发展到了相当成熟的地步？为了让读者从更多的角度更全面地认识中国地方治理中的公民参与实践，本章将以地方政府的职能转变为线索，重新考察这一发展历程，总结这一实践的中国特色。

① 参见［美］约翰·克莱顿·托马斯：《公共决策中的公民参与：公共管理者的新技能与新策略》，4 页，北京，中国人民大学出版社，2005。

② 参见陈芳、陈振明：《当代中国地方治理中的公民参与：历程、现状与前景》，载《东南学术》，2008（4）。

一、地方治理与公民参与

“治理”一词在过去几十年，被广泛运用到各种领域，其内涵如此丰富以至难以给出一个确切的定义，如鲍勃·杰索普（Bob Jessop）所言：“过去的15年，它在许多语境中大行其道，以至成为一个可以指涉任何事物或毫无意义的‘时髦词语’”①。世界银行认为，治理是指一个国家为了发展而在经济与社会资源的管理中运用权力的方式。② 经合组织（OECD）的发展援助委员会将“治理”进一步界定为“运用政治权威，管理和控制国家资源，以求经济和社会的发展”③。全球治理委员会对治理的定义具有较强的代表性，认为治理是个人或公私机构管理他们自身事务的诸多方式之和，它是多种甚至相互冲突的利益集团走到一起，找出合作办法，并采取联合行动的持续过程，它既包括有权迫使人们服从的正式制度和规则，也包括各种人们同意或以为符合其利益的非正式的制度安排。④ 从以上定义中可以看出，“治理”一词至少有以下要点：既涉及个人，又涉及组织；既涉及公共组织，又涉及私人机构；既包括制度与规则，又包括协议、协定与惯例；既是权力运用的方式，又是权力互动的过程。在政府包办一切的全能政府时代，治理参与无从谈起。当政府认识到自身的边界和职能，认识到社会中其他各自由主体在公共事务治理中的作用时，政府才会主动培育各社会主体，并促进其快速发展，使其与政府共同解决公共问题成为可能，治理参与的行为才会发生。因此，治理本身就包含参与，公民参与是治理的基本内涵。

“地方治理”是将“治理”应用于地方层次，主要指地方政府在面对问题或冲突时，如何促使各领域利益相关的个人、公私机构走到一起思考解决办法，并采取行动的持续过程。治理本身就是利益相关的各主体为解决问题或冲突的持续参与过程。与传统公共行政相比，“地方治理”

---

① ［英］鲍勃·杰索普：《治理的兴起及其失败的风险：以经济发展为例的论述》，载《国际社会科学杂志（中文版）》，1999（1）。

② World Bank, *Governance and Development*, Washington DC, 1992, p. 3.

③ OECD, “*Development Assistance Committee orientations on participatory development and good governance*”, Paris, OECD/GD (93) 191, 1993, p. 14.

④ 参见［瑞士］皮埃尔·德·塞纳克伦斯：《治理与国际调节机制的危机》，见俞可平主编：《治理与善治》，242页，北京，社会科学文献出版社，2000。

不仅是词义的变化，管理方式的变更，更是政府职能的转变。地方治理中的公民参与，就是公民个人，或者以社会中存在的各种公私机构为载体，参与到与自身相关的地方公共事务中去。传统全能政府的行政模式使中国政府意识到了政府能力的有限性，改革开放的发展史实际上是一部政府职能的转变史。在对政府边界认定、职能范围划分的同时，各社会主体得到培育并逐步成长，地方治理中的公民参与正是在这一基础上逐步产生和发展起来的。因此，基于政府职能转变的视角，重新考察中国地方治理中的公民参与，不但增加了考察视角，而且更显严谨。

二、地方治理中的公民参与的沿革

20世纪六七十年代，全世界的地方政府都在努力变革以应对第二次世界大战后全球经济危机带来的各种社会问题。远在东方的中国，面对“文化大革命”带来的挫折和损失，不得不重新思考政府职能的重心与边界，反思政府无所不包的计划模式。1978年12月，中国共产党举行十一届三中全会，做出了把工作重点转移到国家经济建设上来的战略决策。从此，中国政府开始探索区别于传统途径的政府治理模式，为地方治理中公民参与的发展奠定了基础。本节以政府职能的转变为线索，通过对十一届三中全会以来的党政会议文件及相关文献的考察，将改革开放以来地方治理中的公民参与发展分为理念认知阶段（1978—1987年）、法制准备阶段（1988—2002年）及初步发展阶段（2003年至今）。

（一）理念认知阶段（1978—1987年）

20世纪70年代末，中国正经历一场历史性的转变，一次立足于摒弃传统观念和思想的转变。党的十一届三中全会，确立了解放思想、实事求是的思想路线，做出了从1979年起，把全党工作重点转移到社会主义现代化建设上来的战略决策，并指出当前计划经济体制下权力过分集中的问题。① 这次会议认识到全能政府模式的不可能性，从政府职能的有限性出发，实事求是地分析了当前经济体制过分集中的缺陷，尤其是中央政府管得过多、过死的弊端，开始了规范党政职能的系列改革，主要

① 参见《中国共产党第十一届中央委员会第三次全体会议公报》，1978-12-22。

体现在中央与地方、政府与企业、党与政府关系的调整上。

一是放权让利。1982 年，中央明确提出“放权让利”，从减少指令性计划到对企业简政放权，开始了减少政府的经济管理职能的改革。“放权让利”一方面指中央政府减少对地方政府的指令性计划，另一方面指对国有企业的简政放权。前者调动了地方政府促进发展的积极性，后者激发了生产经营者的主动性。同时，为适应经济改革并发展各项社会事业，科技、教育、文化、卫生、体育等事业也开始了放权让利的改革，以扩大事业单位的自主权，激发事业单位的经营意识、提高事业单位的公共服务能力。

二是政企分开。在减少政府经济管理职能的实践取得成效后，党中央坚定了改革方向，1984 年，党的十二届三中全会通过了《中共中央关于经济体制改革的决定》，明确了政府机构管理经济的主要职能，提出“实行政企职责分开，正确发挥政府机构管理经济的职能”的指导思想。这一次改革的目标，是使政府在经济发展中专注“掌舵”的角色，由企业“划桨”，从而更好地指导并服务于经济的发展。

三是党政分开。经济体制改革发展到一定程度，就要推动政治体制改革。根据政企分开的启示，理顺党政关系成为切入点。1987 年，“党政分开”作为十二届七中全会预备会上讲话的一部分首次被提出，并在讲话中阐述了党政分开的重要意义。①

四是转变职能。在经历了以经济建设为中心的一系列改革后，全能政府的治理模式日益瓦解，政府逐渐意识到自身能力的有限性，许多公共事务的解决需要除政府之外的各社会主体的共同努力。提高行政效率，改善服务能力，转变职能是关键。1987 年 10 月，赵紫阳在党的第十三次全国代表大会的报告中提出要实行党企分开，进一步下放权力和实行以职能转变为前提的机构改革。②

这场以经济体制改革为起点的实践探索使人们的思想发生了巨大转变。它不但深化了人们对政府边界和职能的认知，还让人们了解到在社会主义社会中，除中央政府外，党、各级地方政府、企事业单位和各社会团体等在处理公共事务中都发挥着不可替代的作用，因此，从改革开放

① 参见赵紫阳：《关于党政分开》，中国共产党第十二届中央委员会第七次全体会议预备会讲话，1987-10-14。

② 参见赵紫阳：《沿着有中国特色的社会主义道路前进》，中国共产党第十三次全国代表大会，1987-10-25。

至党的十三大召开（1978—1987 年）这一时期，治理理念已被初步认知。

（二）法制准备阶段（1988—2002 年）

经济体制改革不断推进，转变政府职能势在必行。党的十三大确立了“以经济建设为中心”的基本路线，党的十四大提出建立社会主义市场经济体制，这些涉及经济领域和上层建筑的诸多改革，需要一系列政策、法规、法律的调整，以明确政府及社会各主体的功能和地位，并使各自的运行在法制环境中进行。党的十五大又进一步明确法制建设目标“到二零一零年形成有中国特色社会主义法律体系”①。因此，这一时期由职能转变引发的法制建设，奠定了地方治理中公民个人、市场主体、社团主体参与的法制基础，成为地方治理中公民参与的法制准备阶段。

首先，强化政治职能、维护社会稳定的法制建设。十一届三中全会以来，恢复和加强社会主义法制建设成为党和国家的主要目标。1982 年底全国人大通过的《宪法》宣布：“全国各族人民、一切国家机关和武装力量、各政党和各社会团体、各企业事业组织，都必须以宪法为根本的活动准则。”“中华人民共和国的一切权力属于人民。”“人民依照法律规定，通过各种途径和形式，管理国家事务，管理经济和文化事业，管理社会事务。”自此，社会各主体和个人的参与行为得到宪法保护。但总体来看，保障参与的法制建设慢于实践的发展，这不但影响了社会稳定，也延缓了经济建设的进程。1989 年的政治风波既反映了许多青年学生和群众希望加快民主、法制建设的迫切要求，也在实践中印证了社会稳定对经济发展的要义。江泽民在党的十三届四中全会上总结道：“我们的各项民主制度和法律制度，都需要继续完善和发展”②；1990 年的《政府工作报告》也提出：“各级政府要围绕治理整顿和深化改革，抓紧制定一些法律草案、法规和规章制度”③。为满足民众的参与需求，提升民众参与能力，这一时期，还结合全国人大常委会的“二五”普法项目④，及时学习了《集会游行示威法》，普及民众有序参与的法律知识。这些法制建设

---

① 江泽民：《高举邓小平理论伟大旗帜，把建设有中国特色社会主义事业全面推向二十一世纪》，中国共产党第十五次全国代表大会，1997-09-12。

② 江泽民：《在党的十三届四中全会上的讲话》，1989-06-24。

③ 李鹏：《政府工作报告》，第七届全国人民代表大会第三次会议，1990-03-20。

④ 从 1985 年起，全国人大常委会先后通过了五个在全民中普及法律知识的决定，并已连续实施了四个五年普法规划。

的努力既是保持社会安定与良好秩序的需要，又有利于公民个体参与的法制环境的培育。

其次，提高经济管理职能、加快市场发展的法制建设。市场经济是法治经济，党在十四大报告中明确提出“我国经济体制改革的目标是建立社会主义市场经济体制”，要求“高度重视法制建设”①。从改革开放至1998年3月八届全国人大任期结束前，除《宪法》及其两个修正案以外，全国人大及其常委会共制定法律233件、有关法律问题的决定94件；国务院发布和批准发布行政法规795件；国务院各部门和地方政府根据法定权限制定规章约26 000件。② 九届全国人大常委会任期五年，共审议了124件法律、法律解释和有关法律问题的决定草案。各个法律部门已经齐全，每个法律部门中主要的法律已经基本制定出来，以宪法为核心的中国特色社会主义法律体系已经初步形成。③《行政诉讼法》《国家赔偿法》《行政处罚法》《行政复议法》，以及《行政许可法》等的出台，成为规范和监督政府行政权力的法律依据，进一步完善了市场主体自由运行的法制环境。

最后，完善社会服务职能、促进民主参与的法制建设。从改革开放之后的历届党代会文件来看，民主法制建设一直是重要内容。党的十五大提出“依法治国”方略，将民主法制建设推向新的台阶，指出“广大人民群众在党的领导下，依照宪法和法律规定，通过各种途径和形式管理国家事务，管理经济文化事业，管理社会事务，保证国家各项工作都依法进行，逐步实现社会主义民主的制度化、法律化”④。到21世纪初，除了人民代表大会、政治协商会议、基层民主自治等人民参政议政的制度渠道外，一系列有利于社会各主体及公民个人参与公共事务的法律法规也逐步到位，如《居民委员会组织法》（1989）、《村民委员会组织法》（1998）、《工会法》（2001）、《社会团体登记管理条例》（1998）、《民办非企业单位登记管理暂行条例》（1998）等，基本形成了有利于社会主体参与的法制环境。

---

① 江泽民：《加快改革开放和现代化建设步伐，夺取有中国特色社会主义事业的更大胜利》，中国共产党第十四次全国代表大会，1992-10-12。

② 参见《中国法律年鉴（1987—1997）》，北京，中国法律年鉴社，1998。

③ 参见李鹏：《全国人民代表大会常务委员会工作报告》，第十届全国人民代表大会第一次会议，2003-03-10。

④ 江泽民：《高举邓小平理论伟大旗帜，把建设有中国特色社会主义事业全面推向二十一世纪》，中国共产党第十五次全国代表大会，1997-09-12。

（三）初步发展阶段（2003年至今）

治理理念的认知、治理参与的法制化发展从一定程度上可以看作改革开放以来政府职能转变的客观结果，然而地方治理中公民参与的实践还需要来自政府的认知和努力。2003年，“非典”疫情蔓延，集中暴露了我国经济和社会发展不协调的问题，一方面是基本公共服务供给短缺，另一方面社会参与严重不足。中央政府号召各级地方政府调整工作着力点。2003年，党的十六届三中全会提出科学发展观，要求完善政府社会管理和公共服务职能。① 2005年，温家宝总理在《政府工作报告》中阐述服务型政府的内涵，提出创新政府管理方式，寓管理于服务之中，让人民群众更广泛地参与公共事务管理等要求。② 2005年12月20日，胡锦涛总书记在中央政治局第27次集体学习会上强调，要把政府职能切实转到经济调节、市场监管、社会管理、公共服务上来。③ 在党中央国务院进一步转变职能的号召下，地方政府职能逐步从着重促进经济增长转为经济调节、市场监管、社会管理、公共服务并重，以及鼓励社会力量参与公共事务的管理上来。至此，开启了公民参与地方事务治理实践的初步发展阶段。

首先，“继续推进政企分开、政资分开、政事分开、政府与市场中介组织分开”，进一步明确政府、企业、事业单位、社会团体等各主体的角色边界，政府专注于经济调节、市场监管职能，减少干预，使各社会主体迅速成长，这不仅丰富了公民参与地方事务治理的组织载体，而且提升了公民参与地方事务的治理能力。2005年，股权分置制度的改革使公民个人参与企业投资达到高潮，“全民炒股”的壮观景象显示了公民个人投资对资本市场的重要影响。2012年《财富》世界500强企业排行榜中，中国已有79家企业进入世界500强（其中台湾有6家），成为除美国以外上榜公司数量最多的国家。④ 社会组织成长迅速，截至2011年底，全国共有社会组织46.2万个，其中社会团体25.5万个，民办非企业单位20.4万个，基金会2 614个（见表3—1）。

---

① 参见《中共中央关于完善社会主义市场经济体制若干问题的决定》，中国共产党第十六届中央委员会第三次全体会议，2003-10-14。

② 参见温家宝：《政府工作报告》，第十届全国人民代表大会第三次会议，2005-03-05。

③ 参见胡锦涛：《积极稳妥推进行政管理体制改革　加快转变政府职能提高行政效率》，见人民网，2005-12-21。

④ 参见《2012年度世界500强名单公布：七十九家中国企业入围》，载《人民日报》，2012-07-11。

表 3—1　　社会组织

	2005 年	2006 年	2007 年	2008 年	2009 年	2010 年	2011 年
社会团体（万个）	17.1	19.2	21.2	23	23.9	24.5	25.5
民办非企业（万个）	14.8	16.1	17.4	18.2	19	19.8	20.4
基金会（个）	975	1 144	1 340	1 597	1 843	2 200	2 614

资料来源：《民政部发布 2011 年社会服务发展统计公报》，见中国中央政府网，2012-06-21。

其次，加强社会管理职能，推进基层民主自治。地方政府除依法保障公民的各项权利及严惩各种违法犯罪活动外，还要通过推进社区和乡村基层组织自治、非政府组织的发展以协助民众基本政治、经济和文化权利的实现和各种利益矛盾及困难的解决。改革开放 30 多年来，基层组织自治及非政府组织成长迅速。以 2011 年为例，基层群众自治组织共计 67.9 万个，其中村委会 59.0 万个，居委会 8.9 万个（见表 3—2)。全年共有 35.8 万个村（居）委会完成选举，参与选举的村（居）民登记数为 4.5 亿人，参与投票人数为 3.6 亿人。在非政府组织的发展方面，全国社区志愿服务组织 15.9 万个。全年各地直接接收社会捐赠款物 495.0 亿元。全年各地接收捐赠衣被 2 918.5 万件。全年有 950.2 万人次在社会服务领域提供了 9 272.6 万小时的志愿服务。①

表 3—2　　基层自治组织　　单位：个

	2005 年	2006 年	2007 年	2008 年	2009 年	2010 年	2011 年
居委会	79 947	80 717	82 006	83 413	84 689	87 057	89 480
村委会	629 079	623 669	612 709	604 285	599 078	594 658	589 653

资料来源：《民政部发布 2011 年社会服务发展统计公报》，见中国中央政府网，2012-06-21。

最后，履行公共服务职能，鼓励公民参与供给。党的十六大以后，地方政府职能逐渐转移到保障和改善民生上来。由于公共服务供给的艰巨性，地方政府除了不断加大公共服务支出外，还要为民众参与公共服务的决策、供给、评估等提供保障和创造条件，让民众广泛参与其中，以提升公共服务的供给效率与质量。

从实践来看，地方政府正在尝试推进公民参与公共服务的供给决策。首先，价格听证会已逐步应用于公共服务产品的定价上。1998 年《中华

① 参见《民政部发布 2011 年社会服务发展统计公报》，见中国中央政府网，2012-06-21。

人民共和国价格法》规定："制定关系群众切身利益的公用事业价格、公益性服务价格、自然垄断经营的商品价格等政府指导价、政府定价，应当建立听证会制度"。2001 年《政府价格决策听证暂行办法》对公民参与价格听证作出了具体细致的规定，提出政府价格主管部门可以根据定价权限确定并公布听证目录，对列入听证目录的商品和服务价格的制定实行听证。当前，听证会已成为地方政府决定水价、电价、气价、基础设施工程建设等常用的政策工具。其次，地方政府在立法领域中愈加重视听取民意。2000 年 3 月通过的《立法法》规定："行政法规在起草过程中，应当广泛听取有关机关、组织和公民的意见。听取意见可以采取座谈会、论证会、听证会等多种形式。"随后，浙江、上海、安徽、江西、河南、四川、广西和郑州、广州、深圳等地制定了立法听证规则。甘肃、广东等省开始了公民直接提出立法建议参与实践。2007 年，国务院法制办专门发出《关于进一步提高政府立法工作公众参与程度有关事项的通知》，要求在起草、制定与群众密切相关的法律法规时，原则上都要向社会公开听取意见，建立意见采纳情况说明和反馈制度。2003—2008 年共有 15 部法律草案和行政法规草案向社会公开征求意见。①

在服务供给环节，地方政府也在尝试借助市场化、社会化力量。在教育领域，截至 2010 年底，民办的非学历高等教育机构 836 所。② 在一些人口大省，民办教育成为发展教育的重要内容。例如，河南省截至 2011 年底，各级各类民办学校达 10 539 所，已占据全省教育事业的半壁江山。③ 在加快发展老年人社会福利事业上，江苏形成了机构运作、集中居住、虚拟养老、应急服务、志愿服务 5 种居家养老模式；河北建成 12 102个村级主办、互助服务、群众参与、政府支持的农村幸福院。民政部于 2011 年全面铺开社会养老服务体系建设试点项目，全国老年公寓、福利院、敬老院等各类养老机构已有 4 万个。北京、天津、河北、内蒙古、黑龙江、海南、贵州、新疆、大连、深圳等地制定了扶持社会养老服务机构发展的政策。浙江全省建立了政策性养老机构综合责任保险制度。苏州率先出台了民办养老机构管理办法。④ 在提高儿童福利水平上，

① 参见温家宝：《政府工作报告》，第十一届全国人民代表大会第一次会议，2008-03-05。

② 参见《2010 年全国教育事业发展统计公报》，见教育部门户网站，2012-03-21。

③ 参见惠婷、施晓春：《河南省从今年起设立河南省民办教育发展专项资金》，载《河南日报》，2012-08-14。

④ 参见《2011 年民政工作报告》，见民政部门户网站，2012-10-08。

政府已与联合国儿童基金会、李嘉诚基金会、中国人寿慈善基金会、神华集团、中国社会福利教育基金会等国际国内各非政府组织开展积极合作，对残疾孤儿、灾区孤儿及贫困儿童提供帮助。

评价公共服务供给，是公民参与地方公共事务相对活跃的领域。早在20世纪90年代，为提高工作效率，降低行政成本，许多地方政府纷纷成立了机关效能建设办公室等类似机构，公民通过评议最满意政府部门、公共服务满意度调查等活动参与到公共服务供给的评价中来。近些年，在服务供给评价中，地方政府更加重视公民的参与程度，如南京和珠海试行“万人评政府”，上海徐汇区进行政府绩效群众满意度测评，四川绵竹市提高了社会公众参与政府绩效评估的比率，安徽淮南市面向社会招聘群众评估员并建立评估人才库等。①

三、地方治理中公民参与的中国特色

改革开放以来，中国地方治理中的公民参与发展很大程度上是在“政府让位，社会到位”的改革中进行的。尽管政府职能转变的改革客观上促进了治理理念的认知、治理参与的法制化发展，但是在民主积累少、社会力量发展尚且缓慢的中国，地方政府的角色就绝不仅仅是让位，还要在维护社会稳定的同时，主动迎接公民参与地方治理时代的到来，培育并扶持各类社会组织的发展，以保证社会力量参与公共事务的顺利到位。正是由于地方政府在促进这一事业中的复杂角色，中国地方治理中的公民参与发展呈现出以下特色：

（一）动员式参与

动员式参与，是指政府通过号召、宣传、组织、激励等方式发动民众参与。动员参与的主要特点是政府主动倡导，民众被动行动。当前动员参与首先体现在基层民主自治领域里。基层民主实践初期，大多民众对这种改革可能带来的好处并不十分肯定，民众的参与行为

① 参见陈雪莲：《地方政府绩效评估改革的突破与局限》，载《理论与改革》，2010（1）。

"是在政府的宣传鼓动、组织控制、现金激励、权威支配下一种被动的参与行为"①。随着基层民主实践成果的不断显现，民众已逐渐显示出积极性；但从当前实践来看，动员参与似乎已成习惯，由中央一级通过制定法律法规及相关文件要求地方党政部门配合民政部门搞好村民选举、居民自治等活动的模式仍未有太大改变。其次，动员参与还是应对自然灾害的主要模式。动员模式往往"以执政党和中央政府的强势领导为支撑"②，以对各类重要战略物资的把控为基础，在应对灾害时，军队、各职能部门可以在党和中央政府的调动下积极响应、配合，以系统有效地应对。如在2008年年初的南方雪灾救援、汶川大地震救援、青海玉树地震救援中，动员参与体现在抗灾、救人、灾后卫生防疫、安置、灾民救助等诸多环节。最后，动员参与还体现在对慈善活动及部分志愿者项目的组织上。民政部的职能之一是负责"组织、指导救灾捐赠"，在当前社团发展的初级阶段，很多捐赠活动都是在民政部的动员下完成的。前民政部官员曾在《动员式的捐赠时代已经结束》的报告中坦言："我在民政部就负责动员式捐赠，作为司长，每年大灾的捐赠都组织、参与……"③。很多志愿者行动也具有动员参与的特点，目前中国规模最大、影响最大的两支志愿者队伍"社区志愿者"和"中国青年志愿者"都具有党政背景。社区志愿者从属于民政部系统，它的各级组织都与相应的民政部门联系在一起，最基层与街道居民委员会联系在一起，接受相应各级组织的领导与指导。中国青年志愿者是中国共产主义青年团中央委员会下属的中国青年志愿者协会，业务主管单位是共青团中央，登记管理机关是民政部。社区志愿者和中国青年志愿者都凭借业务主管单位的层级性，建立起各级组织，同时，也方便业务主管单位组织和动员大规模的志愿活动。

（二）有序参与

有序参与强调健康稳定的政治环境，在生产力发展水平总体不高、发展相对不平衡的社会主义初级阶段，有序参与既有利于经济发展，也有利于民主进步。改革开放以来，我国经济发展得很快，但民主参与不

① 李凡：《动员式民主的实践与发展（一）》，见http://www.world-china.org/newsdet ail.asp?newsid=2583，2009-05-08。

② 王锡锌：《救灾中的中国危机管理：从国家动员到共同体参与》，见中国新闻网，2008-06-10。

③ 底东娜：《"动员式的捐赠时代已经结束"》，载《新京报》，2011-09-29。

足。为跟进政治体制改革的步伐，满足民众日益增长的参与需求，党的十六大提出“扩大公民有序参与的要求”。当前地方治理中，保障公民参与的有序性主要体现在两方面。一是畅通并完善原有参与渠道，稀释参与需求。地方政府一方面不断完善各级人民代表大会制度、共产党领导的多党合作和政治协商制度、民族区域自治制度、选举制度、听证制度、公民批评制度、建议制度、申诉制度、控告制度、检举制度、信访制度、监督制度等，另一方面通过市长热线、市长信箱、市长接待日、人大代表信箱等尝试，缓解民众日益高涨的参与需求。二是创新参与渠道以吸纳制度外参与。信息技术的飞速发展，带给地方治理的既是机遇，也是挑战。越来越多的民众开始通过网络新闻、微博、微信等渠道关注房价、医改、教育、社会保障、征地拆迁等关系民众切身利益的公共事件，一旦地方政府忽略了民众在虚拟世界中的需求表达，就可能酿成网络群体性事件。如 2007 年的厦门 PX 项目事件、2008 年的上海磁悬浮事件、2009 年湖北巴东邓玉娇案等都是以网络为传播平台引发的群体性事件。网络舆论日益显现前所未有的能量，成为引发公共危机的重要信息源。针对这一趋势，很多地方政府一方面开展网络舆情监测工作：识别网络热点话题、敏感话题，跟踪舆情主题，分析舆情趋势、突发事件等，以便有效引导、积极化解网络舆论反映的问题；另一方面积极开通各种网络参与平台与通道，吸纳制度外参与，避免由于对网络媒介的忽视而酿成的群体性事件。

（三）基层民主自治

基层民主自治是社会主义民主实践的基本内容之一。在经历了数十年的实践探索后，基层自治领域、自治事务的种类都在不断深化，已逐步成为公民参与地方治理的重要组成部分。基层群众自治组织的数量相对稳定，而注册选民人数与参与投票人数如前所述截至 2011 年底也有极大提升。民政部还广泛开展村务公开民主管理示范单位创建活动，推广北京、浙江、河南、重庆、陕西等地建立健全村务监督委员会的做法；加强村务公开民主管理难点村治理工作，全国排查的 13 007 个“难点村”基本得到治理；上海开展了村委会自治家园建设；山西全面推广了“阳光农廉网”；内蒙古推行了嘎查村级事务契约化管理等①，基层民主自治

① 参见《2011 年民政工作报告》，见民政部门户网站，2012-10-08。

丰富了公民参与的内容，扩大了公民参与的领域，可谓公民参与地方治理最扎实的实践训练。

（四）信访

信访作为中国政治制度的重要组成部分，是公民向各级行政机关表达意见、反映诉求的重要制度渠道，同时也是党政部门了解民意、体察民情的重要渠道。随着中国改革发展进入攻坚期，各种社会矛盾不断显现。在农村，主要是反映土地承包纠纷、林地权属纠纷、债务纠纷、劳务纠纷，乡村干部工作作风问题、侵吞集体资产问题；在城镇，主要是反映城市拆迁改造问题、环境污染问题、劳动关系问题，行政部门不作为、乱作为问题；在企业，主要是反映企业改制中的各种矛盾和问题，福利待遇问题、拖欠工资和养老费、医疗费问题，国有资产流失和领导干部以权谋私等问题。① 社会蓝皮书《2005 年：中国社会形势分析与预测》的统计数据表明，1993 年至 2003 年间，我国群体事件由 1 万起增加到 6 万起，参与人数由约 73 万人增加到约 307 万人。2010 年法治蓝皮书——《中国法治发展报告 No. 8（2010）》指出，2009 年我国群体性事件高发、频发。在全国范围内具有较大社会影响的群体性事件就有近 10 起。尽管近些年，随着中央及各级党委、政府的重视，节节攀升的信访局面有所控制，但仍在高位运行。信访工作越来越被看作调整和转变政府工作重心的“风向标”。

2005 年新修订的《信访条例》赋予了信访部门“提出完善政策和改进工作的建议”的职责。这使信访工作对各级政府在制定和完善政策上的意义得到制度上的保障。从实践来看，地方政府已愈来愈重视信访工作的开展，并积累了一些经验。如云南省德宏州的“网上信访”，河南省焦作市终结疑难信访积案的“三步走”程序，上海市的社区信访事项代理制度，河南省渑池县的信访评估制度，山东省青岛集团形成的四级信访管理格局等。这些实践都极大地提升了信访工作的质量。尽管近些年，公民信访表达方式又呈现更激烈的特点，如集体访、越级访等，但信访已成为中国地方治理中特有的公民参与形式。信访工作一方面能反映民众的基本需求，另一方面也能反映地方政府的工作绩效，因此，已成为

① 参见张宇、董鹏祥编著：《信访工作理论与实务》，49 页，北京，中国民主法制出版社，2008。

地方政府制定政策和改进工作愈来愈重要的依据。

总之，改革开放以来，以经济体制改革为引擎的社会变革不断推动着政府职能的转变，一个复杂多元的社会结构在这种转变中逐渐形成。这一过程客观上奠定了地方治理中公民参与的思想基础、法律基础和实践基础。由于社会稳定的重要政治意义，它始终成为地方政府职能的要义之一。因此，动员参与、有序参与、基层民主自治及信访等都是地方政府在推动地方治理中公民参与发展中体现的中国特色。地方治理中的公民参与离不开地方政府的推动。迈克尔·卡西尔等人提出了致力于社区可持续发展的合作性地方行动的理论框架，建议地方政府通过能力建设，在支持和推动公民参与地方治理的问题上扮演一种新角色，而地方政府能力建设的必要条件是提高公民的参与能力，提升社团的参与能力，重建/建立一种合作性的社区文化。① 可见，地方治理中公民参与的发展需要地方政府的主动推进。但总体来看，当前地方政府在促进公民参与地方公共事务的治理中还属于相对被动的姿态。在公民参与能力、社团组织参与能力以及推进地方治理中公民参与的制度建设中，地方政府总体上是迫于中央政府的号召、民众需求或其他外界压力而做出的被动回应，这一前提下的基层民主自治、各种动员参与及信访等提升公民和各社会组织参与能力的建设实践则收效有限。因此，地方治理中公民参与的真正发展还期待地方政府的主动推进。

---

① Michael Cuthill, John Fien, "Capacity building: Facilitating Citizen Participation in Local Governance," *Australian Journal of Public Administration* 64 (4), 2005, pp. 63-68.

第四章 城市贫民的参与
——以加拿大温哥华为例

[加] 伊曼纽尔·布鲁内特-杰利（丁煜　译）

一、引论

作为2010年冬季奥运会的举办城市，温哥华在许多方面都独具特色，在关于都市研究的文献中被视为具有开放性和可持续发展机制的城市，也是一个参与式政策对话和政策辩论较为激烈的城市，该市为申办2010年冬奥会而举行的公投就是一个有力的证明。① 自20世纪80年代以来，温哥华市中心就成了开发者的天堂。而在此“高端化”发展的过程中，也带来了地区紧张。其中一个值得关注的问题，就是城市发展对温哥华市中心东区（Downtown Eastside，DTES）（加拿大最贫穷街区之一）的影响。如今，DTES虽毗邻繁华的商业中心，但依然是加拿大最贫穷的城市街道，同时也是一个有着激进的公民参与和多层级政府决策体系的社区。早在20世纪70年代末，当时的“市中心东区居民协会”（the Downtown Eastside Residents Association，DERA）认为消防和建筑法规应同样适用于DTES寄宿公寓（rooming houses）的业主，并因此去市政府游说。DTES相对较长的公民参与历史是本研究得以开展的背景。具体而言，本章旨在研究城市贫民和新DTES移民在何种程度上能够参与社区的政策治理（policy governance）。换句话说，本章主要探讨温哥华DTES包括城市贫民、新移民和城市原住民在内的公民政治参与和治理水平。

温哥华被称为高风险偏好创业者的乐园。在这里，保守的、自由的

① E. Brunet-Jailly，“Vancouver-sustainable City”，*Journal of Urban Affairs* 30 (4)，2007，pp. 375－388. T. A. Hutton，“Thinking Metropolis：From Livable Region to Sustainable Metropolis，” *International Planning Studies* 16 (3)，2011，pp. 237－255.

和社会民主主义的思想都拥有一席之地且针锋相对。温哥华每年都有成千上万的新移民，也依然存在着一个相当大的城市贫民区（主要集中在DTES)。大多数观察家都认为，保守—自由主义与自由—社会—民主主义商业联盟在该市历次的政治选举中都占据优势。然而，值得注意的是，传统上居于领先地位的公民政党（CivicParty）始终对解决社会问题持有自由主义倾向，温哥华市菲利普·欧文（Philip Owen）市长（1993—2002）的成功连任就足以证明。此外，左翼倾向的温哥华公民党派一直以来都代表着与商业联盟主流有分歧的思想和群体，它于1968年成长为地方的公民力量，此后直至20世纪90年代初一直受到加拿大共产党(the Communist Party of Canada)（1992年解体）的支持。在共产主义理想已经破灭的情况下，该组织得以幸存，并支持拉里·坎贝尔（Larry Campbell）参加2002年的地方选举。坎贝尔于2005年辞职，但他竞选期间的施政理想并未被弃之不用，申办2010年冬奥会、贫穷与毒品问题、住房问题等依然是温哥华政治舞台的主角。坎贝尔的继任者山姆·沙利文（Sam Sullivan）对于上述问题的处理不力，失去了地方自由派公民组织的支持；而2008年秋季当选的格雷戈尔·罗伯逊（Gregor Robertson）也同样不可避免地面对这些难题：2010年冬奥会管理问题、住房问题、无家可归者和城市贫民问题，以及DTES的毒品犯罪问题等。

虽然当选的四任市长都未回避上述难题，但时至今日这些难题依然不容小视。在这种财政上坚持保守主义而对待社会问题却日益激进的环境中（这也是不少加拿大城市的典型特征），几乎没有证据表明强大的宗教或道德运动足以影响公众舆论和城市政治，这也解释了为什么这个庞大的城市社区是世俗化的（secular)、具有社会进步性且有利于发展(pro-development)。然而，也有人认为它的决策者和公民领袖在城市贫困治理中不过是“耍嘴皮子”。正如本章后面的研究所描述的，温哥华已经展示了其具备的整合社会、自私的公众和发展项目的能力，但与此同时，其是否有能力保证温哥华贫民的有效参与呢?

本章的写作结构如下：首先是关于公民参与的文献综述，随后分为四部分，依次为阐释温哥华政治体制的高度开放性和可持续性；DTES的历史、地理和人口特征；地方治理和公共政策如何回应DTES的居民诉求；介入政策过程的各方参与者。本章的研究表明：(1）尽管有着雄心勃勃的政策和治理举措，但城市贫民和新移民参与治理的程度仍是有限的；(2）为贫民和新移民提供服务、宣传动员和“代言”（actively represent）的组织数量众多，表现积极，但仍存在目标和资源的“分裂”（fragmented）现象；（3）归根到底，尽管贫民和新移民具有政策参与的途径，但鉴于他们对社会机构的依赖性，因而对公共服务和公共政策仅具有极其有限的影响力。

二、文献综述：从政府到参与式治理

公共管理文献中有诸多关于从传统的政府管理到治理（from government to governance）转变的研究。[①] 笔者和约翰·马丁认为，治理更多的是关注公共政策过程和参与，而不是政府的结构和机制。与传统的政府管理相比，治理是一个更具时代性的概念，反映出当代学者更加关注研究政策制定的动态机制。联合国发展计划署（UNDP）将治理定义为：“在各个层面上行使经济、政治和行政权力来管理国家事务。它包含使公民和团体表达他们的利益，行使自己的法律权利，履行义务和调解利益分歧的那些机制、程序和制度。”（UNDP，1997，第一章）。这个概念的转变，旨在关注公民和利益集团参与的政府过程，同时也反映了两个方面问题：一是在一个广泛变化的社会环境中地方和其他层级政府的运作；二是政府对于人权的关注。

治理是指政府和非政府组织（包括公民社团）共同进行公共事务管理和决策的过程。丹特斯和罗斯在 2005 年指出，在对地方政府具有约束力的广泛的公共政策背景下，地方政府往往具有更大的领导、治理作用，这似乎有些自相矛盾。斯托克（Stoker）曾在 1999 年指出，地方政府运用市场机制来提供服务，满足人民提出的政策应透明，政府决策应尽责、高效的期望。尽管中央政府试图通过合并一些委员会以减少民选议员的数目，从而缩小地方政府的规模，但许多地方政府依然保持强大的地方领导力，这也成为体现地方政府信用和衡量地方政府持续执政能力和对民负责的方式。通过一系列的机制，例如以公民、消费者或意见领袖（advocate）等身份参与城市治理是加拿大地方政府工作的重点。埃弗索和马丁（Eversole and Martin，2005）曾经提出，地方治理可以用三个关

① E. Brunet-Jailly，John Martin，eds.，*Local Government in a Global World*，Toronto：University of Toronto Press，2010.

键指标予以评估：(1) 城市设计和发展规划的审议过程是否嵌入（incorporated）地方政府的立法程序；(2) 是否有证据表明，利益相关方可以通过与决策者关于政府行为将如何影响特定社区的问题展开对话；(3) 代表这些社区的声音能否被听到以及能否影响到最终决策。

菲利普斯（Philips，2010）认为，在加拿大，地方政府一直对地方治理的需求做出回应。但她同时表示，公民与治理之间的联结（linkage）并不是在所有社区都得以体现，因为不是所有的市政当局对需求的洞察力和政策能力都处于同一水平，而且它们与上一级政府的关系也存在差异。① 事实上，笔者提出了三种公民和社区参与的模式：(1) 社区政府，这是地方政府机构进一步民主化的过程；(2) 地方治理，这是地方政府和非政府参与方发展合作关系；(3) 社区治理，这是作为更加紧密的政策协调和合作的结果，社区具有更强的能力和自治性。本研究的目的也正是来自于此，即温哥华政府面对治理机制创新的机会，如何构建更加广泛的公民参与，尤其是如何保证城市贫民和城市原住民能够参与到社区治理中。

本章的资料来自笔者的参与式访谈、政策文献和报刊文章。有证据表明，在过去的十年中，虽然温哥华的城市贫民与地方治理机制中的政策制定的关系日益紧密，但他们的利益仍是由政府工作人员、各类合法（varied legitimacy）的慈善组织所代表。而其他群体，例如商人和中产阶级社团，已经成为参与式社区治理机制的一部分，推动着城市政策制定进程时快时慢地发展，正如在过去四次市长选举中所表现的那样。

三、温哥华的开放式政权：公民、企业和参与

在最近的四任市长选举之前，温哥华也曾战略性部署公民宣传运动以提高公众参与，但这似乎对选举的投票率影响不大。选举的参与情况一直以来受两个关键问题的影响：奥运会和 DTES 问题。当同时涉及这两个问题时，1999 年只有 37%的选民投票，2002 年为 50%，而在2005—2008 年重新下降到 30%左右，2011 年为 35%。

---

① S. Philips, "'You Say you want an Evolution?': From Citizen to Community Engagement in Canadian Cities," in Brunet-Jailly, Martin, eds., *Local Government in a Global World*, Toronto: University of Toronto Press, 2010.

2002年秋季的温哥华市长选举尤其引人注目，因为那是不列颠哥伦比亚自由党（BC Liberal）政府执政后的首场选举，同时这次选举也为接下来9年的温哥华政治搭建了一个舞台。事实上，申办冬奥会被视为一个可能解决DTES问题的方案。原因如下：中间偏左（left-of-center）的公民组织产生的候选人是来自"进步选民联盟"（the Coalition of Progressive Electors，CoPE）的拉里·坎贝尔（2002—2005），一位退休的皇家骑警总监和首席验尸官。坎贝尔被推举为候选人出乎意料，但他被认为是"可信的和令人兴奋的"，也是一个主张在DTES设立一个"毒品注射屋"建议的坚强捍卫者。虽然CoPE在1996年已经失去了在议会和其他委员会的所有席位，但那时已开始复兴。2002年春季以"温哥华地区规划"为主题的会议吸引了2 000余人参加，并为26个议席选派了27名候选人。业已建立的公民政党——"无党派联盟"（the Non-Partisan Association，NPA）及其领导人阿特·菲利普斯（Art Phillips）、迈克·哈考特（Mike Harcourt）、乔纳森·贝克（Jonathan Baker）和梅·布朗（May Brown）都一致认为，尽管NPA拥有8 000名成员，但因为菲利普·欧文市长的离开而实力大减。

最初，经济发展是选举的中心议题，所有候选人都在讨论经济发展问题。主要候选人克拉克提出温哥华需要更多的城市营销，应珍惜其在标准普尔体系中获得的AAA信用评级。很明显坎贝尔的参选改变了这次的市长竞选，使得选举进入了《省报》（*The Province*）记者艾娜·奥斯丁（Ina Austin）所谓的"不寻常的状况……真正的较量"。《纽约时报》也报道了温哥华选举，并特别关注了一个具有争议性的议题，即设立在医疗监督下的"毒品注射屋"计划。选举结束后，美国的"毒品沙皇"约翰·沃尔特斯（John Walters）访问了温哥华并同当地官员讨论了这项计划。

温哥华的选举因政策议题丰富而特别热闹，列入清单的议题有一长串：2010年冬奥会的申办及因此而要考虑的基础设施建设问题；日益严重的交通堵塞问题；错综复杂的发展选择问题，例如很多温哥华市民都渴望一个更具融合性的城市，从而带给他们更多安全感、更多活力和更多精彩，然而城市新区却因收入差异被人为分割。除了这些问题，坎贝尔一直坚持，如果当选市长，他将实施一个旨在解决教育和公共健康问题的"温哥华四支柱项目"（Vancouver's Four Pillars program），包括：执行法律（enforcement）、安全注射/减少伤害、药物成瘾的预防和药物成瘾的治疗。这在加拿大乃至北美都是首创。

2002 年 11 月的这次公民选举，共有 118 名候选人和 280 003 名登记选民。此次选举要选出 1 位市长、10 位议员、7 位公园委员会委员（park commissioners）和 9 位学校理事（school trustees）。最后共有140 332 位选民进行了投票，超过了登记选民的 50%，这是 20 年来公民选举中第二高的投票率，关注地方民主的评论员和专家无不为见证了当地的民主复兴而感到振奋。最后，拉里·坎贝尔以 80 772 票赢得了市长的职位（约占投票的 53%），CoPE 赢得了 8 个议席，而 NPA 也稳住了 2 个议席。三年之后，一路披荆斩棘的坎贝尔退出地方政治舞台，荣升为一名加拿大参议员（高院）。随后，他在 CoPE 的支持者“导演”了公民政党的分裂：拉里·坎贝尔的支持者与“传统主义分子”（traditionalists）分道扬镳，形成了该党派的激进力量（progressive wing），并进而组建“战略温哥华党”（Vision Vancouver）。2005 年的选举，投票率比 2002 年的 50%低得多，只有 30%的选民参加了投票，NPA 候选人山姆·沙利文赢得了 61 543 票，这比他的前任坎贝尔少了近 2 万票。NPA 的议会候选人为此辩称，（这是因为）这次选举从无休无止的“打嘴仗”回归到更加务实的城市管理上。而沙利文赢得 NPA 的党内提名，但却屡受质疑，被认为获得提名是因为他一向缺乏政策主张，在议会任职的 12 年里一直谨言慎行。一开始，他的竞争对手詹尼弗·克拉克被各方看好，被认为是名副其实的“领头羊”，但最终却未能胜出。事实上沙利文是个“小 c”（small “c”*）保守分子，他公开表示在财政上持保守主义，而对于社会问题持激进观念，这使他成为选举的赢家。沙利文执政期间，按部就班地准备迎接冬奥会，经济增长强劲。沙利文的奋斗目标是将温哥华建成为一个文明、富有同情心和环保领先的都市，同时沙利文市长还信心满满地要将温哥华市政府打造成全加拿大最具亲和力和最负责任的地方政府。然而，2008 年，沙利文在 NPA 的党内提名中输给了拉德纳（Ladner），这主要是因为他在奥运会基础设施建设管理问题上处理不善。具体而言，就是奥运村中 30%的住房原本计划提供给 DTES 居民，但由于成本和来自开发商的压力，此事后来不了了之。在此后的竞选中，拉德纳输给了来自“战略温哥华党”的罗伯逊，主要是由于罗伯逊在 DTES 和奥运会

---

* Small “c” conservative 是指信仰保守主义法则，但并不是正式的保守党成员。——译者注

问题上寸步不让。

格雷戈尔·罗伯逊（2008年至今）是一位被CoPE和“战略温哥华党”联合推举的候选人，他在DTES和奥运会问题上的强硬作风，在选举中一举击败了拉德纳。在登上政治舞台前，罗伯逊与人合伙创办了“快乐星球”公司（Happy Planet），这是一家总部设在温哥华的有机果汁企业。这家企业的创立，实则是罗伯逊颇有心机地展示其承担社会责任的勇气。罗伯逊上任后，肩负着处理温哥华后奥运会时代的无家可归者、经济适用性住房危机和公共交通问题的重任。在他令人眼花缭乱的施政计划中，时至今日仍然被津津乐道的就是要将温哥华建成“世界上最环保的城市”（the greenest city in the world），这是罗伯逊作为“大城市首脑会议”（Big City Mayors）下属的“加拿大城市联合会”（the Federation of Canadian Municipalities）主席时提出来的。温哥华“经济行动战略”（the Economic Action Strategy）以高增长行业为中心，这些行业包括数字媒体、清洁技术（clean technology）和可再生能源。直到现在，罗伯逊仍继续践行着将温哥华建成全球环保之都的承诺，并声称要在2015年前彻底解决无家可归者问题。

综上所述，自2002年秋季市长选举以来，两大问题——温哥华DTES的贫困和毒品、住房问题以及2010年奥运会的申办和筹备工作，是温哥华政治和政策议程的主导问题。坎贝尔的参选颇具争议，但却高票当选，其任内一直就奥运会场馆设施的建设与多方协商，这成了坎贝尔执政期间的特色。沙利文在任期间则主要处理管理不善，以及因奥运会成本大幅提升而带来的一系列问题。同时，沙利文也重提对社会和社区组织的承诺，例如奥运村（日后）将为温哥华底层贫民提供保障性住房。到目前为止，罗伯逊执政的特点可归纳为两点：一是“让利于民”（lessened interests）；二是奥运问题逐渐退出政治舞台，取而代之的是他的“绿色”计划、住房和公民参与等政策议题。总而言之，DTES的贫穷问题、毒品和暴力问题、住房问题仍然处在城市政治的最前沿。

在温哥华政治领域，“东区”和“西区”在一系列政策问题上存在明显的紧张（tensions）。“大马路”（Main Street）通常被认为是“东区”和“西区”的分界线。东区居民普遍认为NPA主导的市议会一直以来都较少关注他们的声音和需求。他们经常抱怨东区的警察服务很糟糕，公园和康乐设施太少，公共设施（街道、人行道、路灯）得不到及时的维护，政府会把一些“西区”居民难以忍受的不良项目（undesirable projects）

像扔垃圾一样放到“东区”。“西区”的居民则喜欢抱怨说他们承担的税负过重，要为各种各样他们从不使用的社会服务付费。这些持续不断的争吵也影响到了目前关于分选区（wards）划分的争论。可以看到，议员，尤其是NPA的议员，更倾向于居住在“西区”。

有不少争吵可以用来描述这种紧张关系。先来说一说温哥华发展过程中的一件趣事：20世纪70年代，因为要修建一条市中心高速公路，Strathcona社区（DTES的一部分）面临拆迁，但一个基于社区的公民组织通过一系列努力，成功地阻止了这次拆迁，并因此形成了温哥华市中心的发展状态并持续至今。1986年温哥华世博会期间也曾一度出现社会紧张。当时为了给游客提供住宿，政府打算将一些低成本住房和酒店房间拆迁或改建，却因此遭到“贫困活动家”（poverty activist）的抗议，但在这次斗争中大多数抗议都以失败告终。此后，天车（Skytrain，即温哥华的地铁）建设项目、机场和温哥华市中心的RAV专线建设中都不乏冲突和对立，这可以看作对上述紧张关系的最新注解。

社区组织间艰苦细致的沟通工作有时能够缓解这种紧张关系。温哥华“邻里综合服务队”（the Neighborhood Integrated Service Teams，NIST）曾系统性地提出诸多整合各个社区服务组织的建议。NIST的政策目标是带领人们团结起来，共同寻找以社区为基础的解决地方和社区问题的出路。NIST的团队与有关市政部门，如警察部门、消防和工程部门，以及市政机构合作，共同讨论并处理当地关切的问题。NIST的团队成员还包括政府官员，社区机构和“沿岸卫生局”（Coastal Health Authority）。总的来说，NIST作为一个公民参与组织，为温哥华市民提供了高质量的服务，并因此被联合国授予了“公共服务创新”（innovation in public service）奖。但是，DTES社区的案例清晰地表明，服务的拓展是由慈善和非营利组织共同推动的。

有些社区组织相对而言更加活跃，例如那些代表Dunbar居民（西区）、Grandview-Woodland和Strathcona的社团在公民事务方面表现积极。然而，也有些社区组织抱怨说，在它们所属社区改造和发展中难以发出它们的声音，在上次选举中就是如此。“市中心东区居民协会”（DERA）是温哥华较为活跃的以口头宣传见长的团体（vocal advocacy groups）。值得注意的是，目前温哥华东区的国会议员（Libby Davies-NDP）曾经作为一个积极的“鼓吹者”（as an advocate）为DERA工作，正如珍妮·昆（Jenny Kwan）作为Strathcona社区的省级代表。吉姆·

格林（Jim Green）（曾经的 CoPE 议员和 2005 年市长候选人）也与 DERA 有着深远的关系——这些都足以证明 DERA 具有很大的影响力。然而，这些为数不少的公民组织，似乎难以在全市范围协调运作，有些团体可以对地方政治施加影响，尤其是借助于与 CoPE 达成的交易（Vogel，1999）。

商界和各级政府也保持着协调关系，且管理有序。“温哥华贸易局”（The Vancouver Board of Trade）主要关注商界的利益。许多社区都成立了“商业改进协会”，其项目基金一般来自市财政。例如“市区商业改进协会”（Downtown Business Improvement Association）就特别活跃，经常“发声”，花了很大力气敦促市议会采取行动控制乞讨现象。此外，还有一些基于行业的组织，例如“温哥华电影制片人协会”（Vancouver Film Producers）、“温哥华科技业游说团体”（Vancouver Technology Business Lobby）等，这些组织都密切关注国会的决策。

上级政府通常被认为在推动地方经济发展方面功不可没。例如，赫顿（Hutton，1998）认为联邦和省级的法律、项目和政策措施，是温哥华崛起为亚太城市（a Pacific city）的主导因素。在联邦一级，赫顿指出，其领导力主要体现在相对开放的外国移民政策、外部市场发展战略、出口贸易支持计划、基础设施投资（如受到赞誉的温哥华贸易和会展中心）。同样的，不列颠哥伦比亚省级政府则主导 1986 年的世博会、天车建设、不列颠哥伦比亚地区体育馆建设、加拿大捷运线（Canada-line）建设及其市场推广策略，所有这些都让温哥华受益。

综上所述，温哥华的权力体系被分为两个庞大并交错的网络体系，即公民组织和商界组织：（1）公民组织是更倾向社会民主的组织，更具包容性，也更能代表社会尤其是公民、工会的进步力量（progressive segments）；（2）企业和新自由主义组织，强调商业组织的作用，但也认可公共物品的社会和经济效益。两大组织复杂网络关系之间的竞争有时是存在争议的，但从本质上说，因竞争而带来的影响是正面的。这些成熟的团体或组织不可一概而论，在不同的政策决策过程中作用不一。然而被放在不同的政策领域，可能并不会被一视同仁。事实上，只有针对 DTES 以外的问题，NIST 的政策似乎才有效。

众所周知，许多从移民社区生发出来的价值体系往往是分裂的。温哥华自认为是一个拥有多元文化的城市，来自不同地域的人共同生活在这个世界上最美丽的城市。只要找到一个能达成一致的解决方案，冲突是可以缓解的。在这一解决方案中，不同意见、价值观、宗教，从保守到激进的各种意识形态都是公认且受到尊重的。这个城市的东、西区之间一直处于分裂之中，这是显而易见的。问题是东、西区居民的差异到底有多大？历史上，无论是东区还是西区都曾出现过不同社区居民之间的区隔，但 20 世纪 90 年代后期以来，随着房产价值上涨带来的房产税的增收，一个明显的结果就是许多城市最贫穷的社区也已经变得像模像样。这有助于缓解工人阶级和上层阶级间的紧张关系，但也进一步剥夺了最贫穷和最边缘群体的政治权力。此外，自 20 世纪 70 年代以来，加拿大人，包括温哥华人，种族歧视的观念日渐淡薄，也更能接受不同的文化、种族和宗教。然而，直到 20 世纪 80 年代，这些根本性的变化在大多数民族中都未能得到体现，无论是民选官员还是公职人员都找不到这些民族的身影。华人在温哥华定居已经有一个世纪的历史，但直到 1981 年才选举产生第一位华裔加拿大议员。少数族裔的代表权问题在 1993 年和 1996 年两次选取中才凸显出来。1986 年世博会是一个重要的时间点，此后温哥华人才从根本上成为真正的多元文化主义者。此后，温哥华颇有雄心地制定了欢迎新移民的政策，例如 MOSAIC 和 SUCCESS，这使得温哥华和多伦多一样，成为加拿大最大的移民接收地。温哥华保留了服务机构如 MOSAIC 和 SUCCESS，来解决移民融入的困难。虽然移民由联邦政府专门管理，但这些服务机构却由市财政提供资助，这也是加拿大的独特之处。

从总体看，温哥华当地政府与绝大多数公民联系紧密，且在社区治理实践中能够将政府、非政府组织和社区组织结合在一起，并成为政策制定的基础。事实上，温哥华看起来已经建立了保证公民参与的公民生活体系，而且公民组织和商业组织能共同参与政策制定。各种紧张关系也是存在的，但普遍认为这些紧张关系的存在对于改进公民生活和政策制定是必要的。本章的后续三个部分将进一步探讨 DTES 的贫民能否享受到这样的参与，以及他们参与的程度。

四、温哥华市中心东区的历史、地理和人口状况

温哥华 DTES 是历史上第一个民族——沿海萨利什（Coast Salish）

的原始聚居地遗址，萨利什在布拉德（Burrard）湾以捕鱼为生。1792年，第一批欧洲人来到这里。19世纪中叶，这个地区开始发展起来，先是兴办了一些木材厂，逐渐发展起了包括航运和机械设备生产等跟水上运输有关的产业。1885年，“加拿大太平洋铁路”（Canadian Pacific Railway）在这里建立了西海岸终点站，1886年温哥华市正式注册成立。到了19世纪后期，今天的DTES成为温哥华所有工业活动的中心。这个新建城市的街车总站、不列颠哥伦比亚电站、北岸渡轮、海岸货主码头等都设在这里。20世纪五六十年代，长期的萧条拉开了这个地区沦为加拿大最贫困地区之一的序幕。现在，这个地区以吸毒以及因吸毒而引发的社会问题、酗酒、小偷小摸和其他犯罪而著称。与DTES相邻的是20世纪50年代后发展起来的充满活力的中央商务区，那里人口密集、居住舒适、服务便捷，商业规划合理，建筑鳞次栉比，一片繁荣景象。

DTES大约占温哥华市总土地面积的1.8%①，人口约为18 000，占温哥华总人口545 400的3.3%。其中，2/3的居民是男性，只有27%的人接受过9年教育，9%的人拥有大学学位。拥有房屋产权的人的比例也低得惊人，88%的居民都租房居住，超过2/3的人在过去5年中至少搬过一次家。该地区的中位数收入为12 928美元，而温哥华全市的中位数收入为47 299美元。事实上，DTES邮区（postal code areas）是加拿大人均收入最低的地区。总的来说，根据加拿大统计局的数据，该地区73%的家庭属于“低收入”家庭，63%的有孩子家庭生活在低收入线以下。早在2002年，40%的DTES居民领取收入援助，3.7%享受就业保险。65岁及以上人口比重超过12%，他们的生活来源稳定但水平低下。显然，DTES简直是一个“穷人的专属地”。②

因为寻找廉价住房以及只求找个容身之处的人大量涌入，住房问题成为DTES仅次于贫困的一个主要问题。这里有10个应急安置场所，同时也为陷入各种各样困境的人提供必要的居住设施。温哥华市23%的非市场性住宅和80%的“独立单元住房”（single resident occupancy units，SRO）（每人拥有一个房间的寄宿房屋）都在DTES。不少报告特别指出，

---

① C. Fung, *Downtown Eastside Community Monitoring Report*, City of Vancouver, 2002.

② J. Sommers, *The Place of the Poor: Poverty, Space and the Politics of Representation in Downtown Vancouver*, 1950—1997, Ph. D., Thesis Department of Geography, Simon Fraser University, British Columbia, 2001.

房屋质量是一个问题①。虽然一直以来，城市规划者都坚持在该地区优先提供经济适用住房（affordable housing），但因为这里土地便宜，又是市中心地段，因而高档住宅区也开始进入（Punter，2003）。② 事实上，温哥华在整个市中心地区鼓励“新经济”产业，消费集群从未有过地越来越向 DTES 靠近，这个发展结果显然与地方政策关于社区凝聚力的诉求背道而驰。高档公寓的开发和住宅装修使得大量管理人员和专业人士涌入城市内部，进一步加剧了 DTES 的社会边缘化，也加大了廉价住房市场供给的压力（Ley，1996；Hutton，2004）。

另外，早在 20 世纪 70 年代，不列颠哥伦比亚省卫生部（B. C. Ministry of Health）在唐人街及其周边约 2 平方英里的温哥华市中心，即以 Hastings 和 Columbia 大街为界的地带，登记酒精成瘾和吸食鸦片的问题。③ 后来，在 20 世纪 90 年代后期，温哥华市发布了一份报告（1998），有针对性地指出一直“盘踞”在这个社区的诸多类似问题：贫穷和住房、健康、犯罪和药物成瘾等问题，以及每况愈下的经济。

2009 年、2010 年和 2012 年，受温哥华市委托完成的报告概述了 DTES 的主要人口特征。④ 该地区人口已增至 23 000 人，绝大多数居住在 Oppenheimer 和 Strathcona 社区。该地区人口增长率约为 12%，与全市人口增长率持平。居民中大约 60%为男性，46%的居民独居。失业率为 12%，是全市水平的 2 倍。最后，根据加拿大统计局的数据，该地区 64%的人口为低收入，而全市平均水平为 27%。

59%的 DTES 居民是加拿大出生的（温哥华居民中该比例为 51%），64%的居民英语是其第一语言。10%的人口自认为是原住民，整个温哥华原住民的 15%定居在 DTES。温哥华人曾写道：“与许多人的想法相反，DTES 低收入人口的数量并没有显著改变”⑤，这是值得注意的。事

---

① E. Brennan，S. Giles，*Nursing Close to the Street*：*Home Care Nursing in Vancouver's Urban Core*，Vancouver，Richmond；Health Board Report，1996.

② N. K. Blomley，*Unsettling the City*：*Urban Land and the Politics of Property*，New York：Routledge，2004，pp. 32-36.

③ Alcohol，Drug Commission，*A Plan for the Treatment and Rehabilitation of Heroin Users in British Columbia*，Ministry of Health of British Columbia，1977.

④ City of Vancouver，10 *Years of Downtown Eastside Revitalization*：*A Backgrounder*，Planning Department，Community Service Group，March 1，2009，2010，2012.

⑤ City of Vancouver，10 *Years of Downtown Eastside Revitalization*：*A Backgrounder*，Planning Department，Community Service Group，March 1，2009.

实上，发生变化的是可供居住的场所。20 世纪 70 年代有 9 600 个 SRO，还有大约 500 间非商业化的单间住房（non-market units)。到 2006 年，SRO 的数量已经减半至 4 600 间，但非商业化的单间住房增至 5 200 间，并计划到 2021 年前进一步增加 2 900 间。在过去的 10 年人口增长了 3 000 多人，而住房数量却基本保持稳定，这显然是个问题。“温哥华战略（2012—2021)”（Vancouver Strategy 2012—2021）也明确将住房问题视为温哥华要广泛关注的问题，并解释说“提供一系列的住房选择对于城市的社会和经济健康至关重要”(2012)，因此，城市发展战略就要“为不同收入水平的人，老年人、残疾人家庭和残障人士提供适合他们的住房”(2012)。在这个城市发展战略刚刚起步的阶段，住房问题长期得不到解决无疑是迎头一棒。事实上，在坎贝尔和沙利文任职期间就屡屡因 DTES 的住房危机陷入执政困境，在罗伯逊的施政纲领中住房问题依然是重中之重。

DTES 的健康问题也是健康服务的“老大难”。例如，2011 年温哥华市的所有紧急响应有 17%发生在 DTES。考虑到这个地区各种复杂的社会因素，包括艾滋病病毒/艾滋病（HIV/AIDS)，注射吸毒（City of Vancouver，1998)，甲基苯丙胺的使用①，就业水平低，经济活动水平低等，这里高水平的发病率和死亡率并不出人意料。与之同时存在的，还有高犯罪率和不容小视的出警率：2011 年的数据显示，温哥华市区的火灾有 12%发生在 DTES ，温哥华所有犯罪行为中有 21%发生在 DTES ，最严重的是，有 65%的吸毒案件发生在 DTES。②

最后，需要特别指出的是，温哥华市政府承认 DTES 所面临的社会问题并不是这个地区独有的。这些在全国其他地区也存在的问题包括：（1）20 世纪 80 年代后期精神类疾病的医院外治疗；（2）随着霹雳可卡因（crack cocaine）的出现，吸毒问题进一步恶化；（3）其他街区便宜的住房越来越少。同样重要的是，罗伯逊政府明确提出，无家可归问题是温哥华所面临的住房问题的一部分，“在卫生保健和社会安全的社会差距……也是这个问题的一部分。多数无家可归者都有心理健康问题和吸毒问题”③。这是

---

① “Vancouver Native Health Report,” Annual Report，2001.

② A. Davies，*Steal and Pawn-dusk to Dawn：Pawnshops，Illegal Trade and Drugs in the Downtown Eastside*，Steering committee of the Downtown Eastside Neighbourhood Safety Office，1995.

③ City of Vancouver，*Vancouver's Housing and Homelessness Strategy* 2012—2021：*A Home for Everyone*，accessed at http://vancouver. ca/files/cov/Housing-and-Homeless-Strategy-2012-2021 pdf. pdf，2012，7.

近 10 年来首次在住房问题中考虑到无家可归者，意识到需要有一个住房政策来为无家可归者提供庇护场所，如 SRO、支持性住房、非市场性租房，以及更传统的租房、第二套间（Secondary Suites）*、单元楼里的公寓房和其他拥有房屋产权的选择。

事实上，这个拥有 23 000 名居民的社区，最根本的特征就是有 1/3 的居民“处于社会和经济边缘……精神病患者、酒精或药物成瘾者以及无家可归者”①。这个人口学特征的形成至少有一部分可以追溯到 1985 年，温哥华最大的社区精神病院 Riverview 将部分病人转移到社区，多数病人最终定居在 DTES，因为 DTES 的房价便宜，社会服务也较为便捷。1986 年世博会对一些住宅进行升级改造，导致数以百计的人搬迁，而与此同时，SRO 的供给急剧减少。20 世纪 90 年代房地产行业持续扩张，推动所有的市中心社区的房价一路攀升，渐渐地只有在 DTES 才能找到便宜的楼盘。因此，DTES 住房危机的根源，在于人口增长的同时，住房供给却小幅下降或是保持稳定，大约维持在 11 000 套。

综上所述，DTES 是一个充斥着流离失所、权利丧失、收入低下人口的社区，1/3 的居民有药物成瘾或精神问题。政府机构非常积极地致力于改善这里的社会和经济条件，这些行动有声有色，但却冒着被社区视为一种侵犯（assault）的风险。②

五、为 DTES 制定的主要计划、政策和项目

自 20 世纪 90 年代中期以来，温哥华市的地方政府和联邦政府一直在试图解决 DTES 的一些问题。过去 10 年是有史以来最活跃的一个时期，相应的政策措施不断出台，显然，冬奥会使人们怀抱美好愿景而更

---

* 第二套间（secondary suites）是指“只在独户住宅区的、独户住宅建筑（a single-family residential building）内的一个指定区域，其中有一个或多个房间，并包含或只有一个烹饪设施。”——译者注

① City of Vancouver，10 *Years of Downtown Eastside Revitalization*：*A Backgrounder*，Planning Department，Community Service Group，March 1，2009，p. 7.

② Rod Mickleburgh，“Planning Committee Members Protest DTES Gentrification-co-chair Voices Frustration over Approval of 1000 Condos with Only 24 Units of Social Housing，” *The Globe and Mail*，2013-06-12，accessed at http://www.theglobeandmail.com/news/british-columbia/planning-leader-joins-march-against-downtown-eastside-gentrification/article 12488066/.

加努力地工作。最近温哥华市大部分政策都建立在与居民、当地企业、非营利社团、政府机构和各级政府部门的合作伙伴关系基础上。1999 年以来温哥华市针对 DTES 设计了 15 个发展方案：市中心东区发展计划（the Downtown Eastside Community Development Project，1999—2004）；解决毒品问题行动纲领：温哥华的“四支柱”方案（the Framework for Action：a four pillar approach to Vancouver's drug problems，2001 年 5 月）；Gastown 遗迹管理规划（the Gastown Heritage Management Plan，2002）；唐人街发展计划（the Chinatown Vision Directions，2002 年 7 月）；名胜古迹复修计划（the Heritable Building Rehabilitation Program，2003）；市中心东区经济振兴计划（the Downtown Eastside Economic Revitalization Plan），也被称为温哥华协议（the Vancouver Agreement，2005）；无家可归者行动计划（the Homeless Action Plan，2005）；市中心东区房屋供给规划（the Housing Plan for the Downtown Eastside，2005）；Victory 广场政策计划（the Victory Square Policy Plan，2006）；DTES 公共领域规划计划（the DTES Public Realm Program Plan，2006）；文明城市项目（the Project Civil City，2006）；温哥华无家可归者融资模式（the Vancouver Homelessness Funding Model，2007）；艺术与文化战略框架和投资计划（the Arts and Culture Strategic Framework and Investment Plan，2007）；援助性住房策略（the Supportive Housing Strategy，2007）；共同变革（the Collaboration for Change，2008）；最近的 2012—2021 年温哥华住房和无家可归者战略（Vancouver's housing and homelessness strategy，2012）。

从这些为数众多的政策措施中可以很明确地看到一点，没有一个管辖机构、部门或非营利性的社团能单独面对这个社区亟待解决的复杂问题。多数政策都要由各级政府、政府各个部门、非营利组织和企业的合作才能实行。“温哥华协议”这项最为著名的政策，虽由温哥华市政府主导，但也借助于与省级和中央政府的通力合作。该协议于 1999 年签署，2005 年重新修订，2006 年后开始受到新当选的保守党联邦政府约束，2010 年 3 月 31 日正式终止。

“温哥华协议”最早被提起，是在 1995 年的城市干部会议（city caucus）（市、省和联邦政府）上，但这次会议未能就此形成书面的文件。1998 年有了一个初步的政策建议，认为应实施一个战略行动规划，将基层社区、城市、省级和联邦政府各部委联结在一起。该协议之所以得以达成，是因为“西部多元开发署”（the Department of Western Diversification，WD）曾推出“城市发展协议”（the Urban Development Agreements），WD以此作为政策工具，充分整合各种公共部门和私人部门的力量，共同享受开发加拿大西部城市的经济发展潜力的利益。“城市发展协议”于2000年3月签署，在5年内实现加拿大国家西部经济多元化秘书处、联邦政府多元文化与妇女地位秘书处、社区发展部、合作与志愿者组织以及温哥华市长间的合作。协议的最终目标是实现DTES经济、社会和区域的可持续发展。

面对DTES复杂特殊的社会经济情况，“温哥华协议”应运而生。“温哥华协议”的问世，重新唤起了人们对DTES问题的关注。自20世纪80年代后期以来，由于多年来政策和政治上的漠视，以及DTES社会问题的高度集中和突然爆发，DTES一直面临着严重的健康和毒品问题。有人流浪街头或寄居在废弃的旅馆，团伙卖淫、毒品交易现象也屡见不鲜。而有精神问题和药物成瘾的人，饱受生理和心理的折磨。这些人喜欢聚居在一个地方，这又使得这个地方适合他们居住的住房供给出现紧张。这显然会导致一个结果，即如索默斯和布罗姆莱（Sommers and Blomley，2012）所说的，卫生部门已注意到DTES与艾滋病有关的死亡率全省最高。它们指出，在1996—2002年有188万人死于与艾滋病病毒/艾滋病（HIV/AIDS）有关的疾病，而可卡因正是在这个时期进入温哥华（Vancouver Agreement Secretariat，2004a）的。上文也提到，DTES居民的居住条件令人震惊，在DTES颇为常见的单间公寓式旅馆（single room occupancy hotel）更是糟糕透顶。也正因为如此，该地区的紧急服务使用率最高，包括出警、救护车和住院治疗以及消防车等。

其实，这些都不是新问题，但在当时一直恶化。早在20世纪90年代，菲利普·欧文市长（1993—2002）就不遗余力地试图协调这个社区和整个温哥华市的市政服务。当时人们已经清楚地认识到，单纯整合当地政府的服务是不够的，需要省级和联邦政府的紧密配合。“温哥华预防犯罪和毒瘾治疗联盟”（the Vancouver Coalition for Crime Prevention and Drug Treatment），后来的拉里·坎贝尔市长（2002—2005）将之更名为“四支柱联盟”（the Four Pillars Coalition），也曾在DTES实行政策协调和统一规划，以期将社会和经济发展项目结合起来（MacPherson，2001，2004）。联邦政府拨款500万美元的一个项目，最早是一个通过社会发展来进行犯罪预防的5年期项目，已经卓有成效。后来在1999—2004年这一期项目更名为“DTES社区发展项目”（the DTES Community Development Project），项目开展了一系列旨在提升弱势群体能力建设的活动，从而声名大振。“温哥华协议”于1999年7月由三级政府共同签署，并受到社区组织的欢迎。“四支柱”方案导致欧文市长失去当地公民政党“无党派联盟”（NPA）的支持，却转而成为左翼公民政党“进步选民联盟”的核心政治承诺之一，并推动了他们的候选人——拉里·坎贝尔这个地方政坛新秀，成为温哥华市长（Vancouver Agreement，2009）。

“温哥华协议”在加拿大是三级（联邦、省和地方）政府伙伴关系、政府与非营利组织和私人部门伙伴关系的典范，被视为一项重要的政策创新。三级政府的牵头部门分别为“西部多元发展署”（联邦级）、“社区服务部”（The Ministry of Community Service）（省级）和温哥华“城市管理办公室”（the City's Management Office）（地方级）。这只是三个牵头部门，事实上，它们本身要与近20个政府部门、私人部门和非营利部门的下属部门和机构协调沟通，通力合作，否则创新谈何容易。联邦一级的包括加拿大公共卫生局（the Public Health Agency of Canada）、加拿大按揭及房屋公司（the Canada Mortgage & Housing Corporation）；省级的包括不列颠哥伦比亚房管局（BC Housing）、住房和社会发展部（the Ministry of Housing and Social Development）、劳动部（Ministry of Labor）、原住民关系和协调部（Ministry of Aboriginal Relations and Reconciliation）；市级的包括温哥华警察局（The Vancouver Police Department）、温哥华公园和休闲娱乐委员会（Vancouver Board of Parks and Recreation）、药物政策、规划、认证和检验中心（Drug Policy，Planning，Licenses and Inspections），以及住房中心（Housing Centre）。此外，加拿大公共行政研究会（the Institute of Public Administrators of Canada）也是“公共部门能力建设”（Public Sector Capacity Building）项目的合作伙伴。那些与核心政府部门合作为政策决策出谋划策的社区机构，包括“青年工作组”（Task Team for Youth）和“妇女工作组”（Task Team for Women），绝大多数都不是以营利目的，因而也被纳入决议生效后的政策和项目的执行工作中。

这些直接参与到DTES社区和居民的工作中的社区机构数量，基于不同数据来源说法不一，但起码有25个（最多的统计达到170个）社区组织参与到DTES社区的项目落实，其中起到关键作用的组织包括：东区商业和经济重建协会（the Eastside Movement for Business and Economic

Renewal Society，EMBERS），内城地区政商协作协会（Building opportunities with Business Inner City Society，BOB），为实现“经济振兴战略方针”（the Economic Revitalization Strategic Initiative）做出重要贡献的“团结共赢”协会（United We Can），关注街头儿童协会（the Children of the Street Society），安全和保障战略规划（the Safety & Security Strategic Initiative），Watari 住房研究协会（the Watari Research Association in Housing）。同样，妇女信息安全乐园（the Women's Information Safe Haven，WISH）、淫者回归社会咨询与教育协会（Prostitution Alternatives Counselling & Education Society，ACE），以及 BC 失足妇女联合会（BC Coalition of Experiential Women）等女性组织也包括在内。

值得注意的是，私人部门在伙伴关系中的作用同样举足轻重。加拿大 Bell 公司为 DTES 的经济振兴出资 150 万美元，VanCity 公司也同样慷慨解囊。Gastown，Strathcona 和唐人街商业促进协会（Business Improvement Association）自始至终地参与到提振商业区气象的行动中；Hastings 北商业促进协会（Hastings North Business Improvement Association）则致力于联合企业和居民以及保护性工作者；中心城区使命基金（Central City Mission Foundation）出资筹建了一家专门面向弱势儿童的看护中心，和一家面向有精神疾病或药物成瘾的年轻人的治疗中心。这些组织之间必须协同工作，所以在开始的几个月建立共同认定的政策目标是头等大事，这需要项目出资的核心政府部门和承担项目落实工作的社区组织之间事无巨细的沟通协商。事实上，在“温哥华协议”实施的最初几年，就在着手建立这些工作联结，因为参与的政府部门众多，参与五花八门的政策和项目设计与落实的私人部门更是不少，所以通过联结而达成伙伴关系的工作无比繁杂。但正是通过这样的努力才创建了一种置身其中的所有组织都能产生互动的新机制，并进而形成如下的管理结构：治理委员会（a Governance Committee）、管理委员会（a Management Committee）、规划工作台（a Planning Table）、协调组（a Coordination Unit）、工作组（task teams）和特设委员会（ad hoc committees）。

显然，这一系列的工作都困难重重，如何将具有不同职权和责任的各级政府和公共部门联系在一起？如何互相提出要求？如何共同承担政策目标？如何处理项目出资和达成一致基础上的共同决策的矛盾？“温哥华协议”的网站提供了描述这种治理框架和伙伴关系的结构图（见图 4—1）。

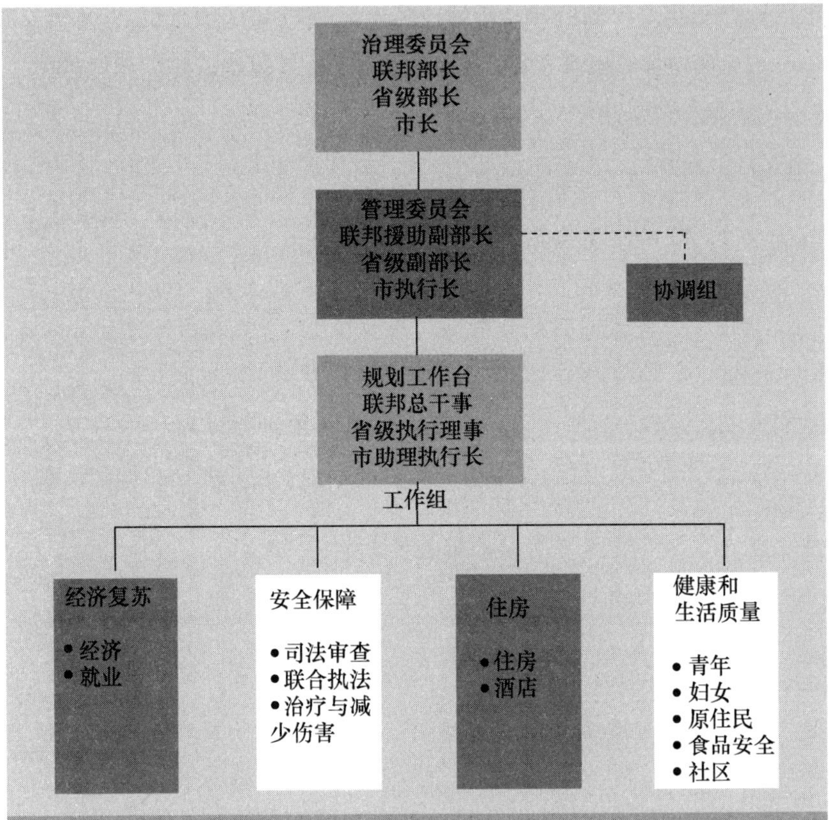

图 4—1 “温哥华协议”的结构

资料来源：Vancouver Agreement，*How It Works*，2009，http://www.vancouveragreement.ca/how-it-works.

治理委员会居于最高层，由来自联邦、省和市的部长或相应职位的代表组成，拥有核心决策权。管理委员会负责协调政府间关系、评估和沟通，在决策中遵循一致同意原则，并保证对所有合作伙伴一视同仁。所有主要的参与机构提名一位董事作为其代表。例如，联邦和省级政府的代表是分管“温哥华协议”实施的副部长。事实上，无论是管理委员会还是规划工作台都坚持代表平权的原则，这被公认为是“温哥华协议”得以成功的主要举措。规划工作台的工作重点是设计政策蓝图和制定操作指南。位于末端的两个机构是协调组和工作组，协调组负责所有行动的协调工作，同时协助工作组在一系列政策执行中达成四个目标：富有经济效益、安全且有保障、保障住房和提升生活和健康质量。工作组由三级政府机构和一些社区组织的工作人员构成，具体设计政策实施细节。据统计，共有来自超过 15 个机构的代表组成的 12 个工作组，致力于通过实践落实跨政府、社区机构和私人部门的合作伙伴关系。

“温哥华协议”依赖非营利组织向DTES执行服务供给。这些非营利组织既是服务的提供者，也是市民和政策之间的“纽带”。它们不遗余力地为DTES居民想要什么和需要什么奔走呼吁，从而改善了DTES的状况。这些非营利组织具有多样性和分散性，专注于服务特定领域数量不菲的边缘群体，例如精神病患者，酗酒和药物成瘾者，当然还有苦不堪言的无家可归者。本文接下来将讨论这些弱势群体在多大程度上享受到了非营利组织自上而下提供的服务，或者说，非营利组织能够在多大程度上提升这些弱势群体在它们所需要的政策领域内拥有的话语权。

六、DTES的社区群体、社团和公民参与

自20世纪70年代以来，“市中心东区居民协会”(DERA) 持续增长的影响力越来越清楚地表明，DTES居民拥有“支持低收入和相对弱势群体的功能完备的传统机制和网络”(City of Vancouver, 2000)。日渐成熟和值得尊敬的机构为DTES居民提供服务，包括5所学校、7个日间看护中心 (day care center)、公园、一家图书馆和一支消防队，这是政策和项目落实的关键所在。

2009年，温哥华布拉德区 (Burrard) 议员马仁国 (Lorne Mayencourt) 曾要求他的工作人员甄别出所有为DTES居民提供服务的组织，结果共发现120个非营利组织或多或少地提供了社区服务。这个数字比《省报》的一篇文章——《温哥华市东区每天花费100万美元——巨大的代价需要进行审计》① 中提到的174个要少，但比加拿大税务局网站上登记的非营利性和慈善组织的数量 (65个) 要多得多。值得注意的是，虽然DTES.com资源网站上列出了174种服务类型，但其中为数不少的服务只有寥寥几个组织提供 (DTES, 2009)。有一点很明确，为数不少的当地组织对改善DTES居住条件投入不菲，无论在资金还是在人员投入上，都不容小觑。

同时，这些组织规模是存在差异的。据《省报》② 披露的数据，65

---

① D. Garrig, “Downtown Eastside Costs $1 Million a Day,” *Vancouver Province*, accessed at www. theprovince. com/story_print. html? id=1295988, 2009-02-17.

② D. Garrig, “The DTES's Mysterious Non-profit Machine,” *The Province*, accessed at www. theprovince. com/story_print. html? id=1295988, 2009-11-19.

个慈善组织的年收入为1.8亿美元，总资产为3.15亿美元，资产主要为建筑物产权。还有一些有意思的数据需要提及：65个慈善组织中只有3个的实际年收入超过1 000万美元，分别为St. James社区服务社团（the St. James Community Service Society）、PHS社区服务社团（the PHS Community Service Society）和Lookout紧急救助协会（the Lookout Emergency Aid Society）。有21个慈善组织年收入超过100万美元。温哥华本土住房协会（the Vancouver Native Housing Society）的资产达到3 980万美元；Lookout紧急救助协会的资产为3 570万美元，St. James社区服务社团的资产为1 770万美元。另外，如果没有650名社会成员和代表志愿为董事会工作，如果没有1 500名工作人员，这些慈善组织和社团将难以发挥作用。

由于这些组织种类繁多，因而要想确切地了解它们在做什么，不是一件容易的事。可以肯定的是，它们提供的大多数服务，都与临终关怀或是为边缘群体提供社区服务有关，例如为需要庇护的人、需要临终关怀的人以及精神病患者提供床位，或是住房保障。当然，还包括医学监管下的“毒品注射屋”。

“温哥华协议”明确指出社区参与应由为收集社区意见而建立的政策委员会组织。DTES战略包括社区能力建设，这意味着DTES的宣传和服务提供组织都能参与进来和提供咨询。然而，DTES“社区发展项目”中期报告和“温哥华协议”的外部评估报告都表明，这些委员会中并没有DTES社区组织成员，而且项目之间只存在松散的联系。① 可以解释的是，显然这些组织具有不同的合法性地位，例如Gastown商业协会代表和吸食毒品的代表，显然不能同等视之。另外，像DERA一直为重建SRO型旅馆项目苦苦奋斗，自然无暇顾及当地的事务。总而言之，伙伴关系的发展与项目路线相伴而生。

DTES的原住民社区难以参与“温哥华协议”，这是社区参与的一个主要挑战。社区发展部（The Ministry of Community），以及由原住民和妇女服务组织（Aboriginal and Women's Services）建立的“原住民战略工作组”（Aboriginal Strategy Task Team）在主要的公共服务供给中通力合作，以保证原住民的所思所想能够被社会关注。访谈结果表明，单独

---

① K. Coyne, *Fostering Change From Within: Downtown Eastside Community Development Project Evaluation: Interim Report*, Strathcona Social and Community Research Group, Community Development Revitalization Program, 2003.

一个工作组难以为原住民带来利益最大化，原因在于即便是声称具有多元性使命的组织也难以代表原住民所有的利益。同时，由于联邦和省级劳动部门的职能划分不明，使得这种代表性被分割。例如虽然联邦政府对原住民具有管辖权，但福利政策却受制于省级政府。1998年以来，温哥华和其他不少加拿大城市都依赖于“城市原住民工作组”（Urban Aboriginal Task Team）来协调与各级政府的工作，这些工作也与“温哥华协议”密切相关。此外，性交易，这个深深影响到年轻原住民的问题，迄今为止尚未成为“温哥华协议”的中心议题之一。同时，用以推动“四支柱联盟”的“DTES社区发展项目”实际上并未吸纳DTES的社区成员，而跨部门工作人员（inter-departmental staff person）和城市管理办公室（the city manager's office）人员构成了23人的协调委员会。

综上所述，在DTES存在着为数众多的社区组织，但这些组织职能交错，相互竞争。有些组织有专门的服务对象，有些拥有庞大的收入来源，但大部分都是小型非营利组织，在为身心障碍人士提供服务中争来争去。归根到底，它们不过是在温哥华特定社区为被剥夺公民权的人群提供服务的组织。

七、结论

本章提出了一个问题：温哥华这个城市是否面临参与式治理的挑战，尤其是城市贫民和新移民的参与治理问题。一般而言，人们会认为温哥华建立了开放的、可持续发展的政体，并成功地赋予其公民参与政策决策的权力。但实则不然，参与是多样性的，虽有对话，但在政策决策者和被政策决策影响的群体之间有着明显的界限。同样，人们会认为因为有“温哥华协议”所以显然保证了参与式治理。正如埃弗索和马丁（Eversole and Martin，2005）所描述的：在温哥华，基于特定程序的地方治理已经被纳入城市设计和发展规划的立法进程；亦有证据表明受决策影响的群体也具有与政策决策者对话的通道，共同讨论政府行为对特定社区将产生何种影响，也不乏证据表明这些社区的声音能够被听见。然而，如果考虑到菲利普斯所谓的参与的象征主义，则很难找到严格的证据表明DTES存在社区治理。实事求是地说，确实存在一些地方治理的形式，并以此为纽带，建立了城市各级政府和许多社区组织的联系。

但地方非营利组织的存在并没有为基层社区增权，更多的仍是为处于社会和经济弱势地位的群体（这个群体中约有6 000人面临严重的社会、生理或心理挑战）提供服务。换句话说，DTES社区建设纲领不是由非营利机构直接推动的，非营利机构作为参与政策过程的一部分，仍是致力于为改善贫民状况而提供服务。值得注意的是，住房问题可能是唯一一项存有争议的政策议题，直到罗伯逊有力地证明解决住房问题需要一个更加广泛的战略性设计，这个战略性设计不仅仅涉及DTES，而且延伸到温哥华所有的街道、社区和居民。

在温哥华，人们认为市政府推动着政策议程。首先，欧文市长试图整合城市各个部门和服务，继而试图将省级和中央各部门和机构的（整合问题）引入议事日程。事实上在温哥华，利益集团的参与是非常显著的，而大部分利益集团都是由各种各样的中产阶级社团和商业组织构成。但就"温哥华协议"而言，则是由政府工作人员来代表人民。"能力建设项目"（the Capacity Building Programs）在大部分温哥华贫困地区之所以失败，是因为该项目存在脱节，这表明如果所提出的议题只是温哥华中产阶级和商界精英所关注的，那么应建立更加广泛的、更具包容性的参与。也正因为如此，在DTES范围内解决住房问题困难重重，而罗伯逊的"住房和无家可归者战略行动"（the Housing and Homelessness Strategy）之所以成功，也正是由于他将DTES住房困难的问题转变成了一个全市共同面对的问题。

拉里·坎贝尔的当选影响了2010年冬奥会的申办，也影响了与DTES吸毒、贫困、暴力等问题有关的政策。坎贝尔赞成对申奥进行公投，这是省长所反对的，但这位新市长相信，公投将增加温哥华申奥成功的机会。坎贝尔制定的一项与毒品犯罪有关的政策掀起一场小波澜。坎贝尔坚定地认为应设立"毒品注射屋"供静脉注射毒品的吸毒者使用，这个观点引起了一些联邦官员，包括卫生部长安妮·麦克莱伦（Anne McLellan）的关注。坎贝尔认为他的竞选纲领绝对不是要与联邦或省政府"战斗"，而是要"修复"社会、罪犯以及因药物滥用而对人们造成的伤害。这个问题与所有的温哥华市民息息相关，他们中或是涉及那些犯罪活动，或仅仅是像有些人认为的那样，DTES糟糕的生活条件本身就是温哥华的耻辱。

事实上，在温哥华，也存在一些公民发起的草根组织和公民运动，不以营利为目的的组织，或是政府发起的倡导伙伴关系的咨询委员会、协商会议等。但上述这些组织在政策决策中的参与机会，以及对政治和政策输出的影响力等方面是不同的。如上文提到的“温哥华协议”，市政府的倡议有能力带动各类组织合作共商，这些组织既包括草根公民组织、非营利组织，也包括省级和联邦的机构。

然而，值得注意的是，温哥华市政府并没有平等地回应各种类型的组织。本章提供的数据表明，DTES 的公民组织和社区组织比非营利组织更具影响力。的确，这从 DTES 近年来的历史和“温哥华协议”的执行中都有明显体现，即在此过程中并没有增强非营利组织的法律地位，而是扩大了市政府的权力。因为在欧文、坎贝尔和沙利文三任市长任内，中产阶级和商业集团的忧虑并没有发展到切实提出 DTES 无家可归者和住房方面的问题，而仅仅局限于意识到这些问题的存在。这三任市长在药物滥用、犯罪和无家可归者问题上，原本都赢得了公民组织的支持，但随后又失去了他们的信任。

总之，本章的研究证实了埃弗索和马丁以及菲利普斯总结的从传统的政府管理到治理转变的一些观点。同时，本章的研究也肯定了存在着一个“元治理框架”（meta-governance frame），在这个框架里，“关于市政府的基本观念近年来已有所改变，从提供服务的政府转变为民主政府”。[①]“地方政府”与“地方治理”之间的张力在温哥华是显而易见的，而究竟是谁导致了这种张力才是个重要问题，因为这将揭示出地方政府系统未来可能发生的改变。显然，这种张力不是由城市贫民、中产阶级和商业集团共同推动的，那些贫困者事实上在治理过程中仍处于边缘化地位。

---

① Susan D. Philips, “‘You Say you want an Evolution?’: From Citizen to Community Engagement in Canadian Cities,” in Emmanuel Brunet-Jailly, John Martin, eds., *Local Government in a Global World*, Toronto: University of Toronto Press, 2010.

第五章
基于社区的城市贫困治理问题研究
——厦门市中华街道的案例分析

丁　煜

一、引论

（一）研究背景

在计划经济体制下，中国城市实行“统包统配”的就业制度，从而基本实现了低工资下的普遍就业。同时，封闭在企业内部运行的福利体系，亦提供了包括养老、医疗、工伤和生育等项目齐全的社会保障。因而，在改革开放前的中国城市社会，贫困人口只是为数极少的所谓“三无人员”①。在20世纪90年代初期，中国得到国家定期定量救济的城镇困难户人数只有19万，占城镇人口的0.06%。②

1993年，随着国企改革进程加快，中国首次出现大规模的下岗失业人员。1998年，国企改革确定三年脱困的目标，下岗失业人员的数量也随之攀升到峰值，规模超过千万。由于当时中国的社会保障制度不完善，尤其是失业保险制度的缺失③，导致大规模的下岗失业人员因丧失收入

---

① “三无人员”是指无劳动能力、无工作单位、无法定抚养人或赡养人的人员。

② 参见郑功成：《中国社会保障制度变迁与评估》，北京，中国人民大学出版社，2002。

③ 在计划经济体制下，因意识形态问题，认为社会主义国家不存在失业，所以没有设立相应的失业保险制度。1999年国务院才颁布《失业保险条例》，正式建立失业保险体系。

来源而生活陷入贫困，并逐渐发展成为中国城市“新贫困人口”。①

1999年，国务院颁布《城市居民最低生活保障条例》，开始构建作为“最后一道安全网”的最低生活保障制度（下文简称“低保制度”）。经过多年的制度建设，中国城市低保对象已由1999年的184万人，发展到2011年的2 276万人左右。②

低保制度建立之初，主要是为了解决中国城市“新贫困人口”的生活困难，以提供“底线保障”为目标。但随着城市经济的发展，低保制度在持续扩面的同时，保障水平也不断提高。需要指出的是，保障水平的提高并不是直接体现在低保标准或是“人均补差额”等指标上，而是更多地体现为“低保证”的含金量，即附加在“低保证”上的隐性福利增长迅速。例如，厦门市与“低保证”挂钩的福利给付有十多项，从医疗、教育费用减免到保障性住房补贴，甚至申领社会慈善物资，都必须持有“低保证”。

随着“低保证”含金量的增加，所谓的“福利依赖”问题开始出现：很多具备劳动能力的人，为了保住“低保”的身份，而拒绝接受工作。近年来，这一问题愈发严重，甚至衍生出“人情保”、“关系保”等“假低保”现象。

为此，近年来，中国城市政府普遍强化了再就业政策的制定和实施。就再就业政策本身而言，无论是政策优惠力度，还是政策受益人群，都有突破性进展。但令人遗憾的是，再就业政策的实施绩效仍不尽如人意，低保对象对再就业政策不利用或消极利用的现象仍很普遍。

客观地说，在中国城市的贫困治理中，作为两项最为重要的反贫困公共政策，无论是消极的低保制度，还是积极的再就业政策，都体现了政府积极干预贫困以维护社会公平的理念。但从实践效果看，虽然政策

---

① 参见诸建芳：《再就业与城市扶贫》，载《经济学动态》，1997（1）；唐钧等：《城市贫困家庭的社会保障和社会支持网络》，载《社会学研究》，1999（5）；李军：《中国城市反贫困的政策选择》，载《管理世界》，2000（3）；杨宜勇：《城市化创造就业机会与城市就业空间分析》，载《管理世界》，2000（2）；X. Meng, “Economic Restructuring and Income Inequality in Urban China,” in S. Li, and H. Sato, eds., *Unemployment, Inequality and Poverty in Urban China*, London: Routledge, 2006, pp. 65-89; R. H. Price, J. N. Choi, and S. Lim, “Beyond the Iron Rice Bowl: Life Stage and Family Dynamics in Unemployed Chinese workers,” in G. O. M. Lee, and M. Warner, eds., *Unemployment in China: Economy, human resources and labor markets*, London: Routledge, 2007, pp. 108-127.

② 参见《民政部：去年底全国共有城市低保对象1 145.7万户》，见中国新闻网，2012-06-21。

的实施在很大程度上防止了中国城市贫困的进一步恶化，但亦衍生出诸多社会问题，最为难堪的是在社会舆论上形成了对城市反贫困政策的质疑和非议。

鉴于此，本章的研究旨在探讨在城市经济高速增长和政府积极干预双重“利好”的背景下，为什么中国城市贫困治理却陷入困境。这一研究命题的提出，本身并不具有新意，因为在目前中国的学术界，关于城市“新贫困人口”的研究是一个正在兴起的领域，而其中大部分的研究都与对城市反贫困政策的评估和反思相关。① 本章的研究，并不直接以反贫困公共政策为研究对象，而是选取了社区研究的视角，通过对微观个案的问题分析，探析在我国城市管理最基本单元——社区层面上贫困治理的困境，以此折射出中国城市反贫困工作的成败得失。

（二）相关概念的说明

20 世纪 70 年代中期以来，西方工业化国家几乎都经历了从工业社会向后工业社会的经济重构和社会转型，与之相伴而生的是大量失业，非正规部门就业及其就业者的低收入、无保障，无家可归者、社会闲散人员、单亲家庭成员的贫困问题，少数族裔、移民的贫困问题，并呈现出区域性贫困、阶段性贫困等特点，西方把这些现象称为“新城市贫困”。②西方社会的新贫困现象，是“富裕中”的贫困。尽管这些国家通过广泛的收入再分配计划和社会保障有效地减少了收入贫困，但仍未能消除部分人群的相对剥夺感和劣势。

在中国，城市“新贫困人口”是指在从计划经济向市场经济转变的过程中，因为各种体制和经济结构转型而致贫的人口。③ 从广义上说，

---

① 参见苏勤、林炳耀：《我国新城市贫困问题研究进展》，载《中国软科学》，2003（7）；张小军、裴小梅：《城市贫困的制度思维》，载《江苏社会科学》，2005（6）；李强：《中国城市贫困层问题》，载《福州大学学报》，2005（1）；何平等：《城市贫困群体社会保障政策与措施研究》，北京，中国劳动社会保障出版社，2006；Y. T. Liu, S. J. He, and F. L. Wu, “Urban Pauperization under China's Social Exclusion: A Case Study on NanJing,” *Journal of Urban Affairs*, 2008 (30), pp. 21-36.

② H. Silver, “National Conceptions of the New Urban Poverty: Social Structural Change in Britain, France and the Unite States,” *International Journal of Urban and Regional Research*, 1993 (17), pp. 336-354; E. Mingione, “The New Urban Poor and Underclass: Introduction,” *International Journal of Urban and Regional Research*, 1993 (17), pp. 324-326.

③ 参见黄家滨：《国内外新城市贫困问题研究述评》，载《湛江师范学院学报》，2008（4）。

中国城市"新贫困人口"包括两大类：一类是具有城市户口的贫困人口，以下岗失业人员为主；一类是收入在贫困线以下的"农民工"群体(poor migrant workers)。[①] 本章的研究对象是狭义上的城市贫困人口，界定为具有城市户口的家庭人均收入低于最低生活保障标准的人员。因而在本章中，城市贫困人口和低保人口可被视为同一概念。本章的研究对象之所以不包括生活在贫困线以下的"农民工"群体，是因为目前中国城市的社区管理和低保制度均尚未覆盖到这一群体。

社区是一个有争议性的概念。自滕尼斯以来，人们对这一带有地理区域色彩和人际关系特质的概念进行过诸多的阐释和争论。[②] 20 世纪 30 年代社区概念和研究范式被引入中国，它被认为是社会的"缩影"，对小社区的分析能透视中国整体社会结构[③]，这一时期的社区基本延承了自滕尼斯以来的地域社会生活共同体的含义。20 世纪 90 年代以来，一项旨在改革中国城市基层管理体制的社区建设运动开始兴起，社区的概念也随之被建构为一种替代单位制的城市基层管理体制——社区制。因而，在中国城市社会，社区是在一定地域范围内对居民进行管理、控制和服务的权力机构的行政区域。[④] 它不仅是城市居民生活的载体，而且还集中了作为制度化身的各种政府部门、作为居民自治组织的居民委员会和各种群众组织，并被赋予环境卫生、治安、计划生育、调解纠纷、组织文体活动、提供基层社会保障和社会服务等多项具体职能。本研究所指的社区，是指经过社区体制改革后做了规模调整的居民委员会辖区。作为行政性社区，政府组织是社区治理的主体，社区治理的方式以行政管理手段为主，政府通过对社区组织和社区资源的控制来达到治理的目的。[⑤]

社区参与也是一个较为复杂的概念，一般认为，社区参与相较于早

---

① Y. T. Liu, S. J. He, and F. L. Wu, "Urban Pauperization under China's Social Exclusion: A Case Study on NanJing," *Journal of Urban Affairs*, 2008 (30), pp. 21-36.

② 参见马西恒、[加] 鲍勃·谢比伯：《中加社区治理模式比较研究》，上海，上海人民出版社，2006。

③ 参见王铭铭：《小地方与大社会——中国社会的社区观察》，载《社会学研究》，1997 (1)。

④ 参见杨敏：《作为国家治理单元的社区——对城市社区建设运动过程中居民社区参与和社区认知的个案研究》，载《社会学研究》，2007 (4)。

⑤ 参见魏娜：《我国城市社区治理模式：发展演变与制度创新》，载《中国人民大学学报》，2003 (1)。

期的社区发展和社区能力建设，包含了更高层次的介入①，并旨在为个体和社区就相关政策制定和服务供给创造更多的对话机制和沟通平台。②在中国，社区参与泛指社区成员参与社区公共事务和社区公共活动，影响社区权力运作，分享社区建设成果的行为和过程。③ 与自上而下的社区建设过程相比，社区参与是一个自下而上的社区发育过程。④ 本研究基本采用上述对社区参与概念的界定，仅就参与主体而言，特指社区居民，不包括非政府组织和驻社区的政府组织及企事业单位。

二、个案情况简介

厦门市是位于中国东南沿海的经济特区之一，各项社会经济指标在全国都名列前茅。厦门市也是最早实行低保制度的城市之一，且一直以来，厦门市政府都非常重视低保制度的建设。截至 2008 年底，厦门市低保人口共有 9 755 户 22 762 人，约占全市总人口 1 736 710 的 1.31%。思明区作为厦门市的老城区，是贫困人口最集中的区，高峰期时（2003 年左右）全市六成以上的低保人口居住在思明区，时至 2008 年仍有 34.6% 的低保人口居住在思明区。

思明区下辖的中华街道位于厦门岛西南部，地处繁华的商业区。辖区面积 1.6 平方公里，由中山、文安、仁安、霞溪、思南和镇海 6 个社区居委会组成。截至 2009 年 3 月，中华街道常住总户数为 14 060，常住总人口为 35 340。其中享受低保的户数为 402，享受低保人数为 703，低保覆盖率为 2.9%。辖区内低保覆盖率最高的为文安社区（4.7%），其次为中山社区（4.49%），最低的为镇海社区（0.59%）。近年来，中华街道的低保人口有减少的趋势，主要原因是旧城改造中部分低保家庭迁出

---

① Angela McCabe, Robin Keast, and Kerry Brown, "Community Engagement: Towards Community as Governance," paper presented to Governments and Communities in Partnership Conference, University of Melbourne, September 2006, pp. 25-27.

② K. Kernaghan, "Moving towards Integrated Public Governance: Improving Service delivery Through Community Engagement," *International Review of Administrative Sciences*, 2008, p. 75.

③ 参见杨荣：《论我国城市社区参与》，载《探索》，2003 (1)。

④ 参见杨敏：《作为国家治理单元的社区——对城市社区建设运动过程中居民社区参与和社区认知的个案研究》，载《社会学研究》，2007 (4)。

辖区（见表 5—1）。

表 5—1　　　　2005—2008 年厦门市中华街道低保运行情况

时间	2005 年 12 月	2006 年 12 月	2007 年 6 月	2008 年 6 月	2009 年 3 月
低保户数	543	517	497	518	402
低保人数	1 222	1 126	1 062	1 097	703
覆盖率（%）	3.0	3.3	3.2	3.3	2.9
当月低保金总额（元）	171 494	165 026	158 850	172 337	136 300
人均补差额（元）	140.34	146.56	149.58	157.10	196.97

本研究是在文献研究和探索性调查的基础上，选取厦门市思明区中华街道为研究个案。之所以选择在街道层面上开展调研，是因为街道是推进社区建设的主导型力量和物质资源的主要供给者。同时，在街道一级，出自不同政府部门的反贫困政策基本上得以一体化实施。而之所以选择中华街道作为本研究的个案，是因为中华街道具有以下特点：（1）中华街道是厦门市低保人口比较集中的街道，其低保人口占总人口的比重约是全市平均水平的 2.5 倍；（2）中华街道地处商业区，经济发达，交通便利，面向就业弱势群体的就业机会相对较多；（3）中华街道辖区内拥有优质的教育、医疗等资源，因而也是中高收入阶层聚居的社区，从居民户分布看，呈现出各种不同收入阶层混合居住的特点。具有上述特点的中华街道，社区反贫困工作任务繁重，同时也拥有丰富的社区贫困治理所需的各种资源。

本研究的调研首先是根据既有的统计资料，分析了中华街道低保人员的特征分布（见表 5—2）。但鉴于调研内容的敏感性，本研究并没有据此进行严格的分层抽样，而是采用其他方式获得调研样本，在更加尊重调研对象权利的基础上，获得更加可靠的第一手资料。但也因此，本研究所有的调研发现和研究结论并不具有统计推断的意义。

本研究主要通过非参与式观察和访谈的方式收集资料。访谈对象包括街道和社区居委会工作人员 6 人，以及社区低保人员 27 人。对所有人员的访谈均独立进行，街道和社区居委会工作人员的访谈在其工作时间和工作地点进行。对低保人员的访谈是在街道“爱心超市”开放的时期，对有意向接受访谈的低保人员留下联系方式（3 次共计 53 人），最后经确认有 31 人愿意接受访谈，但有 4 人在访谈过程中因故退出。接受访谈的 27 人均为劳动年龄段人口，其中女性 19 人；13 人曾经有过下岗/失业的经历；11人为实施“渔民上岸”项目后生活贫困人口；3人为从未正式就业的年轻人。

表5—2　　厦门市中华街道低保人员的特征分布

项目			人（户）数	百分比（%）	备注
低保人员特征分布	性别结构	男	393	55.9	总人数703
		女	310	44.1	
	年龄结构	未成年人	280	39.8	总人数703
		成年人	291	41.4	
		老年人	132	18.8	
	家庭成员身份结构	在职职工	29	4.1	总人数703。“其他人员”主要是指残障人员、低保户第二代等
		下岗失业人员	108	15.4	
		离退休人员	8	1.1	
		“三无人员”	50	7.1	
		其他人员	508	72.3	
低保家庭特征分布	家庭规模结构	一人户	219	54.5	总户数402
		二人户	85	21.1	
		三人户	78	19.4	
		四人及以上户	20	5.0	

资料来源：整理自2009年3月厦门市中华街道调研资料。

三、调研主要发现

（一）低保资格审查困难，存在“假低保”现象

目前，中国城市的低保工作事实上落在了街道和社区两级，即首先由个人提出申请，社区居委会经调查后上报街道办事处审核。这其中最重要也最复杂的是收入核实，审查方式包括入户调查、小组评议、张榜公示等，但即便如此，对申请人的家庭财产（例如房产）和隐性收入（未申报的收入）仍难以核实，且因此造假而伪装贫困的人员并不鲜见。对此现象，基层工作人员也显得颇为无奈，因为“（迄今为止）还没有因为家庭收入增加而主动来登记退保的，也很少有申请者自觉地按照文件、条例规定的那样‘如实申报’。有的甚至同居委会‘玩游戏，捉迷藏’，在收入测算上与核查人员兜圈子”。在居委会入户调查时，一些低保户“会把家里大件家用电器或值钱的东西事先藏起来或是转移出去，即使被查到，也谎称是借来的，或是亲戚朋友送的等”。另外，还有一些人员通

过隐瞒就业信息、伪造收入证明、假离婚、伪造残疾证明等，想方设法“装成合格的低保对象”。对于这样的“造假者”，工作人员即使非常怀疑，也是无可奈何。“（前几天）我们去核查低保对象C的收入状况，她20多岁，身体健康。我们去她公司的时候，感觉公司条件不错，在厦门像这样的公司，员工的工资不会低于1 000元。但是她的工资单上显示的是每月只有600元。而低保户的收入限制刚好是610元（二人户）。我们都认为，很有可能是C和公司事先串通好要这样写，但我们也是没办法，如果真要把她家的低保停了，我们没有真凭实据。”

基层社区工作人员在入户核查居民低保标准时，一般要核实居民家庭实际收入、有无劳动能力、家庭住房条件、有无大件家用电器、健康状况、工作史、经济来源、社会关系等，基本上还是用“看、访、核、评”① 等常规方法，虽然也建立起跟踪、随访制度，但并不能有效解决低保资格核实和动态管理② 的问题。

张榜公布、上网公示等群众评议环节，在现阶段还算是比较有效的监督方法，居委会“入户复查，或是申请政府部门协查的线索基本上都是根据群众举报”。但这种监督方法在实践中也备受争议，因为“一榜两榜地公示根本没有了隐私权”，而且“一次次证明自己有多穷”毕竟是“太伤面子”的事。同时，越是伪装的“假低保”者，材料越完整，而且没有心理负担，既不怕被举报，也不会因“个人隐私”被公开而受到伤害。而这样看似公正的公示过程，对真正的穷人是一次漫长的心理煎熬。在访谈中，就有一位母亲谈到因“不想因为自己家是低保户，而使孩子被人看不起”，坚持了数年没有申请低保。

（二）低保人口因普遍缺乏向上流动的能力，而表现出一定程度的社会疏离

低保人口习惯于把自己描述为“能力低下的人”，或是“不能适应社

---

① 根据街道工作人员介绍，“看”即直观感觉这个家庭的财产状况和消费水平在本地区属于一个什么样的状态；“访”即到周围的邻里或工作单位进行走访，了解家庭成员的就业及收入情况；“核”即通过工作单位等部门进一步核实其收入情况；“评”即由评估小组定期对每份申报材料及核实情况汇总、分析和评估。

② 根据《厦门市最低生活保障办法》的规定，保障对象在享受最低生活保障待遇期间，如果家庭实际收入情况或者家庭人口发生变化的，应当及时通过居民委员会、村民委员会告知镇人民政府、街道办事处。在管理上，主要采取“季度一小审，半年一大审”的方式，小审主要审查低保申请的新增人员，大审主要是核减注销。

会的人"，大多数人在寻找工作的过程中都有很强的挫折感，对重新回归劳动力市场并获得职业发展缺乏信心。访谈对象 H 描述的经历，具有一定的代表性："（我）2000 年从集体企业下岗，之后再也没有找到工作，偶尔有人请去做做临时工。去年（2008 年）居委会介绍我去厦门宾馆做清洁工，可是去了之后单位不要我，理由是我年龄太大。如果做清洁工，都嫌年龄太大，你说我还能做什么？确实是对自己没信心，真的是被社会淘汰了。"而至于未来的打算，几乎所有的访谈对象都认为"过一天算一天"，悲观地表示"像我们这样的人，还有什么未来的希望"，或是把希望寄托在下一代的身上，"希望孩子将来能争气"。

大多数的低保人口对自己的身份都很敏感，多少会感觉自己"吃低保"而"低人一等"，因而社会交往不多。"平时闲的时候也就看看电视，或是一个人去钓鱼，越来越不爱和外人说话，（因为）没工作讲话也没有用，没人愿意理你"。同时，社会交往中的物质消费也是他们难以或不愿承受的，所以"平时（与朋友）很少走动，逢年过节也尽量少联系，自己少花点钱，也避免被人看不起"。经常走动的朋友"都很困难，这些年大家都下岗，都不容易，自己顾自己吧。……像我们这个年龄下岗的，大家都有儿女（没法互相帮助）"。亲戚是低保人口最重要的社交资源，也是他们最主要的求助对象，因为"在这样的社会，向朋友借钱，人家都很害怕……只有兄弟姐妹或是父母亲才会借给你"。但值得注意的是，低保人口的亲戚网络中，也大多经济状况不佳，只有在急需的时候，才会求助。例如访谈对象 L 说："我老公有两个哥哥、一个姐姐，两个哥哥家的生活都很困难，只有姐姐家偶尔帮助我们。……孩子开学交学费，一交就是 1 000 来块钱，我们实在没办法，才会开口向他姐姐借。"

（三）各级政府在城市反贫困工作中，起着强势主导的作用，贫困人口作为政策对象，只是被动的接受者

街道和社区因实际承担着低保人口的审查和管理工作，在低保对象的认定和福利资源的分配上有着较大的权力。但对于这项权力，基层工作人员认为"这不是什么好事，因为给谁不给谁，给多给少，我们都是按规定办，但总免不了被抱怨，甚至被投诉"，而且经常"很冤，像上次没有给某某评上低保，她就到处说我们收了谁谁的好处"；而低保人口虽然肯定"大多数工作人员还是凭良心办事"，但并不相信"（每个工作人员）都那么无私"。在调研中，也有低保人口或社区居民向我们"举报"

某某因为跟社区工作人员“交情好”，肯定“走了路子”，所以“低保审查年年都能通过”。

近年来，随着“社区劳动保障工作站”的普遍建立，再就业项目的落实也下放到基层社区。但在居委会动员有劳动能力的低保人口参加技能培训的过程中，“一开始还好，来了之后看到培训插花呀，配菜呀之类的，觉得没用，就走了。后来也开展了一些技能性的培训，像电工班之类的，但最后也只来了 2 个人”。时至近日，“参加培训就是去点名签到”，因为按规定“必须去培训，（低保证）年审才能过关”。对于推荐就业的项目，居委会认为“好不容易争取了一些就业岗位”，但“没人领情，磨破嘴皮也没人去做”。而低保人员则认为，“（这些工作岗位）都是没人愿意做的（才让我们去做）”，或是“根本做不长，做两三个月，就找个理由把你辞退了”，也有不少人怀疑“（好的岗位）都被居委会干部‘送人情’了”。至于其他的再就业政策，大多数访谈对象都表示“没有听说过”，或是依稀记得“开会时读文件的时候好像有”。不少访谈对象（12 人）表示通过媒体知道有小额担保贷款项目，但这项被媒体力捧的项目，在中华街道迄今为止没有一人申请，包括居委会工作人员都表示“（因为没有办过）不是很了解，但手续很麻烦的，要盖很多章”。

对再就业政策的消极利用或是不利用，并不表明低保人口缺乏工作意愿。对于大部分生活真正贫困的低保人口而言，“一个月几百元钱的补贴，吃饭都不够”，因而“如果能找点事做（指工作），还是会去做”，只是“不会主动去告诉居委会”，因为这些工作并不稳定，“能做一天是一天”，而且“又不签合同，没有社保的”，也不能申请任何再就业补贴。事实上，居委会对低保人口的隐性就业问题也心知肚明，对于他们“多少赚点钱补贴家用”的行为，多表示“是必需的”。但对于部分“赚的钱肯定能养活自己和家里人”的低保对象，则多有埋怨又无可奈何。

（四）社区公益精神开始发育，低保人口以志愿服务的方式回报社区，且其中不乏自发的非强制性志愿行为

2004 年修订的《厦门市最低生活保障办法》取消了原先规定“不参加社区安排的公益劳动 3 次以上，不列入低保范围”，改为更具人性化的“达到法定就业年龄并具有劳动能力的无业人员，应当参加其所在社区组织的公益性劳动”。但虽然如此，现实中低保人口仍能感受到参加居委会组织或指定的义务劳动的必要性，因而对居委会充满抱怨，认为“（居委会工

作人员）太懒了，让我们去帮他们干活”，而且“尽是清理小广告或是卫生死角之类的，不管你愿不愿意”。也有人坦诚积极“配合”居委会的义务劳动工作，是为了得到额外的“好处”，例如“逢年过节能多分些慰问品”。

虽然强制性志愿服务让低保人员心生反感，但并不意味着他们缺乏服务社区的热情。事实上，有的低保人员积极参加一些社区组织，例如“社区治安巡逻队”，“每天在年轻人都去上班的时候，在社区里走走看看，身上带个‘红袖箍’（指巡逻队标志），起码能吓吓坏人”。而最让他们高兴的是，在他们看来“与其闲在家里，不如出去走走”的行为，却赢得了社区居民的尊敬，“越来越多的人看到我们都问好，还说感谢我们”。有的看到社区里有些高龄老人行动不便，时常“帮忙买点菜，做做卫生”，或是“陪他们去看病、拿药”，自己觉得“没做什么”，但被帮助的人出于感谢“过年过节总给孩子买一堆东西”或是用其他方式报答。在访谈对象中，几乎所有的人都认可应该以力所能及的志愿服务回报社区，而接近一半的人（12 人）在过去两年中都有经常性的服务社区或服务特定社区居民的行为。

在中国的城市社区，虽然政府提倡社区公益精神，但具有非政府组织（NGO）性质的组织机构并不多见，“爱心超市”① 被普遍认为是最具代表性的社区 NGO。“爱心超市”是通过接受社区企业和居民的捐赠，向低保家庭提供政府福利之外的生活物资。在管理上，超市除一名街道招聘的工作人员外，其余的工作人员均为来自低保家庭的志愿者。建立“爱心超市”的目的，除了“体现政府对低保家庭的关心”外，还“为社区企事业单位和社区居民表达爱心提供了方便”，并希望借助物质帮扶“沟通社区居民的情感联系”，创建“和谐社区”。街道非常重视“爱心超市”的发展，“书记和主任亲自去跑捐赠，动员商家为‘爱心超市’做点贡献”，节假日的时候“（社区工作人员）放弃了休息，在社区宣传，鼓励大家捐款捐物”，而在部分捐赠物资出现积压时，还“组织义卖，用义卖的钱再去买最需要的米呀油呀的”。街道和居委会对“爱心超市”工作的重视，也受到了低保人员的认可，几乎所有的访谈对象都认为这是“街道做的好事”，因为“爱心超市”多少可以为真正的贫困家庭提供“实实在在的帮助”，例如“孩子上学的文具基本上都在爱心超市换的，也可以省不少钱”。

---

① “爱心超市”也被称为“慈善超市”，超市货品主要来自社区企事业单位和社区居民的捐赠，按照一定条件选择出来的受益人可以定期到爱心超市领取一定量的货品。

不过，“爱心超市”的运作并没有如预期那样，得到社区居民的广泛参与。只有极少数居民认为“自己不再需要的东西，扔了可惜，捐给爱心超市可以帮助别人，是件好事”，多数人会“不好意思捐旧东西”，同时“爱心超市”对接受的旧物资也很谨慎，一般以旧书和旧玩具居多。这样一来，“爱心超市”与一般的超市没有太大区别，所以也有社区工作人员认为“没什么意思，还不如直接发‘购物券’，到指定商场购买”。但是，“爱心超市”虽然未能如期成为低保人口和社区居民交流的纽带，却意外地成为低保人口内部交流的一个重要平台。超市定期在每月的最后五天开放（其余时间用于接受捐赠和整理物品），“超市开放的时候，大家基本都能碰面，有时没有见到，还会打电话再约……见到了，总能聊聊天，互相关心一下”。

四、问题讨论

（一）“假低保”现象与“福利依赖”问题

西方国家的经验表明，城市贫困依据其成因和表现方式等，可以分为四个方面：一是贫困居民缺乏必要的物质条件；二是贫困居民的能力不足；三是贫困居民的权利不足；四是动机不足。[①] 动机不足被认为是产生福利依赖的主要原因，即在可观的免费福利面前，许多身强力壮且并不缺乏能力和机会的劳动人口，也因失去寻找工作的动力和意愿而拒绝就业。动力缺失被认为是比贫困问题本身更严重的问题，因为贫困只是一个不好的经济现象，而依赖则是一个不良的文化行为，发展下去甚至会导致“西方传统的终结”（Udesky，1980；Abramowitz，1992）。[②] 基于“福利依赖”问题而引发的“福利有害”思想，是西方国家福利改革的理论基础。福利制度被认为直接导致了贫穷、犯罪、依赖和家庭崩溃，并使工作者增加了不必要的税收重负（Murray，1984），从而损害工作伦理。由此，福利国家纷纷走上通过削减福利以减少福利依赖为目的的改革道路。

---

① 参见洪朝晖：《论中国城市社会权利的贫困》，载《江苏社会科学》，2003（2）。

② J. A. Devine，J. D. Wright，*The Greatest of Evils*：*Urban Poverty and the american Underclass*，New York：Aldine De Gruyter，1993；L. Mead，*Beyond Entitlement*：*The Social Obligations of Citizenship*，New York：Free Press，1986.

很多人把中国的“假低保”现象解读为“福利依赖”问题在中国的生成。① 从表象看，“假低保”与“福利依赖”确实有共通之处，都是有劳动能力的福利对象拒绝通过就业等方式实现自我保障，而长期滞留在福利体系中。但“假低保”与“福利依赖”之间能否画等号，还需要对“假低保”现象的成因予以分析。

“假低保”现象的成因可大体归纳为下述三点：(1) 福利资源过于集中地提供给指定的福利对象。中国城市贫困人口的认定标准一直备受争议和质疑，低保人口作为被官方认定的“合法”穷人，其规模远远小于实际的贫困人口数②，厦门市低保人口所占总人口比重仅为1.3%，就是一个例证。贫困人口规模被低估的主要原因，是城市贫困线标准被人为压低。而对于像厦门这样的经济发达地区而言，地方政府有能力也有意愿提高贫困线标准，但这样做无疑会拉大与经济不发达地区的差距，从而难以得到中央政府的认可。于是，地方性福利政策就只能在低保制度的框架内，通过向低保人口提供附加福利的方式供给。这样一来，就逐渐形成一种“内部人—外部人”现象，“内部人”——数量不多的低保人口，福利保障充分且有过度之嫌；而被排斥在外的“外部人”，尤其是数量不少的“边缘贫困人口”，则保障明显不足甚至保障缺失。(2) 福利对象的认定程序烦琐且不规范。中国城市低保对象的认定程序，看似“严谨”，申请人员需提供多个部门盖章认可的文件材料，接受公然侵犯隐私权的张榜公布，最后还要接受街道和居委会带有“家长制”作风的裁决。因而，对于真假贫困者来说，能够最终获得“低保资格”，都是来之不易，因而轻易不敢退出，导致中国城市低保群体基本处于“锁定”状态。(3) 缺乏给予“有工作的穷人”的福利支持。保护“有工作的穷人”是福利国家改革中形成的工作福利政策的核心理念之一，即通过向劣质就业的低收入工人提供福利支持，从而保护他们的就业积极性(Esping-Andersen，2002；Gilbert，2002)。而在中国，几乎所有的再就业政策都是就业搜寻过程中的帮扶，一旦实现就业，则可能失去几乎所有的政策支持。而且，就业帮扶政策主要是针对正规就业而言，这样的限制，进一步约束了低保对象对再就业政策的利用，因为对他们而言，能够实现的多为

---

① 参见周昌祥：《防范“福利依赖”的思考》，载《经济体制改革》，2006 (6)。

② 参见唐钧：《中国城市贫困与反贫困报告》，北京，华夏出版社，2003；童星、刘松涛：《我国城市居民最低生活保障制度中的问题与对策》，载《社会学研究》，2000 (4)；高云虹：《中国转型时期城市贫困问题研究》，北京，人民出版社，2009。

非正规就业——这也是低保人口“隐性就业”的主要原因。

可见，就成因而言，“假低保”现象更多的是由城市反贫困公共政策本身及其实施过程中的缺陷所致，主要是福利资源分配欠公平和福利项目配置不合理的问题，并不存在整体福利资源投入过剩而导致的“福利依赖”问题。

厘清“假低保”现象与“福利依赖”问题的区别，既是本研究后续讨论的前提，也有着重要的政策意义。因为针对“福利依赖”问题，必然的政策工具是削减福利，这样的政策结果，即便对于美国这样的发达国家而言，也可能会造成贫困的“报复性”增长，并导致社会极化现象，里根政府推行福利改革后贫困率的反弹就是一个证明。①

（二）城市社区贫困治理的困境

目前城市社区贫困治理的困境，一方面体现在社区居委会与低保人口失去互信，另一方面体现在社区居民与低保人口产生疏离。这两方面共同导致了一定程度的社区紧张和社区分裂的风险。

首先，来看社区居委会与低保人口的关系。社区居委会事实上掌握着低保资格的审查权，这份权力通常被认为是居委会“家长制”作风的来源。但这样的判断往往带有一个预设的立场，即对居委会工作人员的道德质疑。而事实上，“家长制”作风的形成，与一些客观存在的因素不无关系，因为在资格审查的过程，对居委会来说，是一个信息被动接受的过程，而且居委会并不拥有审查个人资产的法律权利，因而很难对个人申报的收入和财产信息作出真伪判断，只好依靠自己的理解来决定。这也是部分居委会工作人员对这份权力心存畏惧的原因。这个问题，在西方国家也同样存在。被称为“街头政府”（street-level bureaucrats）的一线社会工作者，作为国家福利项目的守门人和日常管理的直接承担者，在福利分配过程中也因拥有一定的自由裁量权，因而必须经过专业的培训和长期的实践而使其具有鲜明的判断力。② 相比之下，我国居委会工

① 参见洪朝晖：《论中国城市社会权利的贫困》，载《江苏社会科学》，2003（2）。

② E. Z. Brodkin, “Inside the Welfare Contract: Discretion and Accountability in State Welfare Administration,” *Social Service Review*, 1997 (71), pp. 2-33; M. K. Meyer, B. Glasser, and K. MacDonald, “On the Front Lines of Welfare Delivery: Are Workers Implementing Policy Reforms?” *Journal of Policy Analysis and Management*, 1998 (17), pp. 1-22; J. Hagen, J. Owens-Manley, “Issues in Implementing TANF in New York: The Perspective of Frontline Workers,” *Social Work*, 2002 (47), pp. 171-180.

作人员一般都没有经过社会工作的专业训练，主要靠自身经验的积累和同事间的交流，社会工作专业精神和个案工作能力不足，因而普遍缺乏社会公信力。而反过来，低保人口对居委会公信力的怀疑，对“凭良心”做事的工作人员也形成伤害，从而双方失去了互信的基础。

居委会和低保人口关系的核心是低保资格认定的问题，这是自我国城市实施低保制度以来，就从来没有解决好的问题。政府解决这个问题的出发点，一直是以加强上级和外部监督为主，即使行之有效，也容易将低保人口置于被管理和被监督的地位，而使其产生更强烈的抵触情绪，从而进一步恶化居委会与低保人口间的关系。

其次，来看社区居民与低保人口的关系。一般认为，在日益分化和疏离的现代城市社会，能否建立起在地域基础上的社会生活共同体①，是现代城市社区治理的最大挑战。在我国城市的“后单位社会”时期，城市单位制度并未发生根本动摇，单位仍在城市社会依靠其多重复合功能，维持着一种特有的秩序和结构②，因而对于绝大部分有工作的城市居民而言，与其所居住的社区普遍缺乏利益纽带，因而对社区事务并不关心。③ 而在社区贫困治理中，虽然“爱心超市”等组织试图吸引社区居民的关注，并发展成为社区居民和低保人口互动的平台，但一方面由于政府的强势介入，给社区居民造成与己无关的错觉；另一方面由于片面强调利益的单向输送（即单纯号召社区居民向低保人口“献爱心”），从而难以形成双方共同关心的公共议题，因而最终也并没有成功地动员起社区居民的参与。

近年来，随着“假低保”现象负面效应的发酵，引起了社区居民对贫困治理问题的关注，并开始发出不满的声音。虽然社区居民的不满更多地表现为抱怨政府“养懒汉”，很少直接表现出对低保人口的歧视，但客观上也形成了对低保人口的冷漠，并认为其“不值得救助”。同时，我国的城市贫困人口大多经历了从计划经济时代的“主人翁”到市场经

① 参见王春光：《控制还是聚合：对当前社区建设的几点反思》，载《浙江学刊》，2002（2）；桂勇：《城市“社区”是否可能》，载《贵州师范大学学报》，2005（6）。

② 参见何海兵：《我国城市基层社会管理体制的变迁：从单位制、街居制到社区制》，载《管理世界》，2003（6）。

③ 参见陈万灵：《“社区参与”的微观机制研究》，载《学术研究》，2004（4）；桂勇、崔之余：《行政化进程中的城市居委会体制变迁——对上海的个案研究》，载《华中理工大学学报》，2000（3）；孙柏瑛：《社区民主参与：任重道远》，载《国家行政学院学报》，2001（2）；张宝锋：《城市社区参与动力缺失原因探源》，载《河南社会科学》，2005（7）。

济下的被救助对象的巨大落差，与经济的弱势相比，心理上更加敏感和脆弱。[1] 在遭受劳动力市场排斥而全面回归社区后，他们原本对社区有着更加强烈的物质和情感依赖，甚至有着依托社区拓展组织资本和社会资本的愿望，但疏远的社区环境，不仅强化了他们自我排斥的心理，而且也使他们学会以疏离的方式来保护自己不再受伤害。可见，社区居民与低保人口虽然并没有直接的利益冲突，却回避交流和沟通，日渐分离的趋势有形成“二元”社区的风险。

（三）城市社区贫困治理中的参与：局限性与意义

从上面的分析不难看出，参与的不足是社区贫困治理诸多问题产生的根源。客观地说，政府对于居民参与社区贫困治理多持鼓励和支持的态度，但从社区参与的实践来看，还存在着以被动参与为主、决策环节参与不足和缺乏组织平台等方面的问题。

目前，虽然已经取消对低保人口社区公益劳动的强制性要求，但居委会对低保人口的控制权仍是客观存在的。居委会不仅会要求或暗示低保人员参加义务劳动，更主要的是这些公益劳动的内容、时间和地点都是居委会单方面安排，低保人员基本没有选择权，因而只能被动地参与。当然，被动参与也有一定的必要性，可以帮助居委会掌握更多的信息并借此甄别出隐性就业者，可以创造更多的低保人口回报社区帮扶的机会以安抚社区居民的不满。同时，虽然低保人员参与社区公益劳动有着一定的强制性，但并非意味着他们就没有自主活动的空间。事实上，不同的低保人员会有自主的表达并采取不同的行动策略，或是积极参与，或是消极应对。而积极参与者也能在福利资源分配中获得优先照顾，并与居委会之间形成良性互动关系，时间久了，原先的权力关系转化为一种富有弹性和人情味的互惠关系。[2] ——从这点来说，隐含物质激励的被动参与在培养贫困人口的参与意识、公益精神以及参与能力等方面具有推动作用。

对决策环节的参与不足，最大的问题是贫困人口作为政府“预期了的穷人”[3] 而被治理。是否参与决策过程，被认为是判断“真假”参与的

① Y. T. Liu, S. J. He, and F. L. Wu, “Urban Pauperization under China’s Social Exclusion: A Case Study on NanJing,” *Journal of Urban Affairs*, 2008 (30), pp. 21-36.

② 参见杨敏：《作为国家治理单元的社区——对城市社区建设运动过程中居民社区参与和社区认知的个案研究》，载《社会学研究》，2007 (4)。

③ 参见沈红：《穷人主体建构与社区性制度创新》，载《社会学研究》，2002 (1)。

关键。如果参与者的讨论只是作为促使他们接受领导者早已制定的目标的手段，则只是对决策过程没有影响的“假参与”活动。[1] 在社区反贫困工作中，作为工作目标的贫困群体，基本被排斥在决定他们社会生活的决策制定过程之外。虽然他们或他们的代表也拥有出席、列席或者旁听的权利，但却没有资格在计划或项目的制定、实施、管理、监督的全过程中扮演重要角色。事实上，如果能给予贫困人口参与决策过程的机会，赋予贫困人口对自己的生活方向和周围环境一定程度的控制权，反而有助于贫困人口成为负责任的行动者，并产生社区认同感和归属感。不过，虽然目前社区贫困治理中的大量参与都是非决策过程的参与，但这并不意味着这些参与没有意义，尽管参与的过程和结果可能不具有理论上所期待的民主效果，但这些参与也在一定程度上实现了社区动员和参与双方的互动。

缺乏组织平台是贫困人口参与能力不足的最集中表现。社区居委会虽然名义上是社区居民的代表，但因其权力直接来源于上级政府，因而更多是政府形象的化身。而在运作模式上采取“官方组织、民间参与、低保人员自主管理”的类似“爱心超市”这样有着 NGO 特点的组织，原本很有希望发展成为贫困人口的自组织平台，最终也沦为基层政府控制下的“运动式”扶贫机构。客观地说，在我国的国情下，如果没有基层政府的强势介入，“爱心超市”的开放和运作基本上不具有可能性。但政府“包揽一切”的强势干预，既预示着一旦政府热情减退，“爱心超市”也将陷入难以为继的局面，同时其作为低保人口自组织平台的意义也基本丧失。不过，社区居委会作为直接与居民打交道的组织机构，在沟通政府和居民关系中的作用是其他组织不可替代的，而依托其建立的社区扶贫非营利组织，即使尚未在贫困人口参政议政或维权等政治参与中发挥出作用，但也为加强群体内部交流提供了更多机会。

五、结论与政策建议

基于上述讨论，本章认为：(1)“假低保”现象尚不足以说明“福利依赖”问题在我国的形成，福利资源在福利项目以及受益对象等方面的分配不当是主要原因。也正因为如此，社区在城市贫困治理中的重要地

① 参见［美］佩特曼：《参与和民主理论》，上海，上海大学出版社，2006。

位更加凸显。(2) 社区作为我国城市管理的最基本单元，成为城市贫困人口失去单位后唯一赖以生存的组织。社区在直接为贫困人口提供物质帮扶和情感支持的过程中，因各种主客观原因造成一定程度的社区紧张并有形成“二元”社区的风险，成为目前社区贫困治理的困境。(3) 参与不足是社区贫困治理陷入困境的根本原因。虽然理论上城市居民并不缺乏社会权利，但在实际的社区参与中，却存在着被动参与、决策环节参与不足和缺乏自组织平台的局限性。这些问题的存在，使得有限的社区参与，虽然理论上尊重了贫困人口在贫困治理中的主体性资格，在实践中却难以摆脱“作秀”的色彩。

由此可见，社区参与是改善反贫困公共政策绩效、提高福利资源配置效率以及促进社区融合的重要手段。目前，也正是因为缺乏一个完善的社区参与机制，使得政府对贫困治理的行政干预，拥有了滥用权力的空间，福利项目及其给付可以按照政府的主观意志排列组合，给与不给，给多给少，给你给他，何时何地给予等都成为政府可以单方决定的事情。

就社区参与机制而言，一是在我国的国情下，政府主导下的制度内参与将是贫困治理中社区参与的主要方式。因为在中国，即使在社区层面，政府也有着很强的影响力和控制力，直接管控着福利资源的生产和分配。二是在市场经济条件下，单靠政府的行政命令和自上而下的指挥秩序也无法构建社区一切因素积极参与社区治理、提供社区服务的良性秩序。① 尤其在贫困治理中，一方面社会上存在多种渠道的反贫困资源，即使是政府财力强大的发达国家，也需要通过整合各种社会资源，用于贫困治理；另一方面，在福利资源的分配环节，由于信息不对称等原因，政府很难规避分配中的效率损失。因而，在城市社区贫困治理中，就提供服务而言，主体的多元化和客体的参与是必要的，政府的作用是形成一个使不同主体和客体共同发挥作用的制度框架。在这个制度框架内，不仅包括正式制度，更重要的是在正式制度的规制下，创造出一种非制度化的、具有物质帮扶和社会情感支持的互动网络，并通过这个网络与区域性社区结构相互作用，在促进社区融合的同时最大可能地利用社区资源。

就具体的社区参与政策而言，一是在贫困人口资格认定上，应借鉴基于主体识别的参与式贫困评价（简称 PPA）②，通过由社区内部人自己

① 参见张洪武：《社区治理的多中心秩序与制度安排》，载《广东社会科学》，2007 (1)。

② 参见世界银行：《2000/2001 世界发展报告——与贫困做斗争》，北京，中国财政经济出版社，2001；沈红：《穷人主体建构与社区性制度创新》，载《社会学研究》，2002 (1)。

来分析，倾听贫困者自身“脆弱的感觉”，从而有助于社区自动寻找目标，使得社区的穷人参与进来，将非穷人排斥出来，保证把稀缺资源提供给真正的目标群体；二是社区中的政府组织，作为职能部门在社区工作职能的延伸，不能只是采取单向度的自上而下的行政管理，而要发扬民主，形成上下互动，建立职能部门派向社区的人员定期向社区居民代表报告工作的制度，接受居民的评议和监督；三是在“爱心超市”的基础上，构建带有自组织性质的“社区帮扶中心”。“中心”仍是在居委会指导下工作，但在功能上应拓展为贫困人口和社区居民双向交流的服务，例如社区居民捐赠的款物可以通过获得一定数量的社区服务得到报答；在管理上应给予低保人口更多的自主管理权限，并通过建立内部管理机制分配福利资源和社区服务。事实上，政府在给予社区组织更多自治权的同时，也释放了居民的不满和抱怨，从而既有利于消除居委会与低保人员之间的失信，又可以借此通过组织内部的自律和互律机制甄别出“假低保”人员。

第六章 公众环保参与对地方政府善治的作用
——以“厦门环保参与”为例

余章宝

在改革开放以前，中国社会是一个全民动员型国家。政府垄断所有资源，国家与社会缺少区分，国家吞没了社会，中国社会运行机制主要是政府自上而下地对社会的动员。随着中国改革开放，中国民间社会不断成长，国家与社会开始分化，公民社会已初具规模，逐渐形成国家—社会互动结构。因此，不仅存在政府自上而下地对社会的动员，也存在社会自下而上地对政府进行动员，从而形成具有善治特征的治理模式雏形。

一、中国改革开放与民间社会的发展

中国经过 30 多年的改革开放，社会结构发生了很大变化，变化最明显的就是民间社会已初具规模，其主要表现在民营经济的发展、中产阶级的壮大、新社会组织的形成、公众舆论空间的产生等方面。

(一) 民间个人与中国改革的探索

中国改革开放的过程就是中国中产阶级不断形成和发展的过程，30 多年的改革开放实践大体经历了两个阶段：改革开放探索阶段和改革开放深化阶段。

改革开放探索阶段是从 1978 年农村改革开始到 1992 年邓小平南方谈话为止。这个阶段主要表现为“草根个人”对当时高度计划经济体制的挑战并获得成功，被官方认可，而后作为经验来推广，改革主要呈现为民间自下而上的推动。

首先，中国的改革发轫于具有突破性的农业改革。1978 年 12 月，安徽凤阳小岗生产队的18户农民冒着失去自由甚至牺牲生命的风险，偷偷签下“大包干”生死状①，把集体土地分到了个人，并在第二年获得了成功。这种成功效应使得安徽包产到户的做法，由淮北扩散到淮南，连鱼米之乡的芜湖也采用了包产到组。这种做法当时在中国共产党内引起很大的争议，最终在1980年5月31日，邓小平同中央负责工作人员就农村政策问题发表了谈话，肯定了安徽凤阳的“大包干”的做法。② 到1981年秋，自发包产到户的生产队达到40%。③ 1982年1月1日，中共中央批转了关于农村工作的一号文件，即《全国农村工作会议纪要》，从政策上肯定了“包产到户、包干到户”都是社会主义集体经济的生产责任制。“1982年底，大体上有80%的农民实行了包干到户。”④ 这样，原来那种集体劳动和集体分配的“人民公社”制度瓦解。总之，零星的“草根个人”对当时的“人民公社”的挑战，最终得到官方的承认并迅速推广，从而拉开了农村改革的序幕。此后，这种以农户自负盈亏为经营单位的农村生产和分配制度，不断得到稳固和完善，该制度被称为“家庭联产承包责任制”。

其次，中国城市改革也是始于“草根个人”的挑战。具有中国改革符号意义的人物年广久，因为比较早地从事私人经济活动而三次被捕入狱，因为邓小平分别于1980年、1984年和1992年三次点名提及他而闻名全国。⑤ 他在国家“统购统销”的计划经济时代，冒着违法的风险，偷偷从事瓜子炒制和出售，经营起个体私营作坊。1978年，他已经开始偷偷雇了好几十个帮工，突破了当时政策所能容忍的雇工人数不能超过8人的界限⑥；1982年下半年，除了在芜湖，他还在南京、无锡、苏州和昆山办起了加工厂，仅仅在芜湖的雇工就有103人之多，成为当时中国最大的个体户，被称为“中国第一商贩”。年广久所代表的是萌动着的中国草根私营经济。实际上，在当时中国涌现许多像他这样的民间挑战者，

---

① 该“地下协议”收藏于中国国家博物馆，藏品号为GB54563。

② 参见《邓小平文选》，2版，第2卷，315页，北京，人民出版社，1994。

③ 参见马立诚、凌志军：《交锋：当代中国三次思想解放实录》，139页，北京，今日中国出版社，1998。

④ 同上书，141页。

⑤ 参见《邓小平文选》，1版，第3卷，91、371页，北京，人民出版社，1993。

⑥ 这一政策根据马克思在《资本论》小业主与资本家划分标准，雇用工人在8人以下，小业主是与工人一起参加生产的，而一旦超过8人，就是资本家，就不是个体经济而是资本主义经济。

这种现象即所谓“乡镇企业异军突起”。① 除年广久外，当时还有浙江温州因商获罪的小摊主“八大王”②、浙江海盐“小裁缝”步鑫生③、河北石家庄马胜利④、广东高要县陈志雄⑤等一大批冒着巨大政治风险挑战计划经济体制的草根人物。最终中共在十四大报告中指出“家庭联产承包”和“乡镇企业异军突起”是中国农民的两个“伟大创造”，从而肯定了中国民间个人的智慧。

简言之，早期中国的改革开放是由民间草根阶层自下而上的不懈推动实现的，属于制度经济学所说的诱致性变迁。⑥ 它常常表现为“民间小人物‘胆大妄为’的冒险‘违规’，取得阶段性成果之后，得到了开明的地方领导干部的默许甚至鼓励，经由目光敏锐的媒体报道，引发热烈讨论和争议，最终得到高层认可，推向全国，并以政策或法律形式使之制度化”⑦。

（二）改革开放深化与民间社会成长

如果说草根个人推动了中国改革开放政策的选择，那么，中国改革开放政策反过来促进了具有现代意义的民间社会的生成与发展。

改革开放深化阶段，指 1992 年邓小平南方谈话和中共十四大的召开。邓小平南方谈话突破了姓“资”与姓“社”意识形态的藩篱；1992 年，中共十四大确立了建立社会主义市场经济的改革方向，让市场发挥资源配置的基础性作用；强调以包括全民所有制和集体所有制为主体，个体经济、私营经济、外资经济为补充，多种经济成分长期共同发展；

---

① 参见江泽民：《加快改革开放和现代化建设步伐　夺取有中国特色社会主义事业的更大胜利》，北京，人民出版社，1992。

② “八大王”指改革开放时温州最早的八位民间商人，1982 年因经商被治罪。他们分别是：螺丝大王刘大源、五金大王胡金林、目录大王叶建华、线圈大王郑祥青、矿灯大王程步青、合同大王李方平、机电大王郑元忠、旧货大王王迈仟。

③ 步鑫生，浙江海盐人，中国国有企业改革的最早探索者。早在 1978 年他对国有企业浙江海盐衬衫总厂职工工资分配制度进行改革，打破工资分配身份等级制度，实行按劳分配、多劳多得的资金制度。

④ 马胜利，河北保定市人，1984 年承包河北石家庄造纸厂，有“中国承包第一人”之称，四次受到邓小平接见、两次全国五一劳动奖章获得者。

⑤ 陈志雄，中国最早农业个体户代表，广东省高要县农民和养鱼能手，从 1979 年开始承包集体鱼塘养鱼。

⑥ Lin，Justin Yifu，“An Economic Theory of Institutional Change：Induced and Imposed Change，” *Cato Journal* 9（1），1989.

⑦ 周瑞金：《希望在于人民的强势》，载《炎黄春秋》，2009（6）。

进一步扩大对外开放，形成多层次、多渠道、全方位开放的格局。十四届三中全会通过的《中共中央关于建立社会主义市场经济体制若干问题的决定》要求转变政府经济管理职能，发挥行业协会、商会等组织的作用。

1997年，中共十五大又在所有制方面有了新的突破。十五大把公有制与非公有制经济共同发展作为社会主义初级阶段的基本经济制度；通过对国有企业实施改组、联合、兼并、租赁、承包经营和股份合作、出售等形式的改革，调整所有制结构；承认按劳分配和按生产要素分配的多种分配方式，允许和鼓励资本、技术等生产要素参与收益分配；强调培育和发展社会中介组织。

2002年，中共十六大报告提出两个“毫不动摇”：必须毫不动摇地巩固和发展公有制经济，必须毫不动摇地鼓励、支持和引导非公有制经济发展；2003年，十六届三中全会通过的《中共中央关于完善社会主义市场经济体制若干问题的决定》，提出建立健全现代产权制度，大力发展混合所有制经济，推行公有制的多种有效实现形式；2004年《宪法修正案》规定：“公民的合法的私有财产不受侵犯”；2005年《国务院关于鼓励支持和引导个体私营等非公有制经济发展的若干意见》（简称“非公经济36条”）出台；2007年3月通过的《物权法》明确规定，对国家、集体、私人的物权一律承认，并平等保护。2007年10月，中共十七大报告提出要“从各个层次、各个领域扩大公民有序政治参与，最广泛地动员和组织人民依法管理国家事务和社会事务、管理经济和文化事业……保障人民的知情权、参与权、表达权、监督权”。

总之，如果说改革开放探索阶段还缺少明确方向，是“摸着石头过河”，改革主要呈现一种自下而上的民间推动特征，那么，1992年以后的改革深化阶段则有了明确改革目标，改革已经由执政党自上而下地推动，具有很明显的强制性变迁特征。① 在改革深化阶段，中共的改革开放政策为中国民间社会的发育提供了很好的制度基础，大体上说中国民间社会的形成与发育主要表现在以下三个方面：

第一，新社会组织的迅速发展。新中国成立不久，政府就开始把民营企业或民间社团组织等所有民间组织当作一种“异己力量”，对其施行严格的控制和清理。因此，改革开放过程中出现的所有非公有制经济组

---

① Lin，Justin Yifu. “An Economic Theory of Institutional Change：Induced and Imposed Change,” *Cato Journal* 9（1），1989.

织都属于新型社会组织，它们在改革开放深化阶段得到迅速发展。以民营企业发展为例，据国家工商行政管理总局统计，1991 年底，全国登记的私营企业数为 10.8 万户，1993 年为 23.8 万户，1995 年达 65.5 万户，1998 年达 120.1 万户，2001 年达 202.85 万户，2003 年达 300.6 万户，2005 年达 430.1 万户，2006 年达 498.1 万户，2007 年全国私营企业为 551.3 万户。① 1990 年，私营企业在国内上市公司只有 1 家，2007 年底为 410 家，占全部上市公司总数的 1/4 强。2006 年底，在海外证券市场上市的民营企业达 171 家。② 实际上，到 2006 年中国民营经济已经占 GDP 的 65%左右，占经济增量的 70%～80%。③

2009 年民营经济蓝皮书《中国民营经济发展报告 NO.6（2008～2009）》指出，截至 2008 年底，民营上市公司数量已达 562 家，在上市公司中的比重达 35%；全国登记注册的私营企业达到 657.42 万户，较 2007 年底增加 54.37 万户，增长 9.0%；注册资金达到 11.74 万亿元，较 2007 年底增加 2.35 万亿元，增长 25%。个体户达到 2 917.3 万户，较 2007 年底增加 175.8 万户，增长 6.4%，个体户资金数额达到 9 006 亿元，较 2007 年底增加 1 655.2 亿元，增长 22.52%。④

除了民营经济组织外，其他新型民间组织（NGOs），民政部把它们分为社会团体、民办非企业单位、基金会三大类。据《2007 年民政事业发展统计报告》，截至 2007 年底，全国共有社会团体 21.2 万个。按照社团活动地域范围划分，全国性及跨省（自治区、直辖市）的 1 758 个，省级及省内跨地（市）域的 22 146 个，地级社团 59 145 个，县级社团 128 612个。按照社团的性质划分，工商服务业类 17 747 个，科技研究类 17 615 个，教育类 14 794 个，卫生类 11 129 个，社会服务类 24 588 个，文化类 16 690 个，体育类 10 685 个，生态环境类 5 330 个，法律类3 361 个，宗教类 3 413 个，农业及农村发展类 36 142 个，职业及从业组织类 15 080 个，国际及其他涉外组织类 467 个，其他 34 620 个。

---

① 参见汝信、陆学艺、李培林主编：《2009 年中国社会形势分析与预测》，349 页，北京，社会科学文献出版社，2008。

② 参见张厚义：《中国私营企业主阶层成长的新阶段、新情况、新问题》，见中国网，2009-01-13。

③ 参见史晓芳等：《民企已占经济增量 70%至 80%》，载《中华工商时报》，2007-02-01。

④ 参见黄孟复主编：《中国民营经济发展报告 NO.6（2008～2009）》，3～9 页，北京，社会科学文献出版社，2009。

全国共有民办非企业单位 17.4 万个，其中：工商服务类 2 059 个，科技研究类 8 867 个，教育类 84 077 个，卫生类 29 188 个，社会服务类 24 077 个，文化类 5 578 个，体育类 5 343 个，生态环境类 345 个，法律类 855 个，宗教类 247 个，农业及农村发展类 931 个，职业及从业组织类 1 251 个，国际及其他涉外组织类 3 个，其他 11 094 个（见表 6—1）。

表 6—1　2000—2007 年我国社团发展情况

年份	2000 年	2001 年	2002 年	2003 年	2004 年	2005 年	2006 年	2007 年
社会团体（万个）	13.1	12.9	13.3	14.2	15.3	17.1	19.2	21.2
民办非企业（万个）	2.3	8.2	11.1	12.4	13.5	14.8	16.1	17.4
社团年增长率（%）	−4.6	−1.6	3.1	6.8	7.7	11.8	12.3	10.4

资料来源：中华人民共和国民政部：《2007 年民政事业发展统计报告》，见民政部门户网，2008-05-26。

截至 2007 年底，全国共有基金会 1 340 个，公募基金会 904 个，非公募基金会 436 个。其中，中央级基金会 107 个。①

第二，中产阶级的形成。在改革开放和发展社会主义市场经济过程中产生了中产阶级。对于当代中产阶级，中国学者更愿意采用“中等收入群体”、“中间阶层”和“中产阶层”这些概念。2004 年，中国社会科学院把中等收入群体界定为：家庭财产在 15 万元至 30 万元之间。1999 年中国中等收入阶层比重为 15%，这两年正以每年 1%的速度上升，2003 年达到 19%。② 根据法国巴黎百富勤公司（BNP Paribas Peregrine）2004 年对中国中产阶级的界定为：人均年收入 2.5 万～3 万元、家庭年收入7.5 万～10 万元、参与企业决策和管理的这些受过很好教育的专业技术人员、白领（脑力劳动者），符合上述标准的人数占中国总人口的比例约为 13.5%。2002 年中国达到中等收入阶层标准的家庭为 5 000 万个，家庭平均年收入为 7.5 万元，家庭平均拥有 31 万元资产。到 2010 年，达到上述标准的数字均将翻番，中等收入家庭总数达 1 亿个，家庭平均年

① 参见中华人民共和国民政部：《2007 年民政事业发展统计报告》，见民政部门户网，2008-05-26。

② 参见李云路、战艳、顾钱江：《从“葱头型”到“橄榄型”　中国着力培育中等收入阶层》，见新华网，2004-03-04。

收入为15万元，户均拥有资产达62万元。①

从产生的方式来看，中国中产阶级主要有两部分群体构成：体制内组织中的中产阶级和体制外组织中的中产阶级。所谓体制内组织是指那些属于政党体制下的组织，如政府部门以及受政府高度行政控制的国有企业和事业单位。体制内中产阶级包括政府机关的官员和公务员，事业单位如高校、医院等具有专业知识和技术的人员，国有企业中高层管理人员；所谓体制外组织则指不属于现有政党体制下的那些具有相对独立性的社会组织。因此，体制外中产阶级是指在改革开放过程中逐步成长起来的那些民间经济组织、文化组织和中介组织中的中产阶级。

体制外中产阶级主要由非公有制经济人士和自由职业的知识分子组成，他们广泛分布在新经济组织、新社会组织中，也就是官方所说的"新的社会阶层"（new social stratum）。2001年7月，在纪念中国共产党成立80周年大会上江泽民首次将其概括为六个方面的人员："改革开放以来，我国的社会阶层构成发生了新的变化，出现了民营科技企业的创业人员和技术人员、受聘于外资企业的管理技术人员、个体户、私营企业主、中介组织的从业人员、自由职业人员等社会阶层"②，政治上承认他们也是中国特色社会主义事业的建设者。体制外中产阶级地位在中共十六大报告中得到了重申，并在2004年写入《宪法》，从而使他们获得了合法性地位。2006年，据中共中央统战部副部长陈喜庆估算，"目前的新社会阶层人数大约有5 000万，但加上在相关行业的所有从业人员，总人数约1.5亿，他们掌握或管理着10万亿元左右的资本，使用着全国半数以上的技术专利，并直接或间接贡献着全国近1/3的税收，每年吸纳着半数以上新增就业人员"③。实际上，这些新社会阶层是最具民间社会特点的中产阶级主体，他们主要集中在非公有制领域，并且多数是非中共人士。

第三，公共领域的出现。伴随着中国的改革开放，我国社会出现了一种非官方、有一定独立性的公共领域。人们在这个公共领域就公共事务发表个人的见解和意见。这种公共领域也可以分为体制内公共领域和体制外公共领域。

所谓体制内公共领域是指官方的传统媒体即报纸、杂志、广播和电

① "Chinese Middle-class Families Defined (02/06/04)," accessed at www. china-embassy. org/eng/xw/t127568. htm.

② 江泽民：《论"三个代表"》，169页，北京，中央文献出版社，2001。

③ 叶晓楠等：《新社会阶层身影日渐清晰》，载《人民日报》，2007-06-11。

视。活跃在官方传统媒体的主要是体制内的公共知识分子，他们来源于高校、科研机构的专家学者以及媒体的资深记者编辑，其主要通过给地方性或全国性的报刊专栏撰写社会评论，或者为广播电视录制专访、谈话、评论和辩论节目等途径，运用自己的专业知识对中央或地方政府某项公共政策进行讨论和分析。他们所发表的意见体现了中央和地方政府某种程度的开放和容忍。特别要指出的一个有趣现象就是，当某个地方媒体受到本地政府的控制而禁止讨论某件公共事务时，这种讨论就出现在外地媒体甚至全国性的媒体。这种现象也叫"媒体异地监督"。总之，传统媒体一定程度的开放为体制内公共知识分子发挥其影响提供了重要条件，2004 年《南方人物周刊》第 7 期还发布了"影响中国的公共知识分子 50 人"。

所谓体制外公共领域是指以计算机和手机移动通信技术为支撑的新兴网络媒体。计算机互联网主要包括门户网站新闻跟帖、聚合新闻（RSS)、BBS、博客、播客、电子邮件；移动通信包括手机与手机之间的短信/彩信；手机互联网（wap）如 fanfou. com 、叽歪 jiwai. de、做啥 zuosa. com、嘀咕 digu. com 所提供的类似 twitter 微博客；连接计算机互联网与移动终端的即时通信工具（如 QQ、MSN、Skype、Popo 和 Fetion 群）及其聊天室（Chat Room)。这些新兴网络媒体已经成为我国网民表达他们观点的主要渠道，形成了网络舆论，发挥着舆论表达和监督的功能。2009 年中国社会科学院发布的社会蓝皮书《2008 年中国互联网舆情分析报告》指出：据 CNNIC（中国互联网络信息中心）《第 22 次中国互联网络发展状况统计报告》，截至 2008 年 6 月底，中国网民数量达到 2.53 亿，网民规模跃居世界第一位。①

这些新兴网络媒体相对于传统媒体而言，地方政府对其控制存在着一定的技术困难，因此，互联网和现代通信一开始就被我国广大网民作为一种"非官方媒体"、"草根媒体"、"民间媒体"。同时，活跃在"公众的电子广场"中的主体是代表民间社会的一批年轻的草根知识分子、草根公民记者和网络意见领袖组织的"新意见阶层"。他们所表达的是一种非官方、非精英的观点和意见。正如中国互联网络信息中心指出的：中国网民的主体是 30 岁及以下的年轻群体，这一网民群体占到中国网民的 68.6%。八成以上网民主要依靠网络获取新闻信息，超过电视和报刊。②正因为如此，我们称这种"虚拟的公共领域"、"网络公共领域"为"体

①② 参见祝华新等：《2008 年中国互联网舆情分析报告》，见中国网，2009-01-13。

制外公共领域”，它是中国最典型的公民社会或民间社会。

二、地方环保背景以及地方民众环保参与方式

随着中国经济快速发展，民间社会力量随之增强，他们在中国社会的很多方面都发挥着重要作用。下面以厦门环保参与为例说明公众与政府良性互动达成的善治。众所周知，随着经济的高增长，地方环境问题也日益严重，民间环境意识随之不断增强，当地居民的环保运动进而从原来个体维权形态逐渐发展成为民间动员的公民集体行动形态。

（一）地方环保背景

自从 1978 年邓小平推行改革开放政策以来，中国经济得到了迅速发展，与此同时，中国的生态环境不断恶化，土地荒漠化、水危机、空气污染已经成为困扰中国民众的一个又一个梦魇。正如时任国家环保总局副局长潘岳所指出的那样：“中国改革开放以来创造了许多奇迹，创造了许多世界第一经济增长数据。与此同时，中国的建材消费第一、能源消耗第一、空气污染物排放第一、水污染物排放第一。江河水系 70%受到污染，流经城市 90%以上的河段严重污染，城市垃圾处理率不足 20%，农村有 1.5 亿吨垃圾露天存放，3 亿多农民喝不到干净的水，4 亿多城市居民呼吸不到新鲜空气。”①

造成中国环境问题日益突出的原因大体有两方面，从客观原因分析，一方面，经济规模、生产和消费规模的迅速扩张必然引起自然资源的过度消耗和污染物排放的增加，造成环境退化；另一方面，由于中国选择的是一种“高消耗、高污染、低效益”的粗放型经济增长方式，这种经济增长方式需要消耗大量的自然资源，由此产生了“环境赤字”。最为重要的是主观原因，地方政府的发展理念往往是以牺牲环境为代价来换取 GDP 的高速增长，为了追求 GDP，除了建项目、出政绩、增加财政收入和企业利润，一些地方政府在引进生产项目过程中，刻意放低环保门槛；同时，一些地方政府有庇护那些能带来 GDP 增量的企业破坏环境的倾

---

① 转引自韩保江：《中国经济 5 年成功艰辛：我们付出了巨大的发展代价》，见 http://news.xinhuanet.com/fortune/2008-03/04/content_7707794_1.htm，2008-03-04。

向。由于现行管理体制，地方环保监管部门受到地方政府的压力，因此，地方环保部门监管不到位，环境执法不力，《环境保护法》得不到实施。

2005年3月5日，国务院总理温家宝在十届全国人大三次会议上呼吁：抓紧解决严重影响人民群众健康安全的环境污染问题，让人民群众喝上干净的水，呼吸到清新的空气，有更好的工作和生活环境。这是中国政府第一次把环保问题列入《政府工作报告》中，它从另一个侧面反映出中国日益严重的环境问题。中国全国人大常委会在2006年的一份环境检查报告中，以“触目惊心”几个字来形容当前中国的污染问题。环境执法检查报告中也以“有水皆污”、“逢雨必酸”、“企业偷排废水，弄虚作假的现象仍然十分严重”等字句来形容污染的严重性。① 由于环境问题越来越严重，人们的环保意识不断增强，中国民间社会自发地出现了从个体抗争到大众参与的环保运动。

20世纪90年代初期，环境问题已经初现端倪，但这时的环境问题更多地表现为一种局部的、分散的污染，因此环境污染受害者常常是分散的少数人，他们作为个体诉诸法律手段，举报、控告排污者。如1995年正在北京法大律师事务所做律师的王灿发教授免费为江苏省邳州的一个因附近的酒厂和豆奶厂排放的污水使4 000多只鸭子死亡的养鸭专业户代理诉讼，经过两年的努力，获得了排污单位的赔偿。②

在此期间，一些具有公共精神的知识分子开始关注中国的环境保护，他们自发组织民间环保组织。1994年，梁从诫、杨东平、梁晓燕和王力雄四人发起成立“自然之友”民间环保组织；1996年，廖晓义与汪永晨分别成立“地球村”和“绿家园”；1998年，“绿色北京”成立。与此同时，大学环保社团也开始发展起来。1995年以前，大学生生态社团只有16个，从1995年到1999年就增加到118个。③ 1998年，王灿发教授在中国政法大学发起成立污染受害者法律援助中心，专门从事环保公益诉讼。总体来说，20世纪90年代，民间环保抗争者主要还是呈现个体受害者的利益维护和少数知识分子对环境保护的观念和价值的倡导。

---

① 参见张国良：《主体功能区：新发展宪法》，见 http://phtv.ifeng.com/phoenixtv/72996594147917824/20061201/907329.shtml，2006-12-01。

② 参见污染受害者法律帮助中心：《援助污染受害者》，见 http://www.clapv.org/NewsContent.asp?id=7108&title=%C3%BD%CC%E5%B1%A8%B5%C0&lei 1=107，2001-10-05。

③ 参见张传慧、佟立成：《中国大学生生态环保社团现状及发展趋势》，见 http://www.bjyouth.gov.cn/gzyj/dcyj/125469.shtml，2006-12-29。

进入 21 世纪，我国到了一个环境污染事故的高发期，环境污染重大事故频频发生。中国环境保护部在 2001—2005 年连续 5 年的《中国环境状况公报》中表明中国环境污染危害的严重性。2001 年，全国共发生 1 842 次损失 1 000 元以上的环境污染与破坏事故。其中水污染与破坏事故1 096 起，废气污染与破坏事故 576 起；死亡 2 人，伤 185 人。农作物受害面积 2.2 万公顷，污染鱼塘 7 338 公顷，直接经济损失 12 272.4 万元；2002 年，全国共发生 11 起特大和重大污染事故，共造成 12 人死亡，近 3 000 人中毒和就医，直接经济损失达几百万元；2003 年，全国共发生 17 起特大和重大污染事故，造成人员死亡和集体中毒 10 起，水污染影响社会稳定和造成较大经济损失 7 起，这 17 起污染事故共造成 249 人死亡，600 多人中毒，波及群众近 3 万人；2004 年，国家环保总局共接到 67 起突发环境事件报告，其中，特别重大环境事件 6 起，重大环境事件 13 起，造成 21 人死亡、705 人中毒（受伤），直接经济损失达 5.5 亿元。与上年相比事故总数增加 3 起，死亡人数下降了 216 人（2003 年重庆市开县“12·23”特大井喷事件造成 234 人死亡），直接经济损失下降了 0.5 亿元；2005 年，国家环保总局共接到 76 起突发环境事件报告，其中，特别重大环境事件 4 起，重大环境事件 13 起，较大事故 18 起，一般事故 41 起，造成 536 人中毒（受伤），与上年相比，事件总数增加了 9 起。① 这样的环境事故频频发生是引发中国民间环保运动的直接原因。

应该指出的是，2003 年，胡锦涛同志提出“以人为本”的“科学发展观”执政理念，用科学发展观来统领经济社会发展全局，并把它的基本内涵概括为：坚持以人为本，树立全面、协调、可持续的发展观，促进经济社会和人的全面发展；坚持统筹城乡发展、统筹区域发展、统筹经济社会发展、统筹人与自然和谐发展、统筹国内发展和对外开放的要求。这一科学发展观内含着环境保护的国家意愿。同年，中国开始施行《中华人民共和国环境影响评价法》。正是在这种新的执政理念支持和激励下，2003 年以后的我国民间环保呈现某种大众参与式的“环保运动”。

也正是在此期间，一些地方性的民间环保组织得到迅速发展。例如天津绿色之友（2001 年）、河南淮河卫士（2001 年）、湖北绿色汉江（2002 年）、云南大众流域（2002 年）、安徽绿满江淮（2003 年）、淮河卫

---

① 参见中华人民共和国环境保护部：《中国环境状况公报》，见 http://www.sepa.gov.cn/plan/zkgb/。

士志愿者协会（2003 年）、大连市环保志愿者协会（2003 年）、甘肃绿驼铃（2004 年）、内蒙古阿拉善 SEE 生态协会（2004 年）、温州绿色志愿者联合会（2004 年）、黑龙江绿色龙江（2005 年），环保 NGO 从 20 世纪 90 年代中期的四五家发展到 2006 年近 3 000 个。2006 年，中华环保联合会与《中国青年报》共同对中国的环保 NGO 进行了调查，随后发表的《白皮书》显示，中国共有 2 768 个环保 NGO。① 大学生环保社团也在同期得到了迅速增长，截至 2005 年 8 月，中国大陆共有 354 所高校组织成立了 501 个大学生生态环保社团。2000—2005 年，中国大学生环保社团新增 380 个，其中 2004 年一年就新增 107 个。② 这些 NGO 不再仅仅局限于原来的环保理论的倡导，而是直接引导和参与环境保护活动，走进公众视野，参与公共政策过程。因此，从某种意义上说，“2003 年是中国环保运动的一个转折点。这一年，民间环保组织开始介入‘西南水电开发’等国家重大项目，先是质疑在都江堰大坝上游不远处修建‘杨柳湖’水库，之后又提出怒江建坝中的环保问题。之后，民间环保组织又在圆明园防渗漏工程事件、北京动物园搬迁等一系列重大的公共环境问题上表达自己的意见，各家组织联合行动，借助媒体的力量，试图影响政府的公共决策”③。这一系列环境保护行动不再是个人行为或单个环保 NGO 的行动，而是由多个环保 NGO 联合起来的集体行动。

实际上，环境污染的受害者也采取了集体行动，他们常与环境保护 NGO 合作。被称为“中国环保运动新途径”的案例就是福建省溪坪村的村民求助于“中国政法大学污染受害者法律帮助中心”，通过集体诉讼方式，起诉当地一家化工厂污染了河流使他们的蘑菇和卷心菜绝收，获得胜诉。④

如前所述，21 世纪初，我国已经形成了一个“新社会阶层”为代表的中产阶级，他们拥有一定的经济实力，因此也具有动员社会的能力。当某个投资项目影响他们的利益时，他们也成为环境保护的拥护者，他们

---

① 参见黄凤荣等：《公众参与：3000 环保 NGO 在行动》，见 http://www.eedu.org.cn/ngo/info/news/200710/ngo_17465.shtml，2007-10-26。

② 参见张传慧、佟立成：《中国大学生生态环保社团现状及发展趋势》，见 http://www.bjyouth.gov.cn/gzyj/dcyj/125469.shtml，2006-12-29。

③ 童志锋：《历程与特点：快速转型期下的中国环保运动》，载《理论月刊》，2009 (3)。

④ 参见［美］萨拉·谢弗：《集体诉讼，中国环保运动新途径》，见 http://www.china.com.cn/review/txt/2006-11/15/content_7417830.htm，2006-11-15。

凭借自己的资源动员那些关切型的公众（attentive public）以维护自己利益，从而表现了一种典型的“邻避现象”（not in my back yard）。这样，民众环保参与从原来个体性的维权抗争转变成一种大众性的环保运动，从而参与和影响到地方政府的公共决策。无论是在2007年厦门的反PX项目，还是在2008年上海民众反磁悬浮项目的“散步”，以及南京反PX项目这一系列的地方环保运动中，中产阶级都发挥着重要的动员作用。

总之，21世纪初，由我国地方环境问题所引发的民间社会抗议地方政府行动，已经呈现出地方民间社会的集体行动特征，并发展成具有真正意义的环保运动。

（二）地方民众环保参与的方式

一般来说，为了获得当地民众对地方政府决策的支持，政府会通过地方政党组织、政府机构和政府媒体自上而下地动员民众，因此，地方政府具有强大的“自上而下”的社会动员能力。然而，这并不意味着地方政府可以控制所有的政策和议题，相反，随着民间社会的成长，民间社会常常通过“自下而上”的政策参与方式来表达自己的利益诉求，从而影响地方政府的决策。根据官方的说法，我们将把民众环保参与的方式分为“正常渠道”和“非正常渠道”两类。

简单地说，“正常渠道”和“非正常渠道”的区别就是其是否得到地方政府的认可，从而获得一种合法性地位，这种合法性并不仅仅源于宪法和法律，而是来自“官方”，准确地说是来自地方政府的党委。这与中国国情或政治构架有着十分密切的关系。一方面，在理念上中国共产党承认宪法和法律的最高权威，所有个人和组织包括共产党组织都要服从宪法与法律的权威。《中华人民共和国宪法》第五条规定：“一切国家机关和武装力量、各政党和各社会团体、各企业事业组织都必须遵守宪法和法律。……任何组织或者个人都不得有超越宪法和法律的特权。”另一方面，在国家政治实践中，人大应该接受党的领导，因此地方党委的地位高于地方人民代表大会。实际上，无论在地方层面还是在全国层面，中国共产党组织系统是实际上的政府运作的指挥系统和权威体系。因此，我国政府治理体制上仍采用二元治理权威体系或双重权威体系，即政党体系和法律体系。这种二元治理权威体系之间存在着一种交叉重叠关系，两者既有相一致的地方，也可能存在着一定的张力。

作为国家治理权威，所有的治理规范都包括禁止性的（proscriptive）

规范和指定性的（prescriptive）规范两种；禁止性的规范从消极方面规定社会、组织或个人所不具有的权利；指定性的规范主要从积极方面明确授权或规定社会、组织或个人所具有的权利。这样，我们可以将政治权威分为政治不许可和政治许可，将法律权威分为法律授权和法律禁止。所谓政治许可/不许可是指某个组织、某种活动或某种权利有没有获得中共中央或地方党组织的准许，或者其职能和权限有没有获得中共中央或地方党组织制定的文件的规范。法律授权/禁止就是指某个组织、某种活动或某种权利有没有获得国家权力机关（人大及其常委会）制定的宪法、法律或地方性法规的授权，或者有没有受到行政部门（国务院、各部委及其主管部门）所制定的行政法规的授权。

我们以政治权威作为横轴，法律权威作为纵轴，可以得到图6—1所示的四个象限构成的四种组合：第Ⅰ象限（政治许可，法律授权）；第Ⅱ象限（政治不许可，法律授权）；第Ⅲ象限（政治不许可，法律禁止）；第Ⅳ象限（政治许可，法律禁止）。

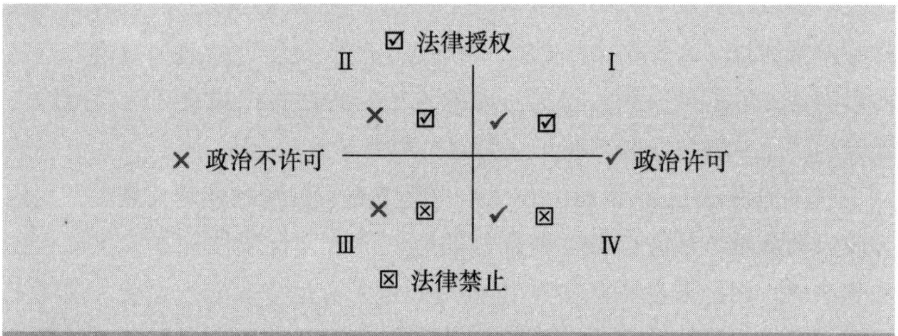

图6—1　政治—法律权威的四种组合

第Ⅰ象限（政治许可，法律授权）表示某种公众行为同时获得政治—法律权威的认可。在我国二元治理权威体系下，公众行为要获得完全的合法性就必须同时获得法律权威和政治权威双重认可。第Ⅱ象限（政治不许可，法律授权）和第Ⅳ象限（政治许可，法律禁止）表示公众行为只获得政治或法律某一项权威的认可，不具有完全的合法性。第Ⅲ象限（政治不许可，法律禁止）指不具有合法性。

显然，我们利用这个框架来分析地方民众环保参与方式时，很清楚地就可看出所谓"正常渠道"就是如第Ⅰ象限（政治许可，法律授权）所表示的那样，公众环保参与同时获得法律权威和政治权威的双重认可。公众环保参与的"正常渠道"主要包括国家政治活动中的基本制度和政策过程的公众参与两方面。在中国共产党统一领导下的人民代表大会制度与多党合作和政治协商制度是国家政治生活的基本制度，人民代表大会是国家权力机关，具有负责法律制定、法律修改和监督法律实施的职能。全国人民代表大会及其常务委员会行使国家立法权、修改宪法和监督宪法实施，制定修改全国性法律，监督法律实施。省、直辖市的人民代表大会及其常务委员会制定和修改地方法律，监督地方法律实施。中国人民政治协商会议全国委员会和地方委员会的主要职能是政治协商、民主监督、参政议政，即对国家和地方的大政方针以及政治、经济、文化和社会生活中的重要问题在决策前和决策执行过程中进行协商；对国家宪法、法律和法规的实施，重大方针政策的贯彻执行，国家机关及其工作人员的工作，提出建议、批评和监督；对政治、经济、文化和社会生活中的重要问题以及人民群众普遍关心的问题，通过调研报告、提案、建议案或其他形式，向中国共产党和国家机关提出意见和建议。尽管人大与政协在功能上有着很大差异，前者是权力机关具有法律创设和修改权力，后者仅对法律政策享有一种咨询和建议的权利，但是，两者在结构上具有同构性，人大代表与政协委员主要由体制内精英和部分体制外精英构成，即政府官员、国有企业、事业单位中高层管理人员、少数非中共党员、新阶层代表。从这个意义上来说，人大和政协是中国共产党为中产阶级精英提供了一个制度化利益诉求通道，从而实现对包括体制外精英的领导，因此，具有典型的“合作主义”特征。

对于民众来说，能够表达民意的正常渠道是指政策形成过程中的公众参与机制，它包括政府在政策制定前对民众意见收集的渠道，如听证会、市长热线、信箱、电邮，以及政策实施过程中收集民意反馈的渠道，如投诉和举报电话、信箱以及信访等。

总之，所谓政策参与的“正常渠道”是指公众政策参与获得中国共产党的政治权威和法律权威双重许可，从而成为一种公开的、正式的和制度化的政策参与渠道。

所谓“非正常渠道”是第Ⅱ象限（政治不许可，法律授权）所示的情形，是指民众参与政策过程具有宪法和法律的根据，然而，由于没有获得地方政府党委的政治权威认可，也没有获得完全的合法性。具体来说，虽然《宪法》第三十五条明确规定，“中华人民共和国公民有言论、出版、集会、结社、游行、示威的自由”，但是，公众的这种权利要取决于地方党委的认可，如果某地方党委比较开明，这项权利就会落实得好些。相反，如果地方党委认为这是一种“政治不正确”，这种政策参与就被地方政府视为一种“非正常渠道”。

可见，“正常渠道”和“非正常渠道”都是在宪法或法律前提下的两种政策参与方式，它们之间的根本区别在于有没有获得地方政府党委的政治权威认可。从这个意义来说，这两种区分并没有严格的界限，主要取决于地方政府的官方界定。对于“非正常渠道”来说，它随时可以获得官方政治权威的认可，从而转变为“正常渠道”。如常常被地方政府视为“非正常渠道”网络诉求和街头诉求，如果获得地方政府的容纳，它也会变成“正常渠道”。

在改革开放初期，一方面环境问题的严重性还不十分突出，另一方面，邓小平的“发展是硬道理”的论断既是中国主流意识形态和价值目标，也受到广大民众的支持，因此，经济发展成为政府和民间的共识。如前所述，随着经济迅速发展，特别是进入21世纪，环境问题日趋恶化，环境污染重大事故频频发生，经济发展与环境保护之间的矛盾和冲突越来越明显。2003年，胡锦涛同志为总书记的党中央所提出的“科学发展观”就是对过去唯经济发展主义的一种纠正，从而把环境保护问题也提高到“政治正确”上来，使得经济发展与环境保护在国家主流意识形态中具有同等的“政治正确”。在这种背景下，在地方政府层面同样存在着两种相互竞争的价值观，即经济发展主义和环境保护主义。一方面，作为地方政府既要负责发展本地经济，同时又要考虑到经济发展可能带来的环境破坏。另一方面，对于民众来说，只有当地经济发展才能获得实际利益，生活得到改善；同时，如果当地经济发展引发环境破坏，受害的还是当地民众。因此，无论政府还是民众都十分关心经济发展与环境保护，并由此形成了萨巴蒂尔和詹金斯-史密斯（Paul A. Sabatier and Hank C. Jenkins-Smith）意义上的“政策倡导联盟”。所谓政策倡导联盟是指具有某种共同信念体系的政策行动者群体或政策共同体，由于它们共享一套基本价值观、因果假设以及由此形成的对问题的认知体系，因而，它们能够进行长期的深度协调和合作。[①] 在地方政府这个层面，围绕经济发展和环境保护两种竞争性的价值取向形成了两种政策联盟。

① Paul A. Sabatier, “Policy Change over a Decade or More,” *Policy Change and Learning: An Advocacy Coalition Approach*, Colorado: Westview Press, 1993, p. 25.

对于地方政府而言，由于地方经济发展是决定地方党委、政府首脑和负责经济发展部门负责人升迁的主要政绩，因此，地方政府的决策层总是以经济发展为导向，其政策偏好更多地表现为经济发展主义。

对当地公众而言，无论是新兴的中产阶级还是普通民众，他们的态度取决于某个项目给他们带来的实际收益。如果一个项目没有给他们带来直接收益，或者，因为这个项目导致的环境问题给他们带来利益损害，他们就会主张环境保护，反对经济发展；相反，那些能直接从某个经济项目获得直接收益的群体如项目投资方、所有者或就业者就会主张经济发展。因此，从个人利益所受的影响来看，民间社会存在着两种相互竞争的政策偏好或价值取向。

基于以上的分析，我们用公众环境参与的两种方式（“正常渠道”和“非正常渠道”）与政策偏好（经济发展与环境保护）这两个维度，形成了如图 6—2 所示的四种不同的环保参与方式。

	非正常渠道	正常渠道
环境保护	Ⅱ	Ⅰ
经济发展	Ⅲ	Ⅳ

	非正常渠道	正常渠道
环境保护	网络民意 街头民意	人大、政协 公众参与机制
经济发展	网络民意 街头民意	人大、政协 公众参与机制

图 6—2　四种不同的环保参与方式

Ⅰ（环境保护—正常渠道）是指那些支持环保主义的中产阶级，通过人大、政协这个制度化的参与渠道和平台提出相应的政策建议和议案；尽管他们与当地政府的政策偏好有差距，由于这种环保参与是在制度化框架内提出的，所以当地政府还是能够容忍这种异见。

Ⅱ（环境保护—非正常渠道）是指支持环境保护主义偏好的普通公众，在现有的体制化政策参与渠道不畅通和受阻时，他们就会转入政府很难控制的网络空间来发表他们的政策诉求，甚至采用街头抗议的形式。如果这种环保参与方式没有获得地方政府的政治认可，就被地方政府视为“非正常渠道”，尽管这种参与方式具有宪法和法律根据。

Ⅲ（经济发展—非正常渠道）是指支持经济发展的普通公众，他们同样也通过网络民意或街头民意支持政府经济发展主义的政策诉求，回应那些支持环保主义民众的政策偏好。

Ⅳ（经济发展—正常渠道）是指某个项目受益方的中产阶级精英，

通过人大、政协这种制度平台支持政府所持的经济发展主义政策。

一般来说，地方政府由于受到经济发展的政绩激励，有着强大的经济发展政策偏好的冲动，为了使政府的偏好顺利转为民众的偏好，地方政府常常运用所有资源（包括政党组织资源、政府行政资源、人大、政协资源、媒体资源、网络资源）对民众实行自上而下的动员，从而制造一种忽视和排斥公众环保主义偏好的态势，形成一种政策垄断。

支持环保主义的中产阶级精英和普通公众利用体制框架的“正常渠道”向地方政府自下而上表达自己的意愿，如果当地政府能很好地回应地方公众的要求，从而形成某种政策妥协和政策学习，那么政策僵局就能在制度范围内得以化解。当公众无法用“正常渠道”有效地表达意愿时，公众就会采取或创新各种“非正常渠道”来表达意愿。

经济发展主义与环保主义之间的政策博弈是通过政府自上而下的社会动员与公众自下而上的环保参与进行的。他们的博弈能力主要体现在争取公共领域的话语权方面。如果地方政府成功主导了公共领域话语权，经济发展主义取向的政策就会被实施；如果公众环保参与力量比较大，从而突破地方政府对公共领域话语权的垄断，理性的政府就会回应当地民众的环保诉求。政府通过恢复、开放或创设“正常渠道”，从而搭建政府与民间对话机制，通过理性的对话方式实现相互学习和共同成长，从而促进政策改善、政策和解与政策发展。

下面就以厦门市民反对 PX 化工项目为案例对上述的理论进行验证，并在该理论框架中描述这一事件过程。

三、厦门公众的 PX 项目环保参与

2007 年厦门市民的 PX 项目环保参与的成功不仅在中国环保史上具有重要意义，而且也是民间社会与地方政府之间通过理性对话达到地方善治的典范。

（一）经济发展和环境保护

厦门是我国东南部的一座海港城市，位于东经 117°53′～118°26′、北纬 24°23′～24°54′，在台湾海峡西岸，与台湾隔海相望。厦门市由厦门本岛、鼓浪屿岛、九龙江北岸沿海地区及同安等组成，全市土地面积1 573.16平

方公里，海域面积390平方公里，其中厦门本岛土地面积141.09平方公里（含鼓浪屿），下辖思明、湖里、集美、海沧、同安、翔安六个行政区。2005年底，厦门市常住人口为225万。海沧区是一个面积约173.6平方公里、居民已达10.2万人的平坦半岛，与厦门岛隔海相望。

1989年5月，国务院把厦门海沧区辟为台商投资工业区，并一直定位于重点发展石化产业。海沧南部工业区主要是为台商王永庆石化工业城预留的用地，因其他原因王永庆未能在此投资，所以，海沧工业区处于闲置状态。20世纪90年代，翔鹭集团等少数几家化工企业进入该区域，海沧因此确立了化工区的定位。2000年前后，房地产市场兴盛，当地政府在临海南部加速了海沧房地产的开发。1999年，厦门市完成的《厦门市城市总体规划（1995—2010年）》指出，海沧新市区以高质量的居住、商贸为主，兼有旅游、文化功能，同隔西海域相望的厦门岛共同构成厦门市的中心区。随着东南部房地产的开发，以人居为主要功能的海沧新城已悄然成形。特别到2005年厦门市政府所控的国有地产公司海沧国投房地产公司开发了“未来海岸”等一系列高档楼盘，吸引了大批以年轻白领为主的“新厦门人”来半岛安家落户。实际上，到2005年底，海沧区居民已达10.2万人，被定位为“海湾型城市”厦门新城区以后，其人口规划为70万，然而原来的“石化重镇”规划仍同时进行，结果造成靠山的南部化工区和北部临海居民区相毗邻。①

所谓厦门PX（Paraxylene）项目，是指厦门市海沧南部区域在2006年引进的腾龙芳烃有限公司对二甲苯（PX）化工项目。PX项目投资方为台资翔鹭集团，该集团负责人是台湾东帝士集团原总裁陈由豪。PX项目与翔鹭集团早在2002年10月投资的PX下游关联企业厦门翔鹭石化相邻。PX项目用地约114.74公顷，总投资额达108亿元人民币，每年80万吨对二甲苯的产能，项目建成后通过上下游延伸形成完整的产业链，建成海沧石化基地，加上其他下游关联产品，可产生800亿元的年产值。PX项目于2004年2月由国务院批准立项，2005年7月国家环保总局审查，通过了该项目的《环境影响评价报告》，2006年7月获得国家发改委核准。2006年11月17日，翔鹭集团旗下的关联企业腾龙芳烃有限公司年产80万吨的PX项目与翔鹭石化年产150万吨对苯二甲酸（PTA）二

① 参见庞皎明：《厦门PX项目贷款可能造成呆账，是场不对等博弈》，载《中国经济时报》，2007-06-06。

期项目正式开工。

这些化工项目中心区与居民区最近处不足1.5公里，距离拥有5 000名学生（大部分为寄宿生）的厦门外国语学校和北师大厦门海沧附属学校仅4公里。该项目5公里半径范围内的海沧区人口超过10万，距离厦门市中心和国家级风景名胜区鼓浪屿平均只有7公里；10公里半径范围内，覆盖了大部分九龙江河口地区，整个厦门西海域及厦门本岛的1/5 。项目的专用码头，就在厦门海洋珍稀物种国家级自然保护区，该保护区的珍稀物种包括中华白海豚、白鹭、文昌鱼。① 由于该项目靠近居民区、学校等人口密集区，其安全问题受到当地居民和学者的质疑，并最终引发厦门市民的街头抗议，最后厦门市政府顺应民意，停止了该项目的建设。

厦门是以环境优美著称的沿海城市，拥有鼓浪屿等首批国家5A级景区，获得过“国际花园城市”、“国家卫生城市”、“国家园林城市”、“国家环保模范城市”、“中国优秀旅游城市”和“全国十佳人居城市”等殊荣，在2004年10月还获得“联合国人居奖”。另一方面，厦门又是中国最早的四个经济特区之一，但比起其他三个经济特区经济发展相对滞后且经济总量偏小。2006年深圳市GDP为5 684.39亿元，全国排名第4；厦门市GDP为1 162亿元，全国排名第53，经济总量甚至比它的邻市泉州市(1 901亿元，第26名）还要小，因此，经济迅速发展是厦门市政府面临的一个重要任务。PX项目及PTA二期项目投产后可以给厦门带来800亿元GDP经济增量，但PX项目给厦门环境带来巨大的压力。因此，围绕厦门PX项目形成萨巴蒂尔和詹金斯-史密斯意义上两种相互竞争价值取向的“政策倡导联盟”，即经济主义和环保主义。

对于翔鹭集团旗下腾龙芳烃有限公司及其在2002进入海沧的翔鹭石化（厦门）企业［Xianglu Petrochemical Enterprise (Xiamen) Co.，Ltd］和腾龙特种树脂（厦门）有限公司［Dragon Special Resin (Xiamen) Co.，Ltd.］来说，如果PX项目与同期翔鹭石化PTA二期两大项目投产后，翔鹭石化和腾龙芳烃将形成从上游、中游至下游的化纤产业链垂直整合，从而产生巨大的规模经济效应，大大增加其竞争力，届时，翔鹭集团可与中石化、中石油和中燃集团比肩，并列成为中国石化“四巨头”。按照厦门市政府方面的估计，总投资108亿元人民币的PX项目工业产值将超过400亿元。作为PX项目的下游，翔鹭石化PTA二期项目同期建成投

① 参见屈丽丽：《厦门百亿化工项目安危争议》，载《中国经营报》，2007-03-19。

产后，翔鹭石化的工业产值有望突破300亿元，两大项目预计投产后产值达800亿元以上。这在以GDP作为政绩考核指标的制度下，对于2006年GDP为1 162亿元的厦门当地政府官员具有相当大的诱惑力。因此，PX项目对于翔鹭集团和厦门地方政府来说的确具有核心价值，这两者是经济发展主义的主要支持者。由于受制于当地政府，厦门当地媒体和厦门市环保部门也支持经济发展主义，除此之外，部分翔鹭石化员工以及少数希望厦门房价下降的市民（PX项目必然引起厦门房产价格下跌）也支持经济发展主义。因此，厦门市政府决策层、翔鹭集团、厦门媒体和厦门环保部门形成了一个十分紧密的倡导联盟，这个联盟是一种政策共同体（policy community）。

PX项目对于海沧房地产业以及整个厦门房地产业都具有明显的挤出效应。据《财经》记者获得的一份海沧区房地产项目2007年汇总表格显示，截至2007年6月，海沧区共有23个已开发或待售的房地产项目，总占地面积约76.73万平方米。楼盘均价从每平方米4 631元到9 300元不等，最高的可达12 000元。[①] 如果PX项目上马，海沧房地产行业将首当其冲，直接承受重创。因此，从某种意义上说，PX项目成为翔鹭集团化工产业与海沧房地产业之间最重要的商业利益博弈点。除了海沧房地产商外，对PX项目导致的健康安全隐患感到恐惧的海沧居民（业主），为厦门环境承受力担忧的公共知识分子，出于对厦门优美环境热爱的大多数厦门市民和重视环境保护的外地民众等形成了环保主义倡导联盟。环保主义倡导联盟更多地表现为一种松散的议题网络（issue network），分散于外地媒体和网络社区中。

（二）环保参与过程

1. 失效的“正常渠道”

早在PX项目不为人知的情况下，海沧区居民针对翔鹭集团旗下的翔鹭石化（一期工程）和腾龙特种树脂企业排放的废气和废水影响居民生活，曾多次向市长热线以及环保局投诉，但是海沧区环境污染问题一直没有得到有效解决。

2006年11月18日，PX项目在厦门海沧动工并举行动工典礼。尽管当地居民并不了解PX项目本身，因受翔鹭化工企业污染之害，当他们得

---

① 参见龙雪晴等：《厦门PX环评警示》，载《财经》，2007（13）。

知还要在海沧扩建翔鹭，新建更大的腾龙化工企业时，他们又通过正常的渠道向政府表达异议。在《中国经济时报》记者曾得到的10多份署实名或署“海沧居民”的举报信、投诉书中，一位黄姓市民对记者说：“通过正常渠道反映，几乎看不到什么效果。他们与相关部门的力量对比悬殊且表达渠道不畅通，此时唯一的办法，就是上网络论坛发表帖子，以期引起相关部门及人士的关注和重视。”①

中国科学院院士厦门大学化学系赵玉芬教授，从厦门本地的媒体上了解到PX项目开工的新闻。作为一位从事化学研究的专业人士，她对这个项目感到十分担忧，因此她与同在厦门大学的其他几位专家作了沟通。2006年11月中下旬，赵玉芬、田中群、田昭武、唐崇惕、黄本立、徐洵6位院士联合署名的问题反映信曾递交给厦门市委书记何立峰，6位专家从专业的角度陈述项目的弊端。12月上旬，赵玉芬分别直接给福建省委书记卢展工和省长黄小晶去信反映，提议将PX项目迁出厦门，在福建省内重新选址。2007年1月6日，厦门市委市政府有关决策人士在厦门宾馆与赵玉芬等5名厦门大学专家就PX项目进行了面对面的沟通，但未能取得进展，厦门市政府并未接受专家们的意见②，腾龙芳烃PX项目和翔鹭石化二期依然如火如荼地进行。

由于在地方政府这个层面沟通失效，作为全国政协委员的赵玉芬教授在2007年3月全国“两会”期间（3月3日—13日）发起并递交了由105名全国政协委员（包括6名院士）联合签名的全国政协提案：“关于厦门海沧PX项目迁址建议的提案”，该提案被称为2007年“头号提案”受到全国政协的重点关注。2007年3月14日上午，国家环保总局官员召集该提案的部分代表进行沟通。环保局认为该项目投产是国家发改委批的，国家环保总局在项目“迁址”问题上根本没有权力，环保总局现在唯一能做的就是不再批准厦门市新的化工项目。

尽管政协委员代表与环保总局的沟通也没有太大的进展，但该提案以及政协委员代表与国家环保总局沟通没有产生任何实质性效果的情况引发了全国媒体的关注。2007年3月19日，全国性媒体《中国经营报》署名为屈丽丽的《厦门百亿化工项目安危争议》一文首先对该提案内容进行了报道。自由撰稿人连岳从3月22日开始在异地媒体发表有关厦门PX项

①② 参见庞皎明：《厦门PX项目贷款可能造成呆账，是场不对等博弈》，载《中国经济时报》，2007-06-06。

目方面的多篇专栏文章①。4月18日，全国性媒体《第一财经日报》刊登署名邵芳卿的《厦门百亿化工项目存安全隐患，百名政协委员反对》。这些全国性媒体和异地媒体的有关报道被国内各家平面媒体、门户网站、网民个人博客、QQ群、BBS等新媒体迅速传播，PX项目议题从原来的秘密议题，渐渐进入了公众视野，从而成为公共领域中的一个重要的公共问题。

由于厦门市政府决策层坚持支持PX项目，所以正当全国性媒体、异地媒体和各大门户网站对厦门PX项目进行报道时，厦门本地媒体《厦门日报》《厦门晚报》《厦门商报》对此事却保持缄默，好像根本没有发生一样。

2007年3月28日至4月2日，厦门地方人大与政协召开会议，这本来是地方民众利益整合和组织化表达的制度化渠道，但在这个问题上厦门地方人大与政协却“失声”了，PX项目没有作为“两会”议题，也没有地方人大代表和政协委员提出相应的提案和议案。

2. 被压制的“非正常渠道”

由于“正常渠道”被地方政府严格控制而失去应有的功能，公众创新性地使用现代信息技术作为表达自己利益诉求的方式。实际上，国内各大媒体的报道和部分率先得到信息的人通过邮件、QQ群、论坛、博客、手机短信等途径将PX项目的有关信息逐渐传递给周围的人群。许多人还在本地最大的民间网络社区“小鱼网”（www. xmfish. com，该网有超过8万的厦门注册网民）、厦门房地产联合网（www. xmhouse. com）和厦门大学的公共BBS上对此展开了激烈的讨论，类似以“保卫厦门”、“还我蓝天”为标题的跟帖数以万计。与此同时，政府展开对网络的封锁，各种网络论坛、小鱼网、厦门房地产网、厦大鼓浪听涛BBS、个人博客中有关PX项目的讨论和跟帖迅速被删除和封闭，然而，网民们开始用转移博客、转移论坛、使用同音字等技巧躲避管制。

在这场网络舆论管制过程中，产生了许多中产阶级的“意见领袖”，他们通过网络渠道向公众发布各种信息和数据，鼓励公众表达民意。如连岳②是众多中产阶级意见领袖中最突出的一个，他在多家媒体专栏中

---

① 参见《公共不会有安全》，载《潇湘晨报》，2007-03-22；《保护不了环境的环保官员》，载《南方都市报》，2007-03-23；《全国政协委员算老几?》，载《南方都市报》，2007-03-28；《潘岳为什么那么帅?》，载《南方都市报》，2007-04-08。

② 连岳，原名钟晓勇，福建长汀人，自由撰稿人，《三联生活周刊》《南方周末》《南方人物周刊》《南方都市报》《上海一周》等京沪穗专栏作家，他在动员厦门市民抵制PX项目过程起着“意见领袖”的作用。

发表了一系列关于PX项目的评论，他的《厦门自杀》博客持续关注厦门PX事件的进展，转载了大量的国内外媒体对厦门PX项目的报道。他的博客以及网民跟帖，参与并见证了厦门PX事件全过程，成为最丰富和最全面的资料库。另外，网名为“厦门浪22”的网民十分活跃，不断爆料，成为网民信息的一个重要来源。

传统媒体的再次关注，推动了网络民意的升级。5月24日，新华社旗下的《瞭望东方周刊》刊发文章《百名政协委员难阻厦门百亿化工项目》，其中披露了政协委员无法改变PX项目现状的一些细节。① 当天下午13:45:08，连岳《厦门自杀》博客的跟帖中就有匿名网民呼吁6月1日上午8点，手绑黄色丝带游行②，当晚厦门许多市民就收到有关呼吁参加6月1日游行的手机短信③。5月25日在境内合法销售的《凤凰周刊》杂志2007年第15期（总第256期）刊登了记者刘炎迅的《厦门：一座岛城的化工阴影》一文，因为文中报道了有关厦门PX项目而被厦门市有关部门禁止销售，后收缴了该批杂志。这一消息被网民爆料并在网络中相互传播引起网民意见反弹。

以前人们讨论比较集中的网络平台“小鱼网”也被关闭，于是5月25日厦门民间开始不断转发、流传同一条手机短信，相互动员参加6月1日抵制PX项目的游行。短信内容与连岳《厦门自杀》博客跟帖内容相同。尽管厦门媒体对此事未作任何报道，但厦门市政府迅速采取措施防止市民参加街头抗议，包括通知政府部门、国有企业和事业单位工作人员及大中小学生一律不得参加游行，学校停止放假。同时，带有“游行”、“PX”字眼的短信被过滤。厦门本地官方媒体对此依旧保持沉默，与此形成对比的是，网络对此事进行了大量传播。5月28日，“厦门浪22”④ 以《反污染！厦门百万市民疯传同一短信》爆料，称“这样的短信

① 参见庞皎明：《厦门PX项目贷款可能造成呆账，是场不对等博弈》，载《中国经济时报》，2007-06-06。

② 该帖内容为：匿名：求求你们救救厦门吧!! [59.57.122. *] @ 2007-5-24，13:45:08 台湾陈由豪与翔鹭集团合资已在海沧区动工投资PX（苯）项目，这种剧毒化工品一旦生产，意味着厦门全岛放了一颗原子弹，厦门人民以后的生活将在白血病、畸形儿中度过。我们要生活、我们要健康！国际组织规定这类项目要在距离城市100公里以外开发，而厦门最远距此项目才16公里，为了我们的子孙后代，行动吧！参加万人游行，时间六月一日上午八点起，由所在地向市政府进发！手绑黄色丝带！一起救救我们的厦门!! 见http://www.bullog.cn/blogs/lianyue/archives/32716.aspx。

③ 笔者于5月24日晚收到这条短信。

④ 江苏镇江人，获2007年度奥一网年度“网络公民大奖”。

自己就收到了4条，身边多数人都收到了这样的短信，且在互相转发，形势愈演愈烈，估计有超过百万的市民在转发同一条短信”①。同时，在厦门的大街上出现了大量的街头涂鸦，用油漆颜料在地面、墙壁、电线杆上喷涂诸如“我爱厦门”、“反对PX”等标语。

针对市民愈演愈烈的网络和手机传播，直到5月28日晚厦门本地媒体《厦门晚报》才开始专辟两个重要版面，刊登万字长文，以环保局负责人答记者问的形式，第一次正式回应市民对海沧PX项目的质疑。同时，腾龙芳烃公司在其网站显要位置刊登总经理答记者问。政府的回应主要强调PX项目是经过化工权威专家历时多年反复论证认可，国家有关部门依法严格审批，手续合法、严谨、科学的在建项目。腾龙芳烃公司的回应主要是反驳夸大PX危险性，强调项目的安全性。然而，这种迟来的回应并没有得到公众的认同。

实际上，5月29日上午，厦门市政府在要求各部门做好近阶段的安定团结工作时，还提及要保证PX项目顺利进行。当天厦门市主要领导赴福州向福建省领导汇报PX项目进展以及近期在民众中的反应。② 据6月6日的《中国经济时报》证实，福建省委紧急召开会议，并专门对此进行了研讨。由于福建省政府的研究才改变了厦门市政府对民间申诉置之不理的态度。5月30日上午9:30，厦门市常务副市长在厦门市人民政府举行的新闻发布会上宣布将缓建总投资额达108亿元人民币的PX化工项目，强调有必要在原有项目环评基础上扩大环境评估范围，在更大范围内进行区域规划环评，并广泛听取市民的意见和建议。

至此，厦门市政府第一次正面肯定公众的异议，指出“最近一段时间以来，一些学者和市民对海沧PX项目的建设提出了一些看法和建议，舆论也进行了积极的关注，这些都充分体现出大家对厦门这座城市的关心和爱护，体现了对厦门的发展的关心和支持。对此，政府是充分理解和肯定的”③。当天《厦门日报》在一版突出位置刊发消息，称厦门市委书记到海沧区进行专题调研时表示，在权威的规划环评结论出来之前，海沧区有些工作不必太急，可以再等一等、看一看、缓一缓。

---

①② 庞皎明：《厦门PX项目贷款可能造成呆账，是场不对等博弈》，载《中国经济时报》，2007-06-06。

③ 《厦门市政府举行发布会决定缓建PX项目》，见 http://www.xmnn.cn/zt/qtms/xgbd/200712/t20071210_400542.htm，2007-05-30。

然而，厦门公众认为政府缓建声明仅仅是为了平息 6 月 1 日即将游行的一种权宜之策，缓建不等于停建。与此同时，网络上盛传海沧 PX 项目建设工地没有停止施工，公众产生了“被愚弄的感觉”。因此，尽管政府为了防止市民上街，通过手机短信告知市民：“广大市民群众：市政府已经决定暂缓建设 PX 项目。目前项目已经停工，正在进行区域规划环评，环评需要半年以上时间，你们有什么好的意见和建议，请你们通过正常渠道向市政府反映，我们一定将你们的意见和建议转交转达环保专家。”① 但是，从 6 月 1 日上午到 6 月 2 日近万市民佩戴黄色丝带走上街头，聚集在市政府门前“散步”，向政府表达自己的意愿。与此同时，当街头民意发生时，公众利用手机短信、互联网即时通信、门户网站以及其他新闻和信息网站大量发布即时进展状况、图片和视频资料，如网友“北风”及令狐补充利用手机短信和网络，对 6 月 1 日和 6 月 2 日的街头民意在博客上进行了全程的网络现场直播，当这些报道被封锁和删除之前，很快就被其他网站转载。

尽管本地媒体没有报道此次有关抗议活动，却受到国内异地媒体如《南方都市报》《东方早报》《潇湘晨报》《国际在线》和国外媒体的广泛关注。这些国内外媒体的关注迅速在网络上相互传播。仅连岳《外电相关报道》博客所提供的英语媒体就包括：《ABC 新闻》（*ABC News*）、《福克斯新闻》（*FOX News*）、《卫报》（*The Guardian*）、《华盛顿邮报》（*The Washington Post*）、《福布斯》（*Forbes*）、《西雅图邮讯报》（*Seattle Post-Intelligencer*）、《洛杉矶时报》（*Los Angeles Times*）、《商业周刊》（*Business Week*）、《国际先驱论坛报》（*International Herald Tribune*）、《布里斯班时报》（*Brisbane Times*）、《纽约日报》（*Newsday*）、《波士顿环球报》（*The Boston Globe*）、《休斯敦纪事报》（*Houston Chronicle*）、《圣迭戈联合论坛报》（*San Diego Union-Tribune*）、《哥伦布纪事问询报》（*Columbus Ledger-Enquirer*）、《新闻与观察家报》（*News & Observer*）等几十家媒体。②

3. “正常渠道”的恢复

在街头民意发生的当天下午 13:00，厦门市政府通过当地新闻媒体和厦门网向市民发布信息，强调 PX 项目已经停工，正在准备区域规划环

① 《我市各界知名人士纷纷发表看法　表达对市政府缓建海沧 PX 项目的支持》，载《厦门日报》，2007-06-02。

② 参见连岳：《外电相关报道》，见 http://www.bullog.cn/blogs/lianyue/archives/66169.aspx，2007-05-31。

评，欢迎广大市民和海内外朋友通过正常渠道向市政府反映意见；同时公布厦门市人民建议征集办公室增设专用热线电话、传真和电子邮箱①，开通市长专线电话和市长专线邮箱受理市民的建议，且所增设的专用热线电话"2289701"由原本的一号一机扩容成一号双机；延长热线电话时间，由原来的正常上班时间接听改成24小时不间断接听；广开短信和来信渠道，从而正式恢复、启动公众参与机制和人大、政协等正常渠道。这样，经济主义政策偏好与环保主义政策偏好、民意与政府舆论之间有了一个相互博弈的平台。

从6月1日开始，当地媒体《厦门日报》《厦门晚报》和《厦门商报》一改过去对PX项目问题的沉默态度，以封面头条新闻的形式大量报道和发布有关PX项目的信息，大力宣传兴建PX项目的好处，并且及时向公众反馈来自正常渠道所征求意见和建议的进展情况。也是在6月1日当天，政府启用了一直不畅通的地方人大和政协以及其他组织资源，"自上而下地"向民众制造经济发展主义舆论。6月1日当晚，厦门市人大、政协、共青团系统、妇联系统和各界知名人士分别召开座谈会，纷纷发表意见，一致支持市政府暂缓建设海沧PX项目的决定，呼吁市民回到正常渠道反映意见并提出建议，同时当地媒体和厦门网向市民广泛报道此事。② 6月5日，由厦门市科协和厦门日报社合编、华亿传媒设计编排的市民科普读本《PX知多少》近25万册随《厦门日报》一起发行免费赠送给读者，同时市委文明办、市科协等有关部门组织免费派送到市直机关各单位、全市各个区、各大中小学校、各重要旅游景点、旅游酒店、各主要公共场所和各交通口岸。

面对政府强大的舆论攻势，厦门市民通过正常渠道不断向政府反馈。截至6月3日12:00，政府共收到意见和建议157条，至6月4日收到市民意见和建议2 000余条③；至6月13日16:00收到意见和建议2 623条④；6月

① 参见《厦门市人民政府新闻发言稿》，见 http://www.xmnn.cn/xwzx/jrjd/200706/t20070601_221665.htm，2007-06-01。

② 参见 http://www.xmnn.cn/xwzx/jrjd/200706/t20070602_222204.htm；http://www.xmnn.cn/xwzx/jrjd/200706/t20070602_222182.htm；http://www.xmnn.cn/xwzx/jrjj/rdtj/200706/t20070605_224118.htm，2007-06-02。

③ 参见 http://www.xmnn.cn/xwzx/jrjj/rdtj/200706/t20070606_224975.htm，2007-06-06。

④ 参见 http://www.xmnn.cn/xwzx/jrjd/200706/t20070614_233340.htm，2007-06-14。

14 日、15 日政府通过新闻媒体向社会公布民众对海沧 PX 项目的意见和建议后，到 6 月 25 日 16:00 再次收到意见和建议 182 条①。这些意见中包含着经济发展主义政策偏好与环境保护主义偏好之间的交锋与争论，但支持环保主义政策偏好的占大多数。

厦门地方媒体《厦门日报》《厦门晚报》和《厦门商报》一边倒地支持政府经济发展主义政策偏好，强调 PX 项目的重要性、合理性和安全性。持环境保护主义偏好的文章常常在异地媒体得到刊发，如《政府劈叉，百姓散步》（《南方都市报》，6 月 4 日）、《厦门 PX 工地暂停施工命运系于程序是否透明》（《财经》，6 月 4 日）、《环境威胁，内忧甚于“外患”》（《东方早报》，6 月 5 日）、《厦门 PX 项目贷款可能造成呆账，是场不对等博弈》（《中国经济时报》，6 月 6 日）、《PX 上，外企撤》（《联合早报》，6 月 20 日）、《厦门 PX 环评警示》（《财经》，6 月 25 日）等文章都产生了重大影响。

曾经被政府屏蔽的网络和手机短信等新媒体也开始恢复正常。6 月 5 日，讨论 PX 的网络社区——小鱼网也可以登录使用，政府甚至用网络与手机作为收集民意和向市民释疑的渠道。经济发展主义与环境保护主义在网络社区展开了激烈的交锋，在网络中压倒性的都是支持环保主义的，尽管少数支持经济发展主义的网民也表现得十分活跃。

6 月 7 日下午，厦门市政府新闻发言人在厦门市政府新闻发布会上表示，6 月 7 日上午由国家环保总局组织各方专家，就海沧 PX 项目开始对厦门市进行全区域总体规划环评。

2007 年 12 月 5 日，厦门市政府宣布已经完成对海沧南部地区功能定位与空间布局的环评，并在厦门网（www. xmnn. cn）及《厦门商报》和《厦门晚报》上全文发布环评报告简本，公布环评结果为海沧南部空间狭小，区域空间布局存在冲突，厦门市在海沧南部的规划应该在“石化工业区”和“城市次中心”之间确定一个首要的发展方向。同时厦门市政府启动为期 10 天的“公众参与”，再次通过专线电话、电子邮件、信函、手机短信和网络等渠道，向市民征集有关环评报告的意见。

自 12 月 5 日厦门市政府开放对环评报告的民间评估后，本地最大的民间网络社区“小鱼网”与厦门房地产联合网和 QQ 群又活跃起来，它

---

① 参见 http://www. xmnn. cn/xwzx/jrjd/200706/t20070626_241750. htm，2007-06-26。

们成为网民表达环评意见和转载相关科学文献的主要公共领域。同时，市民通过政府提供的电子邮件、专线电话反映意见和建议。从12月5日政府宣布公众参与至12月6日18:00，厦门市政府共接收专线电话691通次，电子邮件1 250封。①

2007年12月7日上午7:30，厦门市政府通过媒体、厦门网和手机短信发布通告，将召开“厦门市重点区域（海沧南部地区）功能定位与空间布局环境影响评价”公众参与座谈会（12月7日上午7:30至9日12:00），接受厦门市民通过网络或拨打专线电话报名。② 截至12月9日中午12:00，网络报名527人，专线电话报名97人，总报名人数为624。因为有人提供的身份证号码属无效号码，所以实际有效报名人数为519。

12月8日晚，厦门市政府官方网站开放了一个公众投票平台：“倾听民声科学决策——厦门市重点区域（海沧南部地区）环评报告网络公众参与”，就“PX项目建设与否”让网民投票。从网友12月9日21:37所做的投票截图来看，短短一天时间投票结果是55 376票反对厦门PX项目，3 078票赞成，投票者中反对PX项目的超过九成；22:44厦门网以技术问题为由突然取消投票，只允许网民发帖表达意见。

12月11日晚，厦门市从519个有效报名人中，公开摇号产生100名参加厦门海沧南部地区环评座谈会的市民代表，并通过电视台现场直播摇号过程。

12月12日，翔鹭集团通过公司网页发表致厦门市民公开信，再次表达PX项目的安全性。

12月13日、14日，厦门市政府连续召开两场有关厦门海沧南部地区PX项目环境影响评价的座谈会（听证会），参与者包括100名普通市民代表和100名市区两级人大代表和政协委员。③ 环境保护主义者第一次获得与经济发展主义者平等、公开的辩论机会。在这两天的听证会上，公众意见均一边倒地反对PX项目。座谈会期间，中国环境科学院收到3 000多封电子邮件、2 000多个电话及10多封信件 。④

---

①② 参见《公众参与环评座谈会今起报名　市民文明理智建言》，见 http://www.xmnn.cn/dysj/200712/t20071207_397723.htm，2007-12-07。

③ 笔者通过手机报名方式以厦门市政协委员代表身份参加2007年12月14日的座谈会。

④ 参见朱竞若等：《厦门PX项目　续建、停建还是迁建?》，载《人民日报》，2007-12-19。

实际上，从12月5日到12月15日为期10天的公众参与中，中国环境科学院共收到厦门市城市总体规划环境影响评价领导小组办公室转交的公众建议、意见6 100余件。其中电子邮件3 720余封；电话记录2 380余条；市民来函47件，6件联署签名（2 491人）。在这些建议中九成以上反对PX项目。①

公众座谈会结束后，分管PX项目环评工作的副市长和厦门市主要官员赴福州市汇报工作。12月15日下午，福建省委所有常委都参加了福建省政府召开的专项会议，研究厦门PX项目问题，最终福建省政府和厦门市政府决定顺从民意，停止在厦门海沧区兴建PX项目，并将预选地设在漳州市东山湾北岸的漳浦县古雷半岛。

（三）结论

厦门公众PX项目环保参与过程反映了近年来我国公众环保参与的基本情况。在GDP为导向的官员升迁激励体制下，当地政府总是把经济发展作为优先目标，特别是经济发展与环境保护发生矛盾时，政府总是优先支持经济发展，这种情况有两种表现形态：地方政府在执行已有的企业排污达标方面总是不力，默许、纵容和保护企业，忽视和压制居民的环保诉求；对于新建项目，即使它对当地环境产生重大风险，也会得到地方政府的支持，并且常常绕过正常的法定决策程序。从厦门公众的环保参与过程来看，我们可以得出以下几个方面的初步结论：

第一，民间环保参与的间接与直接原因。民间环保参与的间接原因一方面是经济发展与环境保护之间的矛盾，同时我国民间社会有了一定程度的发展，个人权利意识在不断增加；更为重要的是，环保主义也受到新兴科学发展观这一个国家意识形态的支持。

民间环保参与的直接原因在于，一方面地方政府的决策过程缺少民主决策程序。作为法定的权力机关，地方人民代表大会有权决定重大事项，可是，在有关影响公众生命财产的重大项目决策问题上，地方人民代表大会被排斥在决策过程之外，由政府自行决定；另一方面，由于地方政府的权力过于集中，地方政府可以控制包括地方环保部门和地方媒体，因此，正常的体制内的纠错机制和监督功能无法正常发挥；更为重

① 参见《中国环境科学院回复厦门PX项目公众意见》，见中国新闻网，2007-12-19。

要的是，当地民众在地方产业政策的知情权、监督权、参与权方面缺乏保障，民众与政府之间的正常沟通渠道因被当地政府严格控制而失效。

第二，“非正常渠道”与“正常渠道”的替代性。当公众与政府发生分歧时，公众首先会在现有制度框架内，通过“正常渠道”来解决分歧。如果“正常渠道”功能良好，政府能及时回应民意，居民的环保要求和经济发展要求就会在一个新的利益平衡点上发生均衡。当“正常渠道”被当地政府过度控制，无法发挥政府与民众的沟通功能时，民众可能就要寻求或创新一个不容易被官方控制的替代性渠道，即官方认为的“非正常渠道”。因此，“非正常渠道”与“正常渠道”之间是一种替代性关系。

实际上，起初，有关厦门 PX 项目的公众意愿一直没有得到政府应有的回应。这本来是涉及公众利益的公共问题，却不能在公共领域中得到正常讨论。当正常表达民意的渠道被政府高度控制时，手机短信和互联网被创新为一种公共领域。当网络公共领域频频受到干扰时，被压制的网络民意最后演化为街头民意，从而获得公共议题地位。此时，厦门市政府恢复和开启民意“正常渠道”，从而为民间与政府、政府自上而下的舆论动员与民间自下而上的舆论动员、环境保护主义与经济发展主义提供了一个体制内的博弈平台，从而为政府与民间之间的政策学习提供了条件。

第三，地方善治离不开政府与民间的良性互动。作为一种社会治理能力，地方政府的善治本质上不同于传统的统治和社会管理；相反，地方政府的善治能力主要是政府对民间和公众有序参与的接纳能力、政府与公众之间对话能力，以及政府决策过程中公众议题的开放性。厦门公众 PX 项目环保参与之所以取得成功，除了厦门公众所具有的参与理性外，另一个关键性因素还在于厦门地方政府的开明和包容。当意识到传统的管制民意方式给社会治理带来种种困境时，厦门市政府能畅通所有与公众的沟通渠道。政府不仅与公众在公共领域展开政策对话，而且政府也为不同的政策偏好的民众之间的对话和辩论提供一个公共平台。也正是由于政府与公众的充分沟通与互动，最终政府顺应大多数公众的意愿，从而达成由公众参与政府决策的善治。

总之，地方政府的善治不仅体现了地方政府的社会风险防御能力、社会危机管理能力，更体现了地方政府的治理能力。

第七章

可持续发展的公众环保参与
——以加拿大安大略省伦敦市环保为例

［加］卡罗尔·阿戈克斯　凯特·格雷厄姆（余章宝　严宇　译）

一、引论

2008 年 11 月 12 日晚，安大略省伦敦市的一群邻里朋友参加了本地的环保协商会。在这个环保协商会上，伦敦市政府有关人员向他们介绍了即将在斯托尼溪（Stoney Creek）附近开展的一个水土流失控制工程。参与这次会议的就是当地闻名的环保组织“斯托尼溪环境之友”（Friends of Stoney Creek）。在过去 20 年中，他们因为共同关注斯托尼溪及其周边的生态环境而经常聚集在一起。

早在 20 世纪 90 年代初，“斯托尼溪环境之友”就注意到这条小溪及其周边的生态环境发生了巨大变化。1993 年，伦敦城市合并将城区边界扩大到斯托尼溪南端及其周边，因此这片区域很快便成了住宅开发商垂涎的地方。“斯托尼溪环境之友”一直致力于保护斯托尼溪，以免其自然环境遭受种种破坏的威胁，这些威胁包括森林覆盖率降低、泥土淤积、化学药品及其残留物对植被和动物物种造成危害，以及溪流河岸和河道受到侵蚀等。由于安大略省要求建设暴雨管理设施以控制斯托尼溪的洪灾、水土流失以及水质问题，因而有关斯托尼溪开发区（Stoney Creek Development Area）的开发于 2004 年暂时被冻结了。[①] 然而，伦敦地方政府迫于开发商急于开发该地区的压力，在开发商满足市政府有关环境标准以及有利于未来发展的前提下，政府又允许它们开始开展一系列的

① “Fanshawe Ridge Subdivision Phase II Proposed Storm/Drainage and Stormwater Management Servicing Works, Stoney Creek Servicing Area,” Report to the Planning Committee Meeting, City of London, 2007-09-24。

工程。实际上，有关斯托尼溪水土流失控制和修复的治理工程是由伦敦市政府发起的，该工程既是为了应对斯托尼溪地区暴雨日渐增加的问题，也是回应联邦渔业与海洋部（Federal Department of Fisheries and Oceans）先前对斯托尼溪沿岸鱼类栖息地进行生态修复的要求。

然而，令斯托尼溪周边居民沮丧的是，他们发现当这项治理工程动工时，承包商不分青红皂白地砍伐成龄树木并清除其他植被，而这都是鸟类和其他动物赖以生存的栖息地。“斯托尼溪环境之友”因为“他们所爱护的环境遭到破坏感到震惊和不安”①。毕竟，这是他们花费了数年才培植出来的树林和灌木丛。尽管在 11 月 12 日的环保协商会中，市政官员曾与“斯托尼溪环境之友”“协商”过这项工程，可是，有关要砍伐树木的事却只字未提。不仅如此，“市环保工程服务处”（Environmental Services Engineer of City）在给斯托尼溪周边房屋户主的信件（截至 2008 年 11 月 25 日）中还承诺，“已经并且将会继续采取重要措施保护树木”②。这项工程是经多个政府机构批准，由于各机构的职能不同，并且有各自的特殊利益，因此没有一个机构对此工程负有完全的责任和权威。更为复杂的是，这项工程的资金是由市政当局和私人开发商共同承担，因此可能会出现政府财政收益与环境保护相冲突。为保护斯托尼溪的环境，“斯托尼溪环境之友”不得不与这令人望而生畏而又盘根错节的权力网络进行抗争，并且这样的抗争已经不是第一次了。

本章旨在研究这些关心当地自然环境的环保组织能否有效地参与环境政策过程并进而影响政策结果。近期，加拿大研究者在审议民主（Deliberative Democracy）框架下探讨了环境公民权概念和公众环保参与理论之间的联系，并指出地方环境议题的斗争通常就是争取环境公民权和参与地方环境治理的斗争。这些斗争都是发生在复杂的权力关系背景下。实际上，政府发起环保咨询时即使邀请市民参与环保监管，开发商和地方政府的利益还是主导着有关环境问题及其解决方案。当公众参与地方环保，环保问题就必然变成具有政治性而不仅仅是一个纯粹的技术性或

---

① “Stoney Creek Erosion Project,” E-mail from Friends of Stoney Creek member to City of London Environmental and Engineering Services Department staff representative, 2009-01-11.

② “City of London Project: Erosion Control Remediation for the Stoney Creek System-Parts 1 and 2,” Letter from City of London Environmental Services Engineer to Residents and Homeowners, 2008-11-25.

行政性问题，因为他们提出了权力议题、公民知情权以及他们在社区环境决策中的参与权问题。

本书中，在有关中国公众环保参与的研究方面，余章宝提出了中产阶级地方环保参与的两种模式："体制化参与模式"（institutional mode）和"非体制化参与模式"（non-institutional mode）。这种区分对于有关地方环保方面的研究很有帮助。① 所谓"体制化参与模式"或"正常渠道"是指公众运用政府所认可的途径向政府提出和反映他们所关心的问题。虽然这种"正常渠道"为公众参与政府的决策过程提供了一个制度化的途径，然而，它同时又可能限制了公众的环保参与。所谓"非体制化参与模式"或"非正常渠道"是指没有得到政府认可（正式的或非正式的）而试图介入政策过程的各种方式，这种环保参与方式取决于地方政府的容忍度。例如，草根非政府组织进行的环保倡导和环境抗议属于"非体制化参与模式"。应该指出的是，人们在使用"非体制化参与模式"时，会面临公众参与合法性和公众参与广泛性之间的权衡问题。

拉佛雷丝和菲利普斯指出，近年来由政府发起的让公众参与环保协商的机会确实大大增加了，然而，"这种公众参与在多大程度上能增加公众的政策影响力仍然是个问号"②。我们的案例研究的重点是对政府所提供的"体制化环保参与"与公众环保倡导和抗议的"非体制化环保参与"（也是公众与政府互动方式）的政策功效进行对比，从而对公众与政府这两种互动方式的政策影响力进行评判。在这一研究过程中，我们既立足于"斯托尼溪环境之友"的经验，同时也会广泛地涉及有关环保参与的制度框架，以及与市政府相关的参与文化与环保参与条件。我们也关注活跃在伦敦地区的多个环保组织的经验，从而更好地理解公众对个人和社区进行环保动员的效果与维度。最后，我们还要对政府与公众之间有关"协商"与"伙伴"关系的制度安排的优势和局限性进行研究。我们将在更宽的视野里分析公众

① Zhangbao Yu, "The Role of Middle Class Mobilization for Environmental Protection at the Local Level in China," paper presented at Conference on Citizen Participation, Xiamen University, China, 2009.

② Rachel Laforest, Susan Phillips, "Citizen Engagement: Rewiring the Policy Process," chapter 4 in Michael Orsini and Miriam Smith, eds., *Critical Policy Studies*, Vancouver: UBC Press, 2007, p. 78.

的政策实际影响力，以及他们与不同政府机构打交道时要面临的种种权力关系。

二、研究背景

伦敦市位于加拿大安大略省西南部，人口将近 37 万。伦敦市是安大略省的第四大直辖市（Single-tier municipality）。在这片富饶的乡村和众多的小城镇中，伦敦市扮演着城市中枢的角色。伦敦城建在泰晤士河（Thames River）的岔口。泰晤士河是加拿大的自然遗产，它流经伦敦城西边约 300 公里的区域。①

伦敦市历来被视为保守的中产阶级商业社区②，从 20 世纪 60 年代起，伦敦市通过合并周边地区而发展起来。这使得伦敦市能保持直辖市地位从而没有变成郡（Regional municipality）。③ 伦敦市最近一次最大规模城市扩容发生在 20 世纪 90 年代。1988 年，伦敦市向安大略省市政事务部长（Minister of Municipal Affairs）申请，将 401 公路主干线附近的 2 800 公顷地区合并过来，因为这片土地具有重要的地理区位优势。两年后，省政府委派仲裁员对这份申请进行重新审核并提出了可操作性的建议，该仲裁建议指出：为了“对伦敦市未来进行更合理地规划”④，伦敦市确实需要增加城区面积。安大略省市政事务部长很清楚，伦敦城区扩容是省政府经济复苏战略中不可或缺的部分，因为城区扩容与经济复苏战略有着密切的联系。⑤ 此外，该仲裁还针对伦敦市的环境管理工作提出了特别的要求：

---

① Canadian Heritage Rivers Systems website：www. chrs. ca.

② Paul Paolatto，“London's Next Economy，” Report prepared for The City of London，The London Economic Development Corporation，The Techalliance of Southwestern Ontario，and The Stiller Centre for Biotechnology Commercialization，2005.

③ Andrew Sancton，“Negotiating，Arbitrating，Legislating：Where was the Public in London's Boundary Adjustment?” in K. A. Graham，S. D. Phillips，eds.，*Citizen Engagement：Lessons in Participation from Local Government*，Toronto：Institute of Public Administration of Canada，1998，pp. 163－187.

④ John Brant，“Co-opportunity：Success through Co-operative Independence，” Report of the Greater London Arbitrator to the Minister of Municipal Affairs，1992.

⑤ Andrew Sancton，“Governing Canada's City-Regions，” Montreal：Institute for Research on Public Policy，1994，p. 28.

> 伦敦市有责任保护自然环境，而且它也遇到一个千载难逢的特殊机会。因为作为新计划的一部分，伦敦市要在新地区挑出那些环境较脆弱区域并为其提供保护。此外，随着伦敦市区的扩大，为野生动植物和人类活动提供多条绿色地带和自然走廊就变得至关重要，因此，伦敦市必须划出大片的自然通道加以保护。①

有关伦敦城市扩容的决定于1993年1月1日通过立法生效。伦敦市通过合并附近城镇、村庄和工农业用地，市区面积增加了将近三倍。根据省政府的立法要求，伦敦市的土地合并完成后，伦敦市在整合公众意见和大量的技术研究基础上要通过一项新的“环境官方规划”（official plan）以及一项泰晤士河子流域环保规划。为了落实这一有关城市未来的发展规划，市议会和政府着手制定了一个长期的“综合方案，并吸收广泛的社区参与”②。对伦敦市来说，这是个具有里程碑意义的方案，因为它远远超越了省政府立法要求的那种常规的规划过程。正如该方案名称“96环保共同愿景”（Vision 96）所表明的那样，它是一个具高度协商性质的规划，因为它是一个获得了社区支持的长期性愿景。③

在伦敦市“96环保共同愿景”的制定过程中，5 000多名市民参与了这一规划过程。④ 政府为公众广泛参与提供了各种公共论坛，包括多场大型会议、各种电话民调、深入当地学校进行访谈以及在当地报纸进行各种问卷调查，其中，小型讨论会就超过1 500场次。公众参与的邀请信由当地纸质媒体和有线电视向全市公开。⑤ 因为有些议员提出公众参与成本问题，市议会一度对公众参与表现出一种犹豫不决的态度。就总体而言，政治领导层和行政领导层都鼓励规划过程的公众参与。1994—1996年，市议会通过“96环保共同愿景”决策程序共批准了六项规划，它们分别为：战略性规划、社区服务规划、经济发展规划、环境规划、基础设施建设规划以及有关土地使用和开发的“环境官方规划”，最后这项是唯一具有法律效力的规划。

这项“环境官方规划”整合了公众意见与大量的技术研究的专业建

① John Brant, “Co-opportunity: Success through Co-operative Independence,” Report of the Greater London Arbitrator to the Minister of Municipal Affairs, 1992, p. 14.

②③④⑤ Carol Agocs, “Vision London Case Study,” Prepared for the Local Government Program at the University of Western Ontario, 2007.

议。该规划为了对泰晤士河的支流进行调查，对 13 项有关泰晤士河子流域展开了详尽的研究，从而“以‘环境官方规划’以及即将制定的后续环境规划作为环保的基础”①。有关泰晤士河子流域研究是受伦敦市和泰晤士河上游环保局（Upper Thames River Conservation Authority）的共同委托，目的是为了鉴别当地重要的自然特性，从而在土地开发战略实施过程中能够“保持和加强这些重要自然特性”②。

泰晤士河上游环保局是省政府成立的一个相对独立的地方性权威机构，它负责保护泰晤士河上游 3 000 多平方公里流域的生态环境。在泰晤士河上游环保局管辖范围内的 17 个市中，它与伦敦市的合作关系特别紧密。因为在这 17 个城市中，伦敦的城区面积最大，同时城市化程度也最高。泰晤士河上游环保局负责监控辖区内的 28 条子流域的环境质量，并针对所有子流域发布年度监测报告，对辖区内的重要自然特性、水质评估和环境信息进行详细的分析。③

在过去的数十年里，泰晤士河上游环保局运用“以社区支持为基础的环保策略”（Community-based Strategy）去监控和恢复泰晤士河子流域的生态环境。并且，上游环保局的工作大多得到当地各种“环境之友”环保组织的支持并由它们去实施。据上游环保局的社区和企业服务协调员称，这种“以社区支持为基础的环保策略”就是把环境科学的专业知识与地方经验性知识以及本地居民的看法有机地结合起来。

这些活跃在伦敦市的环保组织，其数量也是随时间的变化而变化的，有些因为难以维系而消失，有的则刚刚成立。这些地方环保组织都是由当地关心环保的居民组成，他们定期或不定期地参加“社区合作伙伴专家委员会”（Community Partnership Specialist）领导的非正式会议。该专家委员会成员来自泰晤士河上游环保局，其目的是为促进地方环保组织活动而提供各种资源支持，主要包括资金的管理和划拨。这些地方环保组织成员大多数是附近的退休居民（根据未公布的数据）。这些地方环保组织起着“地方环保咨询委员会”的作用，即为环保组织发展方向界定目标并实施有关环保活动。

对于上游环保局而言，这种“以社区支持为基础的环保策略”就是

①② “Stoney Creek Subwatershed Study,” Paragon Engineering Limited Consulting Engineers, Report to the City of London and the Upper Thames Conservation Authority, 1995.

③ http://www. thamesriver. on. ca/Downloads/downloads _ publications. htm # Brochures/Factsheets.

鼓励当地环保组织参与到环保活动中来。实际上，这一策略有诸多好处。在一次访谈中，一位上游环保局的“社区合作伙伴专家委员会”成员承认，这些环保组织对上游环保局的筹款工作十分有利。“当某个环保组织在某地顺利运作时，我们就会把我们的项目集中在该地区，从而有目标地为该项目吸引资金”。这些环保组织也能吸引公众参与到当地的社区和环境活动中来。“某个环保组织被动员起来时，某环保议题将被提到重要位置，这既会吸引更多的人关心并爱护自己的社区环境，也会引起更多的人关注上游环保局的其他环保项目”①。实际上，上游环保局的许多项目，如植树节和清洁节等所需要的劳动是由学校、男女童子军及其他志愿者去承担的，而这些志愿者是上游环保局通过“建设生态社区”（Communities for Nature）项目招募来的。②

三、研究方法

本章通过文献分析、访谈和参与式观察方法对这些地方环保组织的经验和观点进行研究。实际上，笔者已积极参与“斯托尼溪环境之友”活动约15年。我们对地方环保组织案例的研究得益于多罗茜·史密斯（Dorthy Smith）及其同事的制度民族志方法（institutional ethnography）。由于该方法把主体性和反思性（subjectivity and reflexivity）很好地结合到公众参与的经验分析中，从而为我们的研究提供了一个强有力的分析框架。③

从公众的角度来看，公众参与就是公众与政府互动的经验积累和学习过程，该过程是在不同价值观和利益之间相互竞争的权力关系背景下展开的。尤其重要的是，公众参与环境政策过程的经验让他们体验到了史密斯所说的“统治关系网”（relations of ruling）的存在。这种统治关

① 根据未公布的信息。

② http://www.thamesriver.on.ca/watershed_projects/stoney_creek.htm.

③ Dorothy E. Smith, ed., *Institutional Ethnography as Practice*, Toronto: Rowman and Littlefield, 2006; Dorothy E. Smith, *Institutional Ethnography: A Sociology for People*, Lanham, MD: AltaMira Press, 2005; Susan M. Turner, "Rendering the Site Developable: Texts and Local Government Decision Making in Land Use Planning," in Marie Campbell and Ann Manicom, eds., *Knowledge, Experience, and Ruling Relations*, Toronto: University of Toronto Press, 1995, pp. 234-248.

系网是一种隐蔽的结构，它是通过合法权利实施行政上和政治上的协调控制体系。在本案例的土地使用和环境议题方面，这种统治关系网把本地社区所发生的地方性政策过程与省级和联邦的跨地方政策过程联系起来。

应该强调的是，制度民族志研究方法并不是从代表性的对象访谈中得出一般性结论，而是运用文本、参与式观察和对知情者进行正式或非正式的访谈作为信息源，从而进一步弄清楚行政管理和治理过程是如何运作的，同时还要弄清这些参与者对这一过程的感知是什么样的。制度民族志研究方法还常常涉及对这些制度过程进行图表分析，从而帮助我们厘清对周边社会与政治世界所作的观察。虽然图表分析可以揭示出行政管理与治理过程中的一些重要行为、文本和决策的意义，然而，有许多方面依然无法揭示也是无法解释的。德沃尔特和麦克伊指出："制度民族志研究者们通常具有批判性和解放性的目标；他们所做的研究是为了揭示从属感形成的意识形态和社会过程。"① 这种研究过程和研究结果有助于增加参与者权力感，"因为它能产生用于指导复杂的统治机器运行的制度谱系图（institutional map）"②。

制度民族志研究方法的最重要方面就是研究有关专业知识的生产、使用和控制，特别是已形成的文本。正如坎贝尔和马尼康所观察到的："统治不仅要依赖专业知识，而且统治的一个重要任务就是以有利于统治的方式去组织、产生知识。"③ 公众试图影响政策及其实施时所面临的重要困境，就是专家在权力关系背景下为公共组织所提供的专业知识。在这种情况下，某个特定空间环境完整性的价值被建构成各种规则应用的技术性问题。在这个过程中，一个具有生物多样性而又独特的自然环境变成一段文本和地图标志，从而被抽象成行政管理的一个文件，而不是一个与人们生活息息相关的自然，即具有美丽的风景、美妙的天籁之声和芬芳气息的自然环境。显然，作为对抽象文本的环境认知与作为人们生活体验的环境的认知存在着巨大反差。这种专业权威视角（如政府官员与开发商）与公众的生活视角的差异常常被忽视了，然而，公众与专业权威之间的许多冲突都是由于这种视角的差

---

①② Marjorie DeVault, Liza McCoy, "Institutional Ethnography: Using Interviews to Investigate Ruling Relations," in Smith, ed., 2006, p. 19.

③ Marie Campbell, Ann Manicom, eds., *Knowledge, Experience, and Ruling Relations*, Toronto: University of Toronto Press, 2008, op. cit, p. 9

异引起的。

四、伦敦地方环保组织概况

我们对伦敦地方环保组织案例研究分为两部分。首先，我们概述七个环保组织的发展历程，从而了解它们各自的环保参与重心，并进一步弄清楚它们如何并且在多大程度上能够影响环境和土地使用的政策。其次，我们将深入分析“斯托尼溪环境之友”所参与的那些具有政治性的环保事件。目前，伦敦市辖区内活跃着许多环保组织。它们各自拥有环保权限，分别负责不同地区和不同环境生态的管理工作。它们除了这些一般意义的共同点外，它们的工作重点、组织规模和组织结构存在显著差异。大部分环保组织的规模较小，成员一般在十人以下，而且在资金支持上都依赖泰晤士河上游环保局资金。它们主要从事动员和组织社区居民参与种植本地树林和灌木、清理斯托尼溪河道及其周边垃圾，或者进行社区环保意识的教育等活动。当然，这些活动都与上游环保局环保目标保持着高度的一致。除上述这类环保组织外，伦敦还有两个独特的环保组织：“科夫斯湾环境之友”（Friends of the Coves）和“梅多利森林环境之友”（Friends of Meadowlily Woods）。这两个环保组织既没有得到泰晤士河上游环保局的资助，也没得到其他政府机构的资助，可以说它们是公众为了共同利益而自我组织起来的一个草根环保组织。“科夫斯湾环境之友”以其庞大的成员数量和极高的组织程度而闻名，它曾一度获得伦敦市的资金支持，有两个付薪的全职工作人员，并获得非营利慈善组织的地位。“科夫斯湾环境之友”获得过参与泰晤士河子流域项目所需要的资金，这个雄心勃勃的环保项目受到多级政府公众委员会的监督。

“梅多利森林环境之友”与众不同的原因在于它是一个纯粹的公众志愿者联合起来的环保组织，并且它的主要使命是在阻止梅多利森林区一个大型商业大卖场项目的开发。尽管它是一个新成立的环保组织，却已取得了具有重大政治意义的成功。目前，伦敦市即将出台的“梅多利森林重点保护区域”项目就是吸收了该环保组织的建议。

在表 7—1 中，我们简要概括了这些“环境之友”环保组织的特征。

表 7—1　　伦敦地区“环境之友”环保组织情况

名称	成立年份	仍在运作	组织规模	受上游环保局资助	法人组织
科夫斯湾环境之友	2000	是	大型	否	是
丁曼溪环境之友 Friends of Dingman Creek	2001	是	小型	是	否
梅多利森林环境之友	2007	是	小型	否	是
梅德韦溪环境之友 Friends of Medway Creek	2008	是	小型	是	否
奥克斯保溪环境之友 Friends of Oxbow Creek	2003	是	小型	是	否
斯托尼溪环境之友	1992	是	小型	是	否
特鲁特溪环境之友 Friends of Trout Creek	2009	是	小型	是	否

正如上表所示，大部分环保组织是非法人组织，规模较小。由于它们受到泰晤士河上游环保局的资助，因此只有符合上游环保局的“以社区支持为基础的环保策略”的要求它们才能赢得资助。历史较久的环保组织如“斯托尼溪环境之友”、“丁曼溪环境之友”则是因当地居民共同诉求而成立起来的环保组织。例如，成员联系比较紧密的兰贝斯（Lambeth）社区现在已经成为伦敦市的一部分，社区成员因为担心伦敦城市扩容会削弱他们对本社区的认同和政策影响力以及担心生活成本过高等原因，曾极力反对被伦敦市合并。“丁曼溪环境之友”是因为当地居民担心城市化发展会造成丁曼溪周边环境退化与森林覆盖率降低而成立起来的环保组织。不过，在 2001 年“丁曼溪环境之友”成立过程中，泰晤士河上游环保局给予了很大的协助，最近的两个环保组织都是由上游环保局发起而成立的。2007 年，泰晤士河上游环保局获得 12 000 美元拨款用于梅德韦溪子流域保护，因此，上游环保局发起“以社区支持为基础的环保策略”来实施这个项目。由于该地区被鉴定为面临十分严重的环境安全挑战，因此才追加这笔资金。上游环保局召集了周边城市代表、省政府相关部长以及当地大学专家组成了一个“技术顾问委员会”（Technical Advisory Committee），该“技术顾问委员会”为梅德韦溪子流域环保战略的制定奠定了基础。几个月后，上游环保局和“技术顾问委员会”在当地一个初级中学内举行了一场公众参与的环保通报会，邀请有兴趣的居民参与了

解该溪流的环境情况。该通报会结束后，上游环保局将前来参与的公众分成若干个讨论小组，从而了解他们对该流域最关注的议题。总共有 60 人参加了此次会议，后来有 13 名与会者决定加入“当地顾问委员会”（Local Advisory Committee），这就是“梅德韦溪环境之友”的来历。①

最近，泰晤士河上游环保局接受了来自安大略延龄草基金会（Ontario Trillium Foundation）用于特鲁特溪子流域以及其他区域环境保护和生态恢复的拨款，这也是通过“以社区支持为基础的环保策略”来实施的。2008 年 12 月，环保局举办的首次社区环境通报会就吸引了 40 位居民前来观看有关该流域的环境信息展示。通报会结束后，环保局又对前来的居民进行分组讨论，并让他们填写《社区价值理念评估调查表》（Community Values Assessment Survey），从而为“特鲁特溪环境之友”的组织理念提供参考。②

根据余章宝的分类，伦敦市大部分环保组织基本上能被定义为体制化的组织，因为它们得到来自政府组织的支持与帮助。它们在政府制度框架内运作，并且其活动也与政府的政策目标保持高度一致。这就会对这些环保组织的环保参与形成很大的约束，从而使它们很难逾越环保局的授权与利益去参与那些政治性的环保活动。当然，“丁曼溪环境之友”和“斯托尼溪环境之友”这两个环保组织参与保护环境免受经济发展影响的行动属于政治性的环保活动。在 21 世纪最初几年的有关林地保护与经济发展的冲突中，“丁曼溪环境之友”与土地开发商主导的安大略省市政委员会（Ontario Municipal Board）展开了斗争。“丁曼溪环境之友”试图要挑战伦敦“环境官方规划”对林地所作的划分，然而，它最终以失败、气愤，进而冷漠告终。一位公众领袖对此是这样评价的：“最终，该案件在法院进行判决时，它与民主、金钱和知识都没有关系，仅仅与权力有关，而开发商有权力的支持”。一篇有关这次“丁曼溪环境之友”失败的报道也表达了类似的情绪：“当你像‘丁曼溪环境之友’这样越深入地参与环保时，你就越会发现难以起作用。”③“丁曼溪环境之友”所涉及的是关于丁曼溪流域开发问题，它在与复杂而有权势的官方机构打交道

① “Community-Based Watershed Strategy Project in the Medway Creek Watershed: A Final Project Evaluation to the London Community Foundation,” Upper Thames Conservation Authority, 2008-12-01, p. 4.

② http://www.thamesriver.on.ca/Watershed_Projects/trout_creek.htm.

③ Randy Richmond, “Tributary Troubles,” *London Free Press*, 2008-10-08.

中最终遭遇到挫败，这一挫败最终导致了“丁曼溪环境之友”的解散。一位受访者说：“你刚与孩子一起植完树回家时，却发现开发商正在用推土机推倒成片的树木！”① “斯托尼溪环境之友”从事政治性环保参与，成败皆有，下文将深入分析该案例。

这样的挑战并不只是小型的环保组织才会遇到，像“科夫斯湾环境之友”这样的大型环保组织，尽管它并没有接受泰晤士河上游环保局的资助，然而在政治性的环保参与过程中它也会面临相似的问题。20 世纪 90 年代后期，一群关心环境的公众敦促伦敦市与上游环保局一项子流域项目像其他项目一样通过“96 环保共同愿景”决策程序对该地区环境状况进行评估研究。尽管有一片地区的树木被认定为“省级稀有植物”(provincially rare)，可是由于该土地为私人所有，伦敦市并未将该地区认定为“环境重点保护区”(Environmentally Significant Area，ESA)②，泰晤士河上游环保局也没有进行相应的监督与管理工作。当地公众对伦敦市政府的措施不满，于是他们注册了一个法人组织“科夫斯湾环境之友子流域有限公司”。这是一个非营利性慈善组织，该组织成立不久后，“科夫斯湾环境之友”就获得了安大略省延龄草基金会的150 000美元分 2 年的拨款，以进行为期 4 年关于该流域水文、野生动物、文化、考古和历史遗迹的调查。③ 2004 年 6 月，他们向上游环保局和伦敦市提交了一份名为《科夫斯湾子流域规划》(Coves Subwatershed Plan) 的研究报告，该报告要求其能被授权成为伦敦市“环境官方规划”的一个指导性纲领。④ 为执行“科夫斯湾子流域规划”提出的各种意见⑤，第二年伦敦市议会就成立了“科夫斯湾子流域计划执行委员会”(Coves Subwatershed Implementation Committee)。该委员会由来自市政部门、泰晤士河上游环保局、省环保部和公众代表组成。在近十年的运作过程中，“科夫斯湾环境之友”发展成为伦敦市规模最大的环保组织。仅仅几年时间，该法人组织就成为当地最受认可的环保组织，它拥有两名全职工作人员，其成

---

① 根据未公布的信息。

② 伦敦市目前有 16 个自然地区被官方定义为环境重点保护区域。

③ “The Ontario Trillium Foundation Annual Report 2001/2002,” Report to the Minister of Culture，2002-11-07，p. 58.

④ “Coves Subwatershed Plan Guideline Document：Public Participation Meeting,” Report to the Environment and Transportation Committee，2005-02-28.

⑤ “Business Plan for the Coves Subwatershed Implementation Priorities 2006,” Prepared by the Coves Subwatershed Implementation Committee，2005-11-08.

员超过100人。尽管“科夫斯湾环境之友”没沿袭那种接受上游环保局支持的运作模式，然而，在所有环保组织中，它参与政策过程的方式是体制化程度最高的。除了它是正式法人组织结构外，在执行子流域项目过程中它还要受到来自多层政府委员会的监督，因此，其成员的政治性参与能力被大大地限制了。一位与该组织合作的人评论说，“科夫斯湾环境之友”需要向伦敦市议会报告它们的活动情况才能获得市政府的年度资金，它与政府之间这种特殊的关系使得它无法从事那种政策倡导的政治性参与。他说：“我们无法提出警告，但如果我们可以，也许我们会做得更有效……我有时认为，如果我们仅仅作为投诉的公众，也许事情反而解决得更快些。”在最近几个月中，“科夫斯湾环境之友”已经没有资源继续雇用付薪职员，这也许更进一步限制了该组织的环保参与能力。

从我们对这七个环保组织经历的简要介绍中就可以看出，体制化的环保参与渠道会限制公众政治性参与以及环境政策的影响力。然而，我们确实遇到过个别环保组织采取不同的环保参与方式的案例，这就是“梅多利森林环境之友”。“梅多利森林环境之友”成立于2007年。当时伦敦最大的“环境重点保护区”附近居民接到一份有关区域功能变更的通知，这是由沃尔玛（Wal-Mart）和斯马特购物中心（Smart Centre）提出的大型商业开发建议，就是说要在这个“环境重点保护区”附近建一个大卖场。当地居民通过各种方式发起了一场声势浩大的环保运动来抗议这个开发项目，包括在环保网站和各社交媒体进行披露和宣传、寻求其他环保组织的支持以及组织各种环保集会等。有一场在当地教堂举行的会议甚至吸引了伦敦市市长以个人身份参加，因为该市长从小就是在这儿长大的。这场环保运动还获得了当地一名左翼议员的支持，他也吸引和召集了更多的环保志愿者和支持者参与。大概有数百名居民参加了那场区域功能变更的法定听证会，许多人穿了印着“梅多利森林环境之友”标志、颜色醒目的T恤衫，这成为当地广为人知的故事。① 最后，“伦敦规划委员会”（London's Planning Committee）和市议会暂停了这项区域功能变更计划，决定对该区域的生态环境进行进一步的研究，并对这个开发项目的环境影响进行环境评估。伦敦市这次没有像以往那样让

① Jonathan Sher, “Residents Battling Wal-Mart Win Round,” *London Free Press*, 2008-10-02.

开发商使用自己的专家顾问以及项目支持者来参与环评，相反，市议会决定让市政府使用独立的专家进行环评，从而制定出适合该地区全面发展的研究报告。[①] 至今，沃尔玛开发项目一直未能前进半步。“梅多利森林环境之友”案例为当地环保组织起到一个示范作用，从而激励许多环保组织参与伦敦市的环保政策过程。它们要求环评不能由开发商主导，而是由市政府主导，这样可以扩大公众参与的范围。“梅多利森林环境之友”在当地的名气日盛，定期地接受媒体采访，并在全市包括在市政府大厅进行有关环保信息的巡展。尽管“梅多利森林环境之友”曾与泰晤士河上游环保局接触进而寻求它的支持，可是环保局只给它写了一封关于开发对环境潜在影响的信件，并以“不想参与其中”[②] 加以回绝。如果将“梅多利森林环境之友”与上述其他环保组织相比，显然，它在影响政策结果方面更加成功。“梅多利森林环境之友”是唯一通过非体制化渠道（余章宝所说的“非正常渠道”）进行环保参与的“草根”环保组织。显而易见，它的环保参与有着自己的策略优势，例如，它不仅可以旗帜鲜明地表达它的政治性支持，也可以通过制造某个焦点事件来表达反抗以结果为导向的强制性规定。遗憾的是，“梅多利森林环境之友”在 2010 年最终成为法人公司，因此它能否真正被看成能影响政策结果的非体制化的公民参与之典范，目前还不太清楚。

五、“斯托尼溪环境之友”：体制内长征[③]

如前所述，大部分环保组织采取了体制化环保参与机制，然而这种参与渠道却束缚了它们的政策影响力和环境治理参与能力。接下来，我们将对“斯托尼溪环境之友”进行深度的案例分析，从而考察它在利用

---

① Jonathan Sher, “Wal-Mart Plans on Hold,” *London Free Press*, 2008－10－21; “Meadowlily Area Plan-Terms of Reference,” City of London, Planning and Development Department, 2009－05.

② 保密，私人通信。

③ “体制内长征”这一名词引自安东尼奥·葛兰西，因 1968 年欧洲学生和公民运动而闻名于西方学界（Christopher Rootes, “*1968* and the Environmental Movement in Europe,” in Martin Klimke and Joachim Scherloth, eds., *1968 in Europe: A Handbook on National Perspectives and Transnational Dimensions of 1960/70s Protest Movements*, New York: Palgrave MacMillan, 2008, accessed at http://www.kent.ac.uk/sspssr/research/papers/rootes-1968-and-env-movements.pdf）。

体制化的环保参与渠道方面所面临的种种挑战，并将其与伦敦市其他环保组织进行对比。

“斯托尼溪环境之友”是伦敦市历史最悠久的一个环保组织，它在建立之初是独立于泰晤士河上游环保局的，于1992年成立，由一群关心斯托尼溪子流域环境状况的居民组织，主要关注那些正在施工的工程与周边环保问题。①

“斯托尼溪环境之友”的故事可以追溯到一位在这个子流域长大的居民，他离开伦敦市已经20多年，可是，作为一名高中教师于20世纪90年代早期又回到这儿。然而，他被斯托尼溪环境严重退化的情形所震惊。于是，他决定组织学生进行植树，这样既能保护环境又能培养学生的环保意识。为此，他开始寻求环保资金来购买树木和其他植物。这位老师联系了两所大学和几个省政府部门之后就获得了安大略省自然资源部（Ministry of Natural Resources）的一小笔拨款，这样他能有足够的资源来组织学生在社区植树节进行植树。在植树节当天，他让小学生来种植野花，让初中生种植树苗并对环境进行调查研究。这个植树节活动如此成功，以至于使这项植树活动常规化。这位老师还联系了泰晤士河上游环保局，让其协助召开一个社区环保会，从而吸引其他有兴趣的居民来为斯托尼溪环保工作出谋划策。

通过当地报纸和图书馆的宣传，第一次社区环保会议就吸引了一群街坊邻里，他们志同道合地要保护斯托尼溪的生态环境。在泰晤士河上游环保局的帮助下，他们起草了一个带有使命的声明，从而正式成立了“斯托尼溪环境之友”。在开始的几年中，“斯托尼溪环境之友”仅限于开展树木种植和社区垃圾清理的活动，然而到了20世纪90年代中期，该环保组织第一次遇到了政治性的环保斗争。

斯托尼溪子流域从伦敦市东北角分别流向南和西两个方向，形成了面积约为38平方公里的区域。②“斯托尼溪子流域规划”是作为“96环保共同愿景”中的一部分完成于1995年。此规划将该区域的72.3%土地作为农业和农村用地，而城市居民用地不能超过12.9%。③该规划建议将该区域界定为“环境重点保护区”（Environmentally Significant Land），禁止在该区域进行开发。在这个区域内有法定的洪水淹没线、河道的顺

---

① http://www.thamesriver.on.ca/watershed_projects/stoney_creek.htm.

② “Stoney Creek Subwatershed Study”，A.2.

③ Ibid.，B.1.

流区和逆流区以及自然水域沿岸区。①

然而不幸的是，在该规划中，斯托尼溪子流域并没有被认定为“环境重点保护区”。这样，“斯托尼溪环境之友”有关该区域环境可持性发展政策倡导的空间就十分有限。曾经参与该子流域规划、“96 环保共同愿景”以及“环境官方规划”的“斯托尼溪环境之友”成员希望自己的环保组织能够像其他环保组织和社区一样，继续在当地土地使用和环境生态方面有自己的声音。

20 世纪 90 年代初，斯托尼溪的自然环境保护得较好，它成为许多野生动植物的栖息地，如鹭、翠鸟、鸣鸟、猫头鹰、兔子、海狸、鱼类、鳄龟、彩色龟、青蛙和蟾蜍等都在此栖息，很少有人在河溪边长满野草的小径上行走。然而，从 20 世纪 90 年代中期至今，“斯托尼溪环境之友”的成员目睹了斯托尼溪水质和栖息地的退化以及野生物数量和种类的急剧减少。这都是由于上游住宅开发以及伦敦市在斯托尼溪周边以及河道内兴建大量的基础设施造成的。从 1996 年到 2011 年的 15 年间，斯托尼溪子流域的人口翻了将近一番，从原来不到 14 000 人增长到 25 000 余人，住宅数量也从 5 200 户增加到 9 500 户。②

随着上游开发的深入，水土流失将日益严重，洪水发生率会日益上升，“斯托尼溪环境之友”、市政管理部门以及上游环保局对此都特别担心。由于暴雨导致水土流失已经严重侵蚀了斯托尼溪的堤岸，并且对水质产生了不良影响。斯托尼溪上游开发是造成水土流失的另一个原因。开发建设过程中有害物质的淤积对野生动植物栖息地也构成了很大威胁。“斯托尼溪环境之友”成员对水土流失并危及斯托尼溪栖息地深表忧虑，他们试图阻止开发商和市政府的这些损害环境的工程实施。为了执行联邦、省和地方三级政府的环境管制政策，伦敦市政府主要通过技术工程解决当前与今后暴雨对水土的冲蚀，从而保护住户房屋和控制洪水。虽然在斯托尼溪进行的暴雨防控设施建设和住宅开发工程都曾被缓建和停建了一段时间，不过这些工程又重新开始了。由于这片新土地的住宅开发是伦敦的经济增长点，而且财大气粗的当地开发商又有市政府撑腰，所以这些工程又得以继续。“斯托尼溪环境之友”成员发现他们所进行的环保工作让他们陷入高风险的斗争旋涡之中。

---

① “Stoney Creek Subwatershed Study”, E. 5.

② City of London Planning Division.

大部分的“斯托尼溪环境之友”成员在保护斯托尼溪环境过程中并不涉及他们的物质利益，因为斯托尼溪流经的地方是一片经常被洪水淹没的洪泛区，他们在那里没有任何财产。相反，他们珍视斯托尼溪及其周边的动植物栖息地环境，认为作为自然遗产是值得保护和维护的。正是这个信念使得这些伦敦北郊的邻里产生了高度认同感。2003 年，“斯托尼溪环境之友”组织的使命强调，“旨在推动社区参与斯托尼溪流域的环境保护、修复和管理”①。

“斯托尼溪环境之友”每月举行一次工作会议，包括上游环保局委派的协调者在内，一般有 6 到 9 人出席。由于近期有新成员的加入，一些成员变得更加积极。“斯托尼溪环境之友”与该地区的其他居民保持着密切联系，从而动员他们参加环保会、公众咨询会以及有关当地社区的环境议题会如清洁节、植树节等。“斯托尼溪环境之友”的执行董事和秘书是由当地居民担任，上游环保局派人协调和主持“斯托尼溪环境之友”的环保会议、安排市政府或环保局官员出席和提供有关环保信息，并为他们的植树和公共教育项目争取资金支持。在泰晤士河上游环保局协助下，他们不定期地出版环保通讯并在当地社区分发，从而向社区宣传植树节和清洁节活动。当他们从事有关环境方面的政治或策略等议题讨论时，上游环保局一般都不参加。

在多年的合作过程中，“斯托尼溪环境之友”因与当地一位市女议员保持紧密联系和合作关系而获益匪浅。因为无论在她当选议员之前还是之后，在当地的环境可持续发展议题方面她都具有强有力的领导力和行动力。在我们讨论时，她正担任“伦敦议会规划委员会”（Planning Committee of London City Council）主席。正是有了这样的关系，“斯托尼溪环境之友”能够了解有关政策过程，同时也学会了如何与市政府官员打交道，更为重要的是，他们能及时知道政府即将关注的环境议题。

相应地，“斯托尼溪环境之友”一直支持市议会的工作。当市议会及其委员会有关改革议案寻求公众的支持时，“斯托尼溪环境之友”一直扮演着十分重要的角色。“斯托尼溪环境之友”这种与民选官员、专家技术人员、上游环保局以及省环保部保持非正式合作与协商关系对他们的环保目标的实现起着十分积极的作用。

在下面案例分析中，我们将集中分析 1999—2012 年十余年间政府或

① Minutes，Friends of Stoney Creek，2003-07-24.

开发商引发的六个重要环保事件来揭示“斯托尼溪环境之友”在影响斯托尼溪环境多个开发项目这个背景下，如何通过体制化的环保参与机制来努力回应和影响政府的政策制定和政策执行。我们的研究资料主要来自“斯托尼溪环境之友”会议记录、政府相关文件以及第一作者参与式观察而组成的一手资料。

（一）斯托尼溪沿岸道路的铺设（1999—2002年）

“斯托尼溪环境之友”参与斯托尼溪沿岸道路修建的事件为我们理解公众如何参与市政府发起的公众协商问题提供了一个窗口。1999年，伦敦市政府向外界公布政府将要修建一条连接斯托尼溪与其他空旷地区的道路。由于道路的一部分“要经过斯托尼溪区域”，所以市政府邀请周边居民“参加一个公众协商会来对这个项目进行评议”①。公正地说，这个公众协商会或公共讨论会并不是装装样子走过场的，因为公众邀请信提前一周就发出去了。然而大多数参与者在这个会上才得知政府将在斯托尼溪边开一个两米宽的缺口，并且要沿着斯托尼溪岸边修建一条土路。因此，遭到许多公众的质疑和反对，而“伦敦规划委员会”官员告诉他们“这已经是一个板上钉钉的项目了”。“斯托尼溪环境之友”内部对这一项目也有着不同观点，支持者认为它使交通便利，有利于出行，反对者则担心它会对生态环境产生不利影响。

由于刚修好的土路就被季节性的洪水给冲蚀了，尽管市民努力让市政府相信现有长满草的土路有利于抵挡洪水，但市政府还是决定铺设沥青。沥青道路受到许多人的欢迎，可是沥青道路带来了汽车通行数量的增加，这又对斯托尼溪附近野生动物的数量和生物多样性产生不利影响。由于方便了大多数人的通行，使得加入“斯托尼溪环境之友”成员数量以及所获支持率都下降了。“斯托尼溪环境之友”从中得到的教训就是，仅仅从事植树和清洁活动并不能保护斯托尼溪的生态环境，为了更好地保护环境，必须进行政治性的环保参与，与官僚权威进行周旋来影响有关环境的政策制定和执行，从而防止环境开发对环境造成的负面影响。

---

① Letter to Resident from Gregg Barrett，Planning Administrator—Parks Planning and Design，and Theresa Hollingsworth，Communications，Upper Thames River Conservation Authority，1999-10-18.

（二）上游开发导致淤积物的激增（2003—2008年）

2003年，“斯托尼溪环境之友”发现每次雨后溪水变得异常混浊，特别是来自北部一个开发区排水口的水质极差。原来，斯托尼溪上游地区是块新规划的住房用地，正在进行大规模的住宅开发。开发商铲除了工地上所有植被，并将土壤堆积在一起，一旦降雨，大量的土壤就被冲入溪流。这样，溪流中的淤积物越积越厚，覆盖了原来底部的岩石，从而威胁到水底生物和鱼类的生存与繁殖。溪流中能看到的鱼类、青蛙的数量在不断下降，淤积物含量在夏季却不断上升。

对此，“斯托尼溪环境之友”多次发起环保行动试图引起人们对水质和栖息地恶化的重视，并寻求民选官员、市政府官员、泰晤士河上游环保局、省环保部、联邦渔业与海洋部甚至是开发商的支持。两位“斯托尼溪环境之友”成员还进行了水质检验，对承包商没有采取水土流失措施进行拍照记录，并将这些图片文件与人们的投诉信提交给各级政府部门。此外，他们与相关专家在政府与大学里举行多场环保会议。“斯托尼溪环境之友”不仅参加各种环保会议，还就水土淤积与流失问题进行研究，并提供相关对策和完善政府有关实施细则的建议。

他们所有的努力就是为了促使市政府执行现行有关环保法规、条款和协议。所有这些规定都要求开发商在项目管理中遵守可持续的发展原则、制定更加有效的管制措施、对施工人员进行防治水土流失的教育，并要求开发商按有关要求对水质进行检测。然而，这些要求很少能够实现，阻止斯托尼溪水质恶化的努力似乎陷入了僵局。

有关水土淤积问题与上述铺设沿岸道路问题一样，均表明政府并没有为这些想参与政策过程并精于环保知识的公众提供一个协商机制。不仅如此，这也说明政府当局有意偏袒开发商或承包商不履行保护环境法律职责的做法。

（三）斯托尼溪水坝项目：建立洪水控制设备（2000—2008年）

2001年，伦敦新房产的一个主要工程在斯托尼溪地区开工。① 然而，考虑到现有的暴雨控制设备无法应对房产开发所引发的流量增长，于是

① Peter Steblin，Rob Panzer，“Stoney Creek Area Update，” Agenda，Joint Environment and Transportation Committee and Planning Committee，2007-07-18.

市政府在2004年5月暂时中止了该开发工程。

为了使斯托尼溪流域的土地开发能继续进行，2006年，伦敦市向联邦政府环保部（Ministry of the Environment）申请在斯托尼溪修建一个洪水控制设施，来解决上游日益增加的暴雨流量问题。根据省政府相关政策的规定，该工程需要进行一个“市级环境评估”（Municipal Class Environmental Assessment），从而让公众有机会对有关洪水控制与设计方案的环评报告进行“评论”，这个环评报告由工程支持方来聘请有关专家进行起草。根据相关政策要求在2000—2001年举行了三场公众环评会。①

这个设计方案包括在溪道中（on-line）建设泄洪池和水坝，其中，溪道泄洪池在最近的住宅开发中比较普遍。这种对环境影响的评估是“市级环境评估”的必要过程。环评发现，沿岸（off-line）泄洪池与溪道泄洪池相比，沿岸泄洪池建设对环境影响更小。然而，沿岸泄洪池建设所需的土地费用远远超过了溪道泄洪池建设费用，因此市政府和开发商选择了溪道泄洪池建设。在这个洪水控制项目中还包括了一个为减少对水生动物栖息地危害所进行的环境修复和恢复工程。这个环境修复工程得到了上游环保局、省环保部、联邦渔业与海洋部的批准。

根据省级环境评估的要求，最后一场公众环评会及其环评报告公布后，利益相关者还有30天的复审期。在此期间，凡是符合省政府的政策和法规相关规定的反对意见，均可向联邦环保部提交书面“紧急悬置建议”或进入“第二套程序”（Part II Order），从而暂停项目的实施，直到联邦环保部解除这一程序或者反对者收回这个建议为止。这个“市级环境评估”程序给“斯托尼溪环境之友”这样的环保组织提供了一个很好的环保参与机会。

“斯托尼溪环境之友”向联邦环保部提交书面“紧急悬置建议”要求中止在溪道上建设防洪设施的方案。因为该方案不符合省政府有关禁止在天然水道修建水坝和水质控制设施的环境政策。他们指称市政府在斯托尼溪流域所从事的开发是一种碎片化的“东一榔头西一棒”的做法，从而不能整体地制定出有关该流域环境可持续发展的政策。

---

① “Stoney Creek Flood Control Study,” Third Public Information Centre, City of London, 2001-06-12.

随后，市政府官员、开发商、区议员和四名“斯托尼溪环境之友”成员在市政厅召开环保协商会。市政府作为政策掮客来说服开发商采取更好的方式来加强对水土流失和淤积物的控制，从而换取“斯托尼溪环境之友”收回反对溪道泄洪池建设方案的“紧急悬置建议”。因为有关水土流失和淤积物问题是“斯托尼溪环境之友”长期关注的焦点。可是，联邦环保部在2007年初批准了这个在溪道上建设防洪设施的方案，这样，就使得开发商与“斯托尼溪环境之友”的谈判变得无关紧要。

这一事件表明“斯托尼溪环境之友”在利用政府发起的协商机制时，对于延缓开发项目具有短期的策略性作用。然而，它的影响力是十分短暂的，在这个事件上也没有实质性效果。当水坝完工后，其他在溪道中建设控制水土流失的工程也在计划中，并将开始建设。不仅如此，还会有大型住房和商业开发工程也将紧跟其后。

我们需要将“斯托尼溪环境之友”利用“市级环境评估”程序试图阻止对斯托尼溪环境破坏的这一努力放在更大的背景下加以考察。在安大略省环境评估体系下，包括所有省内基础设施开发项目，如果是一个争议的或复杂的工程，都可以利用独立法庭进行裁决。然而，自1995年以来，只出现了两个裁决案例，且均被判决继续建设。在此期间，启动市级环评程序的项目有69个，所有项目无一例外地都被环保部批准。① 此外，环境评估程序不像独立法庭裁决那样是聘请独立的和有信誉资质的专家参与，相反，环评的主要参与者是公众个人，并且公众个人和草根组织缺少聘请这些专家的资源。如上所述，在环评过程中，由开发工程的支持方来设定环保条款并提出环评框架，也是由他们来聘请专家顾问从事环境评估并提交环评报告。这样使得环保组织利用环评程序来挑战这些建设工程的设想无法落到实处。因为市级环评程序本质上是为这些建设项目获得批准和拟批准提供的一个快速通道，它们只要走一下这道规范的程序而已。诸如洪水和水土流失控制与市政公共基础设施等工程都是通过这个快速通道来实现的。② 显然，市级环评实际上是一个官僚程序，它根本不能为公众环保参与提供有实质意义的机会，从而去影响那些不利环境的建设项目。安大略省环境专员（Environment Commissioner of Ontario）指出该省现行的环境等级评估体制与1976年的立法存

---

①② Conor Mihell, “Why We Can't Save This Forest,” *On Nature*, autumn 2009 (32), pp. 17-21.

在矛盾，因为该立法的实施原则是要求工程项目必须符合环境、社会和经济有关标准。用他们的话说，“我们旧版的环境等级评估体系已经失效，而新版本的环境评估体系亟待确立”①。

（四）化学物质的溢出与鱼类死亡（2006 年）

2006 年，在斯托尼溪水域附近停在加油站的一辆汽车突然起火，在灭火过程中，有剧毒的阻燃泡沫被排入溪流中。这种有毒化学物从事发点扩散到该水域下游南端也就是泰晤士河入口，从而毒死了这片水域所有鱼类。由于事故发生在 4 月，正是大量梭子鱼和其他鱼类溯游到该流域产卵的时期，有毒物质导致成百上千的鱼类死亡，它们的残骸布满了斯托尼溪的河道两岸。②

“斯托尼溪环境之友”写信给消防部门、伦敦市工程部（Department of Engineering）、联邦环保部和联邦渔业与海洋部，并联系了当地媒体。在调查有毒化学物如何排入溪流过程中，“斯托尼溪环境之友”发现该加油站直接将污水排入溪道，且没有任何机构与土地所有者采取有关应急计划和措施来预防此类事件的发生。

“斯托尼溪环境之友”希望这场有毒物质溢出和鱼类死亡事件能引起政府当局的注意，但随后却未获得任何机会来讨论如何防治这类事件再次发生。他们当时只被告知联邦环保部会对此事件进行调查，但随后却杳无音讯。一年后，类似的事件又发生在伦敦市其他地方，而且灭火过程中使用的仍然是同样有毒的化学物质并导致数百条鱼类死亡。显然，人们并没有从斯托尼溪那次中毒事件中吸取任何教训，即使根据省政府的法律，市政府很容易被指控。③ 可见，“斯托尼溪环境之友”只是扮演了一个事件揭发者的角色，却没有任何机会被邀请参与这背后的有关政策讨论以及参与政策结果的监督。

（五）拯救 Sprucedale 森林（2007—2012 年）

2006 年，一家大型伦敦开发商买下了超过 18 英亩的林地，计划在这

---

① Murray Campbell, “It’s Time to Revisit This Environmental Law,” *The Globe and Mail*, 2008-10-25.

② Joe Matyas, “Fish Kill Sparks Probe,” *London Free Press*, 2006-04-02.

③ Joe Belanger, “Firefighting Chemical Blamed for Killing Fish,” *London Free Press*, 2004-05-15.

里建设长期监护中心。然而，只有其中两英亩适合建设，因为其他林地为洪泛地。因此，泰晤士河上游环保局否决了该工程，对此，开发商威胁将清除树林，修建高尔夫练习场，因为这种使用方式符合有关开阔地的区域位置使用要求。

为保护林这片地，当地居民与“斯托尼溪环境之友”组成一个社区联盟（Community Coalition)。在一次环保会议中就有100多名当地居民参加。不仅如此，民选官员、市政官员如首席行政官（the Chief Administrative Officer)、泰晤士河上游环保局工作人员都参加了会议。他们都支持保留这块剩余林地，因为伦敦市的林地在不断减少。毕竟，伦敦市还自称是一个“森林之城”。于是，伦敦市政府与开发商谈判的结果就是：政府要么购买这块地，要么用政府其他财产进行置换。[①] 社区联盟不断地与市议员、政府官员和开发商进行接触并向他们施压，他们还举行示威游行以及用媒体和海报进行宣传。

他们举行活动期间正遇上联邦补选的竞选活动。这片森林正好位于绿党党魁伊丽莎白·梅伊（Elizabeth May）竞选的选区中，她正在进行一场激烈的角逐并位居第二。与此同时，伦敦市地方政府的选举也在紧锣密鼓地进行，并且有关环境可持续发展和保护伦敦森林覆盖率等问题已成为这次市政竞选的重要议题。这次选举产生的议会对待这些环保议题表现得更加激进，同时公众对环境问题的呼声也日益高涨。为了回应公众的压力，市议会在有关那块林地的议题逐渐消退后不久就通过一项有关加大林地保护力度的法规，从而避免土地开发造成对禁地的威胁。

然而，开发商拒绝接受市政府所提出的任何建议，因此，那片林地的命运问题仍未解决。直到2012年市政府购买下了这片林地，这个问题才得以解决。与此同时，一个开发商协会通过法律行动试图推翻伦敦市有关保护林地的这一法规。一位著名的环保主义者得到了公众的捐款支持，并用自己时间与金钱来维护伦敦市这一森林保护法规免受挑战。他亲历了多场法庭的审理以及安大略市政府委员会（Ontario Municipal Board）的裁决。这个案件最终上诉到加拿大最高法院，最高法院最后判决驳回了开发商的上诉（Maloney，2011)。

这个事件说明社区联盟与其他公众组织以及广大公众联合起来通过

① Joe Belanger，“Not Out of the Woods Yet，” *London Free Press*，2006-10-23.

非体制化环保参与途径所表现出来的价值与力量。当环境问题处于紧要关头时，“斯托尼溪环境之友”和其他环保组织所采取的这种策略无疑取得了成功。然而，伦敦环保组织希望通过泰晤士河上游环保局为它们提供一个公众环境论坛的想法仍然没有结果。上游环保局曾为“斯托尼溪环境之友”和其他环保组织举行过一次环保协商会，然而，由于它们各自关心的地区不同，前者主要关注城市地区环保，而后者则关注农村地区环保。这种情况表明，不同的环保组织各自所关注的问题各不相同，因而它们之间很难联合成更大的联盟组织，除非这些环保组织有着共同关心的环保焦点或热点环境问题。

（六）河流修复与水土控制（2007—2010 年）

2007 年，伦敦市工程师提出分阶段进行土壤流失控制和河流修复工程的建议。这个建议提出，2008 年到 2009 年间在斯托尼溪主河道上进行水土流失控制的修复工程建设，2010 年在斯托尼溪主河道上修建防湿地水土流失工程。这些工程完成后将会带来 1 800～2 000 块可开发的土地。然而有关土地积压和地点规划适用性等问题又让开发商和市政府十分担心。[①] 2009 年，伦敦市宣布对在西曼溪这块湿地建设防水土流失工程进行一个市级评估。

在“斯托尼溪环境之友”日常会议上，一位市政府工作人员告诉他们，斯托尼溪中的曲流、水塘和急流将被改造，从而恢复到几年前直道通渠的情形。这种河道改造的办法在实践中十分普遍。有两个方面原因在推动这个工程：对这个城市来说首先且最重要的是当更多的斯托尼溪上游土地被开发与铺成道路时，原来直接在溪道上所建的泄洪池和水坝等设施已经不足以应对越来越严重的雨水问题。那些河道修复与防水土流失工程意味着要使用自然材料加固河岸，减缓水流速度和减少水流量。其次，联邦渔业与海洋部也希望这项工程能解决因斯托尼溪上游开发带来的水土流失和淤积物危害鱼类栖息地的问题。

如前所述，在工程执行前期，“斯托尼溪环境之友”就发现许多成龄树木被砍伐。伦敦市政府面对“斯托尼溪环境之友”的投诉，召集他们与市议员、市政府官员、上游环保局工作人员以及开发商在市政厅举行

---

① Peter Steblin, “Implementation Strategy for Proposed Erosion Control Remediation and Servicing Works for Stoney Creek Drainage Area,” Agenda, Planning Committee, City of London, 2007-12-10.

环境协商会。协商结果是有关这个工程的好几个规划都需要重新审核，并且承包商承诺在施工过程中保护每一棵成龄树。“斯托尼溪环境之友”知悉规划中还要在溪斯托尼溪沿岸种植大量的大号树苗，这个计划在随后就得到了落实。

如果不是“斯托尼溪环境之友”的干预，这些大量的成龄树不会得到保护。不仅如此，在它的推动下斯托尼溪沿岸种植了大量新的树木和灌木，并且由于在溪道中增加了曲流、浅滩和水池，大大地提高了溪流的水质和动植物栖息地的环境。此时，作为“揭发者”的“斯托尼溪环境之友”确实起着很大的作用。然而，如果在施工前就能召开一个具有权威性的协商会，那些被砍伐的成龄树也许会免于被毁。

六、可持续发展的公众行动：环保组织能起作用吗？

上文对这些环保组织及其环保参与经历所作的描述揭示了其政策影响力的事实情况。在接下来的分析中，我们将考察这些环保组织所扮演的重要角色、环境参与的功效以及在哪些方面具有一定的影响力。

我们从这些环保组织所从事的环保活动中可以总结出它们扮演着如下几个方面的角色。当然，有些环保组织同时扮演多种角色，另外一些环保组织所扮演的角色仅限于社区服务。环保组织及其环保角色类型可以归纳如下：

- 社区环保服务：公众环保意识教育、植树造林、清洁活动
- 环境调查与环保策划
- 环境问题揭发：环境监督与环境议题动议
- 参与政府发起的环保协商
- 环保政策倡导：发起接触政府行动或者动员社区行动，敦促政府采纳环保政策

环保组织的社区环保服务、环境调查与环保策划等活动一般与政治无关，并且常常与政府相关机构尤其是泰晤士河上游环保局都保持着合作关系。可是，它们从事诸如环境问题揭发、参与政府发起的环保协商以及环保政策倡导等活动很可能是一种政治性的环境参与，有时甚至与政府机构产生冲突。

(一) 社区服务的环保组织

大部分环保组织被描述为非政治性的环保组织，因为它们的主要兴趣在于通过社区环保服务来提高和保护当地环境。与多数草根组织一样，环保组织成员多种多样。韦伯勒（Webler）等人的研究发现，这些环保成员在价值理念、政治意识、兴趣以及有关公众参与过程的立场等方面都存在差异。① 有些是因为对亲自参与社区活动如植树、社区环保意识教育、清洁活动感兴趣而加入并支持这些环保组织的。正是由于他们的支持才会涌现出数百名成人和儿童志愿者为斯托尼溪流域种上了上千棵树木和灌木。他们的这些活动确实明显地改善了当地环境，也有利于当地环境的恢复和保养，许多参与者为此而感到高兴。

维持这些环保组织运行的体制化支持机制对它们的行为模式有着强大的影响力。既然大多数环保组织得到泰晤士河上游环保局的资助，因此，它们就要实现上游环保局的目标，即公众环保意识教育、动员社区志愿者植树与清洁环境。这些活动也是大多数环保组织的主要目标，所以它们能得到有关资源的支持。由于这些环保组织与上游环保局之间的"伙伴关系"，它们才不会从事政治性的环保动员与环保政策倡议，实际上，大多成员十分愿意接受这种限制。

大部分环保组织与其资助方上游环保局之间互相依赖的关系反映了社区环保服务机制主要是一种体制化的新自由主义的合作模式。一方面环保组织需要资金资助，另一方面资助方的环保工程既需要社区公众参与也需要志愿者的人力资源。环保组织在采取这样的策略时，它们就起着泰晤士河上游环保局执行工具的角色，成为上游环保局的一个延伸机构。这些环保组织与上游环保局之间的这种关系也限制了它们对环保政策的影响力，甚至在地方这个层面也是这样。实际上，依赖政府机构成立的环保组织本来就是定位社区环保服务性组织，而非政策倡导性组织，尽管久而久之这些环保组织因为参与政策倡导会使它们这种形象发生改变。更进一步说，由于环保部门的经费大部分来自市财政拨款，可以认为各环保机构的委员会主要代表市政府官方，因此，

---

① Thomas Webler, Seth Tuler, and Rob Krueger, "What is a Good Public Participation Process? Five Perspectives From the Public," *Environmental Management* 27 (3), 2001, pp. 435-450.

它们不可能与公众拧成一股绳，从而作为环保政策倡导者去挑战市政府。①

然而，当环境保护与商业开发产生冲突时，这些环保组织的社区环保服务角色的局限性就凸显出来。它们已经面对这样一个现实：仅仅通过植树、垃圾清洁活动并不能解决环境可持续发展的根本问题。例如，“斯托尼溪环境之友”担忧开发商的粗放施工造成水土流失和淤积物增加，引起河水水质退化，从而威胁到野生动物和鱼类的栖息地安全。在丁曼溪流域，由于树木砍伐的速度快于环保志愿者种植新树的速度，导致了伦敦市森林净覆盖率下降。面对这些现实，有些环保组织的成员认识到他们必须采取积极的政治性环保参与，并且要与开发商和政府机构的权力进行抗争，这样才能争取本流域环境的可持续发展。这种认识可能引发这些环保组织之间以及组织成员内部的分歧。因为有些人的环保参与兴趣仅限于社区环保服务项目，有的人则认为环保组织应该参与到更大的政治性价值与环境议题之中。

（二）环保组织政治参与的性质

从环保参与的政治性来看，环保组织一般从事两种形式的环保参与：一是体制化的环保参与或政府发起的环保参与，这主要包括政府提供的立法上的协商以及政府主动自愿提供的其他方面协商渠道。二是非体制化的环保参与或公众发起的环保参与，这包括环境问题的揭发和环保政策的倡导，这是公众自下而上影响政府和动员的环保参与形式。

怀布尔（Weible）的研究表明，利益相关者会利用一系列资源优势来影响政策制定和执行。这些资源包括：第一，与合法的或正式的政府机构之间的各种关系；第二，公众舆论支持，利益相关者可以利用它以公共利益的姿态自居；第三，有关政策信息以及对这些信息进行有效的宣传和动员；第四，争取支持者的动员能力；第五，资金；第六，领导能力。② 尽管这些环保组织都具有获取上述资源的渠道，然而它们对环保政策的影响力却严重不足。以“斯托尼溪环境之友”为例，它与选区议员之间的关系就是联系政府机构的一个渠道，并获取一定的环保信息。

---

① Andrew Chung, “Troubled Waters,” *Toronto Star*, 2007-04-08.

② Christopher Weible, “An Advocacy Coalition Framework Approach to Stakeholder Analysis: Understanding the Political Context of California Marine Protected Area Policy,” *Journal of Public Administration Research and Theory* 2006 (17), pp. 99-100.

正是这些资源使得“斯托尼溪环境之友”能够向政府提出环境议题，并对环境政策产生一定的影响。“科夫斯湾环境之友”的成功则反映了它在与政府联系的渠道、争取资助、环保信息、宣传以及获得公众舆论支持方面具有很好的优势。这些资源使得“科夫斯湾环境之友”可以制定科夫斯湾流域环保规划，实施了其他环保组织无法参与的许多环保项目，并且它还能左右逢源地既能参与政府发起的环保行动也能参与公众发起的环保行动。“梅多利森林环境之友”不仅成功地获得公众舆论对它的支持、相关环保信息以及对支持者的动员，而且它与民选官员的关系大大增加了其环保领导能力，从而能够阻止对环境有害的发展项目。

（三）体制化或政府发起的公众环保参与

在最近的有关公共管理的讨论中，有许多学者和环保工作者参与，这表明公众参与地方环境政策制定和执行过程的热情有很大的提高，当然这也部分反映了有关环境立法的需要。然而，理论上的或理想的公众环保参与和地方治理现实或实践之间还存在很大差距。这些伦敦环保组织案例表明，由伦敦市政府发起的让公众参与环保的机会其实太少了，尽管这些环保组织具有很好的专业知识并且愿意致力于有关环保政策的讨论。正如一位伦敦市议员提到的，伦敦市的传统政治文化是管理公众的文化，而不是激发公众参与的文化。也许为了回应公众要求环保参与日益高涨的呼声，以及得到了个别市政高级官员的支持，市议会在支持公众环保参与方面做了一些工作。最近有关公众环保参与方面的新进展包括在梅多利森林案例中的开发工程转变成一个由伦敦市政府主导的开发项目，政府颁布树木保护法规，并且政府制定了一个鼓励公众环保参与的计划。[①] 目前，伦敦市制定了一个新的“环保官方规划”，而这是自实施“96 环保共同愿景”之后的公众环保参与的政策过程。这个环保参与过程的规划叫作“重思伦敦”（ReThink London）。这是伦敦历史上最广泛的环保协商过程，大约有 10 000 名伦敦市民参与了环保协商。伦敦市还采用了新的方法扩大公众环保参与，比如通过环境视觉识别的网络在线调查、有关社区会议与事务的小型研讨会、全天候的社区环保协商和媒体互动。这个新的“环保官方规划”将环保作为第一要务。然而，公众环保参与的范围扩大在多大程度上

---

① London Strengthening Neighbourhoods Strategy，2009-02-04，accessed at http://www. london. ca/d. aspx? s=/Community_Vitality/Neighbourhoods/LSNS. htm.

能最终影响政府的政策走向还有待观察，毕竟，市议会过去在有关土地使用方面总是以牺牲绿色空间为代价来偏袒开发商利益。

在土地使用问题上，伦敦市政府遵照上级省政府的规定，通过召开多场公众听证会和协商会向公众收集好的政策建议。对于那些受到政府重视的建议，伦敦市议会及其委员将按惯例召开多场正式的公众环保会议，并邀请公众代表在会上做口头或书面报告。然而，这些法定的公众环保会议成为环保组织帮政府走完法定协商程序的一个便利工具，或者是政府搪塞法定环保协商责任的一个形式。正如菲利普斯和奥尔西尼所指出的那样，公众环保会议不是针对可变动的政策议程这个政策过程的早期环节，相反，它一般是针对政策过程没有什么变化余地的中后期环节。① 当“斯托尼溪环境之友”能够参与政策过程之中时，有关政策的关键因素已经被确定，此时，无论是被邀请的还是主动参与的公众只能起到政策反馈的作用，无非是对有关环保议程设计进行讨论。从某种意义上来说，与其说这种环保公众协商会具有一种公众环保参与机制，不如说它具有帮政府合法化其政策过程的功能。

“斯托尼溪环境之友”的案例展示了一个城市发展中的政治情况：政府管理者们与大开发商们开发土地的要求，与当地公众环境保护诉求之间存在冲突。在这样的背景下，“斯托尼溪环境之友”环保参与的角色主要是一种反馈性的，因为伦敦市让它参与有关环境政策协商的空间很小。对于公众环保组织而言，公众环保协商会主要功能就是为它们提供获取更多一点环保信息的机会，或者就特定项目它们有机会与相关市政官员与顾问见见面，或者在某个环境议题方面测试一下公众所关注的焦点。虽然那个法定的市级环境评估程序为“斯托尼溪环境之友”的环保参与提供了一个空间，从而能让它利用政府发起的参与渠道提出它所关心的环境问题，可是，最终还是开发商和市政府的利益获得了胜利，“斯托尼溪环境之友”对政策结果的影响力微乎其微。从那个市级环境评估程序的制度安排及其目的来看，这种情况是预料之中的事。实际上，安大略省环境专员把这个环评程序视为“一种支离破碎的决策环节，它无法解决土地开发与环境保护之间的冲突”②。

---

① Susan Phillips，Michael Orsini，“Mapping the Links：Citizen Involvement in Policy Processes，” Canadian Policy Research Networks discussion paper，2002.

② Murray Campbell，“It's Time to Revisit This Environmental Law，” *The Globe and Mail*，2008-10-25.

对于大多数环保组织来说，它们的规模较小，实力也较弱。同时那些忙于生计的志愿者缺少有关环保规划方面的专业技术知识，他们甚至不能够分清像迷宫一样复杂的省市政府的各种机构。无论它们通过申诉挑战安大略省市政委员会还是利用市级环评程序或者环保协商会去挑战安大略省市政委员会，这些环保组织都处于劣势地位。因为当某个项目合法化程序需要与公众协商时，它们所面临的是一群彼此默契的官员和专家顾问。由于伦敦市政府没有为公众参与提供一种承诺机制，仅仅凭借一小群志愿者的热情与努力是很难影响土地使用方面环保政策的制定与执行，更难对此做出积极的贡献。“斯托尼溪环境之友”参与有关斯托尼溪各种环境协商对伦敦市政府而言，它起到的是一个利益相关者的作用，毕竟它有地方经验性知识的优势，有助于减少开发项目的成本及其对环境的破坏。尽管如此，除了那些法定必要事项外，伦敦市政府很少会与它进行环境协商。即使按照有关法规要求所进行的环保协商主要也就是向它通报一下已经敲定的事。因此，对“斯托尼溪环境之友”来说，如果想要影响政策，其最好的选择只能是通过公众发起的非体制化的环保参与渠道了。

（四）非体制化的公民行动

在政府发起的环保参与渠道中，有关环保议题各种因素与各机构之间的关系有时相当复杂，然而大体的轮廓常常都确定下来了。尽管如此，当公众就某个环境议题发起环保参与时，他们常常面临的一项重要挑战就是要弄清楚有关环境问题的不同方面分别要找哪些政府机构协商以及如何去反映。从草根组织角度看来，投身于环境可持续发展就意味着将要与大量复杂的政府机构打交道。每个政府机构都想维护各自的特殊功能、部门利益以及垄断各自的专门技术。在公众看来，斯托尼溪在政府与开发商的眼中只是地图上的一条线和达到某个目的的一种手段，而不是一块具有独特价值与意义的动物栖息地。

对于伦敦环境工程服务部门（Department of Environmental and Engineering Services）而言，斯托尼溪就是一个管理暴雨洪水的机制。对于公园与娱乐部门（Parks and Recreation Department）来说，作为连接全市范围步行道枢纽的斯托尼溪是伦敦市一个重要的资产。对于开发商来说，一方面，斯托尼溪代表着如何减少开发成本以及如何规避政策管制，另一方面，从可供开发的新土地数量与它在广告上呈现的优势的角度看，斯托尼溪意味着种种商机。然而，对“斯托尼溪环境之友”来说，斯托尼溪是一种自然生态环境，它为当地社区共同体提供了一种认同和归属感，它更是本地特色动植物群落生存的一块栖息地，然而这种声音并没有得到平等的表达。

应该指出的是，就这些环保组织而言，公众发起的环保参与的主要形式就是对环境问题的揭发，或者呼吁政府和（或）公众关注即将出现的环境危机以及倡导某个环境政策的制定或执行。例如，“斯托尼溪环境之友”叫停了斯托尼溪环境修复和水土流失控制工程建设对成龄树木的砍伐，它介入那场有毒化学物溢出致鱼类死亡事件，所扮演的是一个环境问题揭发者的角色；当它试图说服市政府和开商者去执行防止施工引起的水土流失与淤积物政策时，它就扮演着一个政策倡导者的角色。

当公众发起环保参与时，他们既要弄清楚大量的政府机构以及它们之间的功能性关系，又要搞清楚某个环境议题影响到的方方面面的利益，他们要能理解各种信息、证据以及影响决策的各种因素。不同性质的环境议题与所要协商的机构的组合是不同的。上述案例分析表明，这些环保组织在试图强调它们所关心的问题时，它们将与表7—2中的若干个政府机关打交道，并且，在通常的情况下它们就某个问题需要同时面对多个政府机关。

表7—2　　环保组织要打交道的机构及人员

	市级	省级	联邦级
政治性环境议题	市议会 规划委员会 环境与运输委员会	省议会议员	国会议员
行政性环境议题	环境与工程服务处 计划与发展处 公园与娱乐处 消防服务处	环保局	渔业与海洋部
其他性质的环境议题	环保局（省政府建立的城市间机构） 发展研究所（私人协会）	安大略省市政管理董事会（准司法性）	

在普通公众看来，有关城市空间管理和开发处于一种九龙治水的管理方式下，因为它竟然涉及这么多的政府机关和专门机构。显然，在有关土地使用与开发方面缺少一个全面的、长期的、可持续发展的规划，因而不可能形成一个有关环境影响的整体性评估。

尽管人们强调省政府这个层面的环境规划的重要性，可是，目前的开发都是与整体性区域规划无关的临时性项目。这些项目要么是为了满足商业利益要求，要么是为了满足有关市政管理、法律和技术性等责任的要求。

太多的规划就是没有规划。例如，在斯托尼溪流域有关暴雨洪水与水土流失问题上，在一个相对集中的区域内密集地进行了四个互不相干的工程：暴雨泄洪池、河道洪水控制、水土流失与修复和人工湿地。然而，在这同样的流域里又受到各种工程建设对环境的破坏，这包括泄洪沟建设、供水道和下水道基础建设以及新建和扩建道路等。尽管大部分工程都进行了环评程序与公众环保协商，然而，这些环评程序都是各自为政的，它们只对本工程进行环评，其邻近的工程根本不会在它们的视野之中。不仅如此，大多数环评是由私人承包商规划和实施的，伦敦市政府并不直接参与，而且参与环评的专家五花八门。对于那些试图保护当地环境的志愿者而言，在面临大规模和迅速的土地开发的情况下，他们要收集这些工程环保信息并对此进行监督，这不仅让人生畏，更是不可能的。

值得注意的是，那位民选区议员是唯一一位能接触到有关工程环保信息的人，并有权要求对这些特殊的工程进行彻底检查。由于她所处的社会地位，使得她也是唯一一位具有全局观的个体，她既能了解其他个体的要求，也能了解当地环境与社区之间相互影响的关系。有关这些方面，公众对他们的民选议员抱有很高的期望。“斯托尼溪环境之友”的案例表明，民选官员与公众环保组织之间的关系对于了解和影响本地政策过程起着重要作用。这位代表“斯托尼溪环境之友”所在选区的议员，在她的全部政治生涯中都在推动环境管理和公众环保参与工作。实际上，如果没有她的努力与贡献，没有她有力的领导以及她对政策过程的熟悉，那些环保组织想获得相关环保信息以及获得环保参与的渠道都是十分困难的。

七、结论

通过对伦敦市这几个环保组织案例的研究，我们初步描述了这些组织所面对的有关当地土地使用和环境可持续发展决策等方面的制度框架。通过制度民族志研究方法对这些案例尤其是“斯托尼溪环境之友”所参与事件的研究，我们也梳理出有关环保政策的“统治关系网”。这一研究清楚地表明，理解和影响环保政策过程的核心实际上是有关环保价值理念与政治权力关系的问题。从这个意义上说，“认为政策分析主要是关注技术可行性而不是政治可行性的观点确实有点让人意外”①。

美国佛罗里达州和华盛顿州地方政府的公众参与环保规划都是法定的要求。对这两个州共60个地方公众环保参与样本的研究发现，公众参与环保规划不仅有利于包括开发商和政府在内的各种利益相关者，也有利于当地的公众环保组织和当地的生态环境。这项研究发现，凡是在环境政策规划中有关减灾防害的建议和呼声越强烈，有关项目的实施就越顺利。越是有更多的利益相关者参与环境政策规划，他们对环境规划质量及有关项目成功实施的支持就越具有积极作用。政策制定者的政策影响力主要体现在他们能将更多的利益相关者吸纳到政策规划过程中来。然而，在很多地方政府中，由政策制定者来决定是否让公众参与，这实际上是对公民参与的一种扼杀。这项研究也表明，“为了保证利益相关者最广泛的环保参与，政策制定者最行之有效的做法就是广泛邀请各种环保组织参与政策规划过程，并且确保这种环保参与确实对公众是有意义的”②。

我们的研究显示，伦敦地方政府在公众环保参与有效性方面是很不足的。从伦敦市政府的行为模式看，政府邀请公众参与环保的原因不外乎这几个方面：要么是在那些重要的政策已经决定好之后；要么是法律有规定和要求；要么是有利于市政府化解冲突与提高政策的合法性。即使对于那些具备广泛环保专业知识和强烈的环保参与热情的公众来说，伦敦市政府这种行为模式也会让他们产生挫败感，并且会浪费许多环保参与机会。基于这种观察，我们对以下习以为常的陈词滥调表示怀疑：诸如公众对环保参与不感兴趣、公众缺少环保知识，或者公众只会在涉及自身利益时才会参与，或者只要不涉及他们个人实际利益他们就不会

① Christopher Weible, “An Advocacy Coalition Framework Approach to Stakeholder Analysis: Understanding the Political Context of California Marine Protected Area Policy,” *Journal of Public Administration Research and Theory*, 2006, p. 97.

② Raymond Burby, “Making Plans that Matter: Citizen Involvement and Government Action,” *Journal of the American Planning Association* 69 (1), winter 2003, p. 44.

参与等等。

让我们回到之前有关新自由主义治理途径的讨论，它涉及动员公民参与环保服务、环保监督、本地环境知识教育以及通过协商机制来合法化政府的环境政策。许多时候，环保组织的有效性主要体现在为政府提供无偿的环保服务上，而在有关参与民主决策方面则不尽如人意。在新自由主义的语境中，公众环保参与包括：动员社区参与政府环境决策、贡献有关环境政策议题的知识、为审议环境政策后果提供空间、参与环境项目的监督和评估、为项目实施提供解决方案以及参与项目的实施。然而，从本质上看，我们所担心的是政府不能对公众参与公共选择的政治性角色加以重塑，从而无法使他们的环保参与政治性角色成为政府的技术与管理功能的一个有机组成部分。

由于政策过程从传统的决策体系向公众问责制转变，这使得政策制定的公平性也发生了重大转变。“事实上，它要求公众是社会科学家，对政策能起到永久性看守人的作用。然而，无论对于大多数公众还是大多数志愿组织来说，他们都既没有时间也没有环保专业技术来承担这种职责。此外，对于公众来说，他们能不能将不同的意见聚合起来，形成真知灼见，并最终形成清晰的政治主张，对于公众问责制度来说是至关重要的。”①

然而，在权力关系不对等的情况下，公众日益成为政府运作的延伸工具。这对政府的好处似乎远远大于对于公众的好处。因为有关社区能力的培养、增加社会资本以及让公众意见真正地影响政策结果的环保监督能力等方面的建设都在淡化。因此，公众与政府之间那种平等互利的，更加真实、开放、信息共享的环保参与模式目前还只是理想，现实中并不存在。

在城市开发的背景下，环保组织在所有为保护环境而试图影响政策的行动中，阻力最小的环保参与渠道就是集中从事有关植树和垃圾清洁活动。虽然这些活动有利于生态环境，但是无法解决土地开发会影响到动植物栖息地，从而直接威胁某些物种的生存的问题——过去在溪边沿岸常常能看到的猫头鹰几乎消失了。尽管我们现在仍然能在溪边看到像火鸡拼盘那样大的鳄龟、大蓝鹭、牛蛙、胭脂鱼，但它们已不常见了。

① Rachel Laforest, Susan Phillips, “Citizen Engagement: Rewiring the Policy Process,” chapter 4 in Michael Orsini and Miriam Smith, eds., *Critical Policy Studies*, Vancouver: UBC Press, 2007, p. 82.

由于“斯托尼溪环境之友”和其他志愿者种植了大量的树木，包括绒啄木鸟、红胸五子雀和卡罗来纳鹪鹩在内的少数物种已经在数量上有所增加，最近一对海狸还在小溪上修建了水坝。正是由于各种环保组织的守护，斯托尼溪这块动植物栖息地才继续成为伦敦市的一块绿洲。

第八章

抗争抑或促进

——加拿大经济落后地区的社会政策、城市政府与市民社会*

[加] 汤姆·厄巴尼克（孟华　译）

对于那些决心要降低失业率、减少贫困并改善居民居住条件的加拿大城市政府来说，它们所能操控的政策杠杆和政策资源是非常有限的。不过，由于城市政治家由普选产生，且与选民密切地生活和工作在一起，因此，他们可能会以居民代言人的身份发表言论，并且为那些难以享受联邦和省的项目或资助的选民提供帮助。一般来说，在减轻贫困居民的社会负担方面，市议会能够选择的政策可以被归纳为两种：抗争和促进。最近，这两个政策途径都被卡普顿地区市政当局（the Cape Breton Regional Municipality）采用，本章将对这一案例进行分析。虽然卡普顿地区市政当局的实践强化了加拿大城市政府对宪法的服从，但是，它也揭示出一些使用“软权力”（非正式领导、与其他政府和公民社会的协作以及道德劝说）的极有希望的潜在机遇。① 这种“软权力”所带来的挑战与机会将在市政当局近期的住房修复过程中明朗起来。

一、这是一个关于权利的问题吗？

在加拿大，宪法并未明确市政当局所能拥有的权利，加拿大人也未能拥有由宪法保障的完整的“社会契约”，以便确保最低收入水平、最低生活水平以及最低社会安全网络。

这一事实是很清楚的，但是，它确实足够清楚明白吗？要回答这一问题，请思考一下《1982年宪法法案》中的这一法条：

---

* 笔者感谢玛丽·布恩提供的研究帮助以及来自西安大略大学的研究资助。

① 在此，笔者将约瑟夫·S·尼尔在国际关系研究中加以推广的道德劝说概念用于城市政治学的研究。

第 36 条第 1 款规定：在不改变议会或者省政府的立法权，或者不改变它们行使其立法权力的情况下，议会和省立法机构以及加拿大政府和省政府负有下述义务：（1）为了加拿大人的幸福，促进机会均等；（2）促进经济发展，以减少机会悬殊；（3）为全体加拿大人提供质量合理的基本公共服务。第 2 款：议会和加拿大政府应采取均衡支付原则，以便各省政府有足够的收入，能够在彼此合理类似水平的税收下提供彼此合理类似水平的公共服务。

对于那些具有诉讼天赋的人来说，这种表述并不像它看起来那么充分。“在不改变……的立法权”“负有义务”“原则”“质量合理”，这些词语可能是些政治上的陈词滥调，但法院并不关心这些。

或许，我们应该更为细致地分析一下这个问题。位于太平洋东海岸新斯科舍省的卡普顿地区市政当局认为，这一条款能够成为市政当局的救命稻草，从而为其市民提供必需的给养。卡普顿地区拥有 10.5 万人口，占地面积 2 400 平方公里，是加拿大经济最落后地区之一。自 1961 年以来，该市人口就不断下降①，长期依赖的煤炭和钢铁产业也在 20 世纪 90 年代完全瓦解。

依据《1982 年宪法法案》第 36 条的“义务”，联邦政府向新斯科舍省转移了平衡资金（2007 年大约 15 亿美元）。如果不是因为卡普顿，该省将只能有权拥有现有资金不足一半的数额。但是，一些分析家逐渐将注意力集中于卡普顿。他们引用多个资助项目的统计数据、在卡普顿任职的省级工作人员数量、基础设施支出以及其他指标数据，用以展示卡普顿地区城市的贫困状况，从而要求省政府说明平衡资金的使用情况。

卡普顿地区市政当局的经济发展部经理坚信，这是一个根本的社会保障问题。在卡普顿地区劳动力人口中，15～64 岁群体的就业率持续低于 50%，几乎低于全省平均水平 20 个百分点。市民的平均收入比新斯科舍省平均水平低 19%，比省会所在地的哈利法克斯地区市（the Halifax Regional Municipality）的平均水平低 40%。身体存在某种残障的卡普顿居民，残疾状态持续时间平均达 14 年，这对于加拿大任何一个社会保障地区来说，都是历时最长的。卡普顿市民的受教育程度也低于加拿大和新斯科舍省的标准。

---

① John Heseltine, “Population Projections for Cape Breton Municipal Units 2006—2021,” Study Prepared for the Department of Planning, Cape Breton Regional Municipality, EDM Consultants, 2008-01-23.

2004 年，卡普顿市议会投票决定，该市要聘用一位加拿大最优秀的宪法律师，依据前述的《1982 年宪法法案》第 36 条对新斯科舍省提起诉讼。卡普顿地区市政当局并没有清楚地要求获得更多的金钱，也没有诉求法院强制新斯科舍省对预算进行修正，只是要求法院宣布存在一种违宪情况。新斯科舍省需要自行决定如何利用它的职权来解决这一问题。

法院宣布违宪是有先例的，也就是说，通过司法行为促使立法者找到他们所偏好的方式来解决宪法问题已经有先行者。例如，在几个涉及魁北克省外地区的法语教育权的案例中就曾有过这种先例。[①] 甚至还有这样的先例，法院只是简单地陈述了指导立法与执法活动的宽泛“宪法原则”。1998 年的《魁北克分离裁决》是此类情况的最为有名的案例。在这一法律文件中，加拿大最高法院就选择对有关“民主”与“少数人权利”这样的“宪法原则”进行宽泛解释。

对于卡普顿市政当局的宪法要求，新斯科舍省指出：“荒唐！这是胡言乱语。”[②] 该省委派内部法务人员对此案进行了辩护，甚至没有求助于政府外部的宪法律师。该省的法律顾问认为，宪法研究文献具有决定性的意义，《1982 年宪法法案》第 36 条并不具有可诉性，它对于法院来说没有意义。加拿大最卓越的宪法学教授彼得·豪格（Peter Hogg）曾说：“看起来，这项规定是对心愿的陈述，但它并非一个能够实施的心愿。”[③] 另一位著名学者肯特·洛奇（Kent Roach）的语气更为强烈：《1982 年宪法法案》第 36 条确实在联邦政府向省政府提供均衡支付方面做出了承诺，“为了加拿大人的幸福，促进机会均等”，并且“为全体加拿大人提供质量合理的基本公共服务”，但是，这一法条是不可诉的，且缺少监控机制。[④]

新斯科舍省指控称，卡普顿地区市政当局的诉讼活动不仅是轻浮的无理取闹，而且，它有什么立场坚称新斯科舍省没能履行一些有关经济发展的宪法职责呢？市民或许能够提出这样的诉讼，但是，市政当局作为一个没有宪法地位的实体却不能。省政府要求新斯科舍最高法院在此

---

① Doucet-Boudreau v. Nova Scotia (Minister of Education), 2003.

② Cape Breton Regional Municipality v. Attorney General of Nova Scotia, 2008, NSCC 111, p. 9.

③ Peter Hogg, *Constitutional Law of Canada*, Toronto: Carswell, 1995 (1), pp. 6-10; cited in ibid., p. 22.

④ Kent Roach, *Constitutional Remedies in Canada*, Canada Law Book, 2006, pp. 2-32; cited in ibid., p. 22.

案被听证之前就决定不予受理。

然而，卡普顿地区市政当局坚持认为，对于法院来说，这是一个适当的诉讼事件，而且市政当局要求被赋予原告资格。曼尼托巴上诉法院（The Manitoba Court of Appeal）和不列颠哥伦比亚上诉法院（the British Columbia Court of Appeal）研读了《1982 年宪法法案》第 36 条的相关案例。确实，这些案例均不是由市政当局提出的而且原告败诉，但是，它们是败在其他方面。法院认为，在某些环境条件下，第 36 条或许是可诉的。① 研究可诉性问题的专家洛恩·索辛（Lorne Sossin）教授认为，如果在宪法中有什么，那它就必须意味着什么。

“义务”这一术语在法条中用以描述在此所规定的某种保护，这支持了这一论点：第 36 条试图为联邦和省政府设立应受法院审判的义务。一项义务意味着可实施的职责的产生，它至少意味着要尽其所能地实现所承诺的事项。然而，它未能创造出任何强制性的职责，以确保提供特定水平的资助或特定利益。

如果将对待宪法惯例的前述做法视作最高法院如何着手处理第 36 条的类似方式，这一立场就能得到更进一步的支持。立法权回归裁决（The Patriation Reference）［在这一裁决中，加拿大最高法院裁定，回答有关宪法惯例的问题是恰当的（原文如此），即使这些惯例并非由法院来强制执行］是这一主张的权力源泉：如果政治争议具有“宪法特征”，它们无论如何都具有可诉性，然而，《1982 年宪法法案》的书面条款却不行。②

卡普顿地区市政当局的法律顾问尼尔·芬克尔斯坦（Neil Finkelstein）坚持认为，从市政当局的立场出发，它当然对经济发展有着合理的兴趣，因为它的被选举出来的领导者们是为市民代言的。

新斯科舍省最高法院的大法官约翰·墨菲（John Murphy）赞同市政当局可能具有提起诉讼的资格这一主张，但是，他不同意《1982 年宪法法案》第 36 条具有可诉性。他决定不予受理这一案例。他同时裁决道，市政当局提出的宣布新斯科舍省违宪的诉求未能创造出一种“信息充分的环境”，从而能够帮助法官作出司法决定。法院正在被请求参与到一场

---

① Manitoba Keewatinowi Okimakanak Inc. v. Manitoba Hydro-Electric Board，1992，91 DLR (4th)；and Canadian Bar Association v. British Columbia，2006，BCSC 1342，59 B. C. L. R.

② Lorne Sossin，*Boundaries of Judicial Review*：*The Law of Justiciability in Canada*，Toronto：Carswell，1999，p. 191；cited in *CBRM v. AGNS*，op. cit.，p. 23.

看似紧张的政治争议中去。如果市政当局要攻击特定法规，如省里的《城市资助法案》，或许它会有更好的机会。① 墨菲的裁决得到新斯科舍省上诉法院的支持。2009 年 11 月 17 日，市政当局获悉，加拿大最高法院将不再受理此案的上诉。

市长约翰·摩根（John Morgan）争辩说，这一案子是卡普顿地区市政当局存活的"唯一选择"。② 无论他的意图或目的是什么，他不得不承认，他的经济议程中没有其他替代方案。

然而，市政当局正面临着日益迫近的财政危机。2008 年和 2009 年每年都新增 2 000 万加元的资本欠债，导致欠债总额达到 1.2 亿加元，该数字预期还会显著增长。③ 在宪法要求未能取得成功的情况下，市政当局是否有其他的途径来最大化当地资源，并吸引新资助和投资，以帮助那些正在与贫困斗争的居民呢？

二、城市"软权力"：找到靠山

长期以来，卡普顿的互助传统，以及过去几代人开发出来的用于限制外界对当地自然和人力资源的剥削的创新性做法，令笔者印象深刻。在 20 世纪 20 年代至 50 年代，激进的牧师和学者们发动了世界闻名的成人教育项目，帮助人们获得社区领导与发展的技能，并且设立了一些经济替代性组织，取代那些具有压迫性的大公司。虽然这些领导人努力确保他们的项目不具有宗派或劝服他人的弦外之声，但是，他们部分地受到教皇利奥十三世（Leo XIII）的通谕《新事物》（*Rerum Novarum*）的启发，该通谕指出，工人应该拥有自己的组织和体面的生活。卡普顿领导者们力图找到第三条道路，一条能够替代资本主义和社会主义的道路。这场运动根据圣弗朗西斯泽维尔大学（St. Francis Xavier University）的所在地被称为"安蒂戈尼什运动"（Antigonish Movement），安蒂戈尼什

① Cape Breton Regional Municipality v. A. G. N. S.，2008，NSCC 111.

② Interview，Information Morning，CBC Radio Cape Breton，2008-04-24.

③ 需要注意的是，市长已经将市政当局的财政不景气视作均等化问题（没有足够的财政转移支付给所有的市政当局），而非广泛影响市政当局运行的市级财政不平衡问题。看来，该市不清楚这一事实：加拿大市政当局联合会曾坚持不懈地研究这个国家的城市基础设施，揭示出赤字达到 1 234 亿美元，这一总量明显呈现指数增长趋势，即便是大城市也深刻地关注着它们的财政生存能力。

市位于新斯科舍省的东部大陆地区，是这场运动的发起地。①

笔者对于吉米·汤普金斯（Jimmy Tompkins）博士的经历尤为好奇。他是一个煽动者，但是他巧妙地引导着新斯科舍省各社区，让它们意识到内在的力量，并了解最佳实践，进而组织住房合作和资源合作，组建信用合作社，尽最大可能地控制当地经济。②

笔者开始思考能否从当代市级政府中产生这种领导能力。安蒂戈尼什运动的领导人将住房视为一项“链接性的”议题，一种将不同利益和资源聚集起来解决重大社会问题并创立地方企业的途径。或许，同样的途径也适用于当前条件。

当地媒体曾经多次报道老城区生活条件极差——房屋发霉、供热不足、建筑结构受损、屋顶渗漏等等。一些议员说，为了帮助选民处理这些问题，他们整天疲于奔命，甚至到了需要自掏腰包为受苦居民支付供暖账单或者小型修补费用的地步。在这一距离首都或省会城市都很远的偏僻地区，城市议员经常代表着政府。当一位选民无法维持家中供暖时，他或她可能会绝望地打电话给一位议员，议员则带着极大的受挫感力图劝服政府或慈善组织为选民提供救助服务。

然而，住房问题从未被视作城市政策问题，除非涉及土地使用规划（城市分区、细分计划等)。在这方面，卡普顿地区市政当局与大多数加拿大市政当局并无太大区别。住房问题在加拿大宪法中也没有被提及，不过，第二次世界大战后联邦政府在住房问题上保持了近 50 年的主导权。通过《国家住房法案》以及中央抵押和住房公司（现在为加拿大抵押和住房公司）（Canada Mortgage and Housing Corporation)，退伍军人被赋予特权，他们能够更加容易地获得信用以购置新家。抵押保险使得大多数加拿大中产阶级人士能够更容易地从银行借款，同时，加拿大抵押和住房公司的资助也能确保建造 60 万套社会性住房。但是，20 世纪

---

① Alexander F. Laidlaw, ed., *The Man from Margaree: Writings and Speeches of M. M. Coady, Educator, Reformer, Priest*, Toronto: McClelland and Stewart, 1971.

② 例如，参见 Jim Lotz and Michael R. Welton, *Father Jimmy: The Life and Times of Father Jimmy Tompkins*, Sydney, N. S.: Breton Books, 1997。在 2008 年 3 月和 4 月，笔者被邀请作为演讲嘉宾在三个参加者众多的号称为“市政当局重要事项”的地方会议上发言，这些会议是由加拿大劳工大会与卡普顿地区劳工委员会组织的。我把自己的演讲称为“将吉米召回”。虽然在卡普顿“吉米神父”在人们的记忆中仍然令人敬畏，市长却说他更推崇威廉·戴维斯给人们留下的遗产。威廉·戴维斯是一位激进的煤炭工人，1925 年在政府对一次罢工的暴力镇压中遇害，这次罢工针对的是骇人听闻的工作条件。

80年代后期，开支开始被缓慢压缩，1993年之后，联邦政府事实上已经放弃了它在社会与救助性住房领域的角色，这导致了开支加速减少。加拿大抵押和住房公司的职员也从卡普顿岛完全撤离。

1998年以后，联邦财政盈余曾经催生了一项关于经济适用房的新举措（affordable housing initiative），但是，联邦政府并未重申它在住房领域曾经扮演的主导性角色。当然，为了维持众议院的多数支持，少数派的自由党政府于2005年被迫将16亿加元（于两年内）投入《国家住房法案》的项目中去。新一届的少数派保守党政府则将这笔款项投入信托基金中。不过，大多数此类基金的配置与战略目标仍然有待明确。① 在2009年至2010年的联邦预算中，住房预算的相关数据非常突出，该预算设立了一项用于房屋整修的税收，并承诺对省进行“经济刺激性”的转移支付。与住房资金配置问题相关的加拿大—新斯科舍协议重点关注修复现存的公有房屋，这包括卡普顿地区市政当局辖区内接近2 300套的房屋。然而，当地大多数住房问题是与既有的私人住宅相关的。

卡普顿议会保护性服务委员会（Protective Services Committee）致力于消防和规章制度执行事宜，它的工作议程由两大事项主导：一是拆除卡普顿地区市政当局辖区内诸多被弃置的老城区房屋；二是执行《危险与有碍观瞻的处所条例》（Dangerous and Unsightly Premises By-law）的命令，由于这项法规不利于贫困者，因此执行起来相当困难。

该委员会将以下事项作为规制重点：市政当局是否有权迅速实施干预，下令拆除空置建筑；它是否能够依法驱逐危险建筑物中的居民，然后在不让纳税人买单的前提下拆除这些建筑物。事实上，市政当局每年为拆除旧建筑安排的预算仅为一万加元，它无力为此承担更高的预算。

以上讨论中所忽略的一个重要因素是：将其中一些建筑修好用作体面的经济适用性住房。当这类不动产因欠税而被市政当局没收时，卡普顿地区市政当局是否能够将这些财产移交给它自己创立的房屋修复公司，然后由该公司利用这些不动产吸引联邦和省的资助？大多数这样的

① 例如，参见 Nick Falvo，“Addressing Canada's Lack of Affordable Housing：Presentation for PEF Panel：Interdisciplinary Approaches to Economic Issues，” June 1-3，2007；Jack Layton，*Homelessness：How to End the National Crisis*，Toronto：Penguin，2008；John Sewell，*Houses and Homes：Housing for Canadians*，Toronto：James Lorimer and Company，1994。

“税收财产”被以令人愤怒的低价拍卖——通常低于5 000加元。众所周知，一些买主是“贫民窟房东”。如果这些房东发现一些地区的不动产不能增值时，他们就会将这些住房租出去。而且，只要租户愿意付房租，就一直租下去。当再也不能找到租户或买主时，他们就将其弃置。

如果房产所有者再也不想照料废弃的房屋，或者难以为房子找到新的买主时，他们可以将房产捐赠给房屋修复公司。

1978年，温尼伯市设立了温尼伯住房修复公司，它接管或购买废弃建筑，并再次出售或作为经济适用房出租。在这一市级实体组织的带动下，许多邻里公司建立起来，这些公司能够从中央公司手中取得不动产，或者利用中央公司职员的专业技能。劳伦斯·迪恩（Lawrence Deane）在一项研究中就详细描述了其中的一个邻里公司——诺斯德住房项目（the North End Housing Project）。① 诺斯德是一个长期“处于危险边缘”的地区，它有着高贫困率、犯罪率和房屋废弃率。在该邻里公司的努力下，即使是领取社会救济的低收入者，也能通过与加拿大抵押和住房公司的协议、信用合作社以及居民的“血汗股权”，被赋予机会通过先租后买拥有他们自己的家。随后，这一机构在它所在的地区促成了一项名副其实的社会性基础设施，包括犯罪预防项目、瘾君子治疗项目、培训项目和一个雇用当地失业居民的装修公司——市内装修公司。迪恩力图用实证资料说明以下事实：新的邻里企业依靠修复废弃房屋维持生存，这创造出了微观的经济环境，依赖于这样的微观经济环境，能够阻止地方资源的流失，实现产出总价值大于投入总价值。

1995年，在两位市议员的积极帮助下，萨斯卡通市昆特开发公司（Saskatoon's Quint Development Corporation）得以设立，并采用了类似的运营模式。该公司购买并修复一些家庭住宅，并且将这些住宅每十套一组构成合作公寓。合作公寓的居民部分地拥有这些公寓的所有权，昆特公司则帮助安排或提供必要的支持性服务，扶持居民实现从社会救助到稳定就业的转型，帮助他们准备好成为住房的主人。五年之后，居民可以要求获得对房屋的完整所有权，并基于昆特公司最初的购买价格支付抵押贷款，并且，在抵押贷款视同已经被提前支付的前提下，计算合

① Lawrence Deane, *Under One Roof: Community Economic Development in the Inner City*, Halifax: Fernwood Publishing, 2006.

作公寓费。①

促成这样的项目可能会对卡普顿地区市政当局的现有情况产生积极的影响。虽然它的人口在以每年接近 0.8%的速度下降②，但是仅 2007 年，它辖区内就至少有 8 个城市分区总共 200 套家庭住宅正处于建设中。市政当局认为所有的开发都是好现象，但是，它并未设立一项开发管理基金，以确保在需要新建基础设施或者更新现有基础设施时，资金能够到位。这是因为，在大多数废弃房屋所在的地区，基础设施早已经建好。

卡普顿社会性住房有一个申请等候单。在 2006 年 2 月的议会代表团会议上，卡普顿住房局将这一名单按照下列方式进行了划分：403 位老人，411 个家庭，138 个非老年的成年人。③

促成这样的项目也可能会引发有关环境问题的争议。不列颠哥伦比亚省政府 2001 年的一份报告曾引用了许多项研究，估测出房屋建设与拆除的垃圾占到北美 1/3 的垃圾填埋量。④

而且，许多逐渐遭到损坏的建筑具有重要的历史价值，这其中就包括卡普顿地区市政当局辖区内的由煤矿和钢铁公司在 1850 年至 1920 年间建造的 1 200 套公司住宅。1997 年，在加拿大历史古迹委员会（Historic Sites and Monuments Board of Canada）委托的一项研究中，威廉·怀利（William Wylie）将公司住宅地区的特征概括为加拿大最重要的文化产业风景之一。⑤

2007 年 9 月，笔者给主管议会保护性服务委员会的议员写了封信，信中充分讨论了这些争议。他很快回信并请笔者去给委员会做了一场讲座。这次接待很令人鼓舞。一位议员大声说道："我们一直干坐着，没有取得任何进步！我们必须尝试做些新事情。"⑥ 正是在那次会议上，保护性服务委员会任命了一个特别委员会，该委员会由三位议员、首席行政官、执行与规章主管、消防服务主管以及笔者组成。我们被要求尝试在

---

① *More Than Four Walls and a Roof*：*The Story of Quint Development Corporation*，video，2002.

② Heseltine，op. cit.

③ Minutes，Office of the Regional Clerk，2006-02-18.

④ Discovery Economic Consulting，*Using Tax Shifting and Tax Incentives to Promote the Deconstruction/Renovation Industry*.

⑤ *Coal Culture*：*The History and Commemoration of Coal Mining in Nova Scotia*.

⑥ Tom Ayers，"Municipality to consider creating housing revitalization corporation，" *Cape Breton Post*，2007-10-15.

这一理念下开发出新的东西。

笔者的讲座与委员会的深思熟虑在《卡普顿邮报》的头版刊登出来，并且所有的地方电台都对此展开讨论。借此契机，特别委员会召开了它的第一次会议。

三、过程展开

我们一致认为，特别委员会面前的任务是一个难题，并为此确立了一些基本的原则。

(1) 重要的是获得完整的基础数据。现存的数据并不多。我们很快得到了一个包括547幢空置建筑物的初步名单，但是，要确定其他仍有人居住的建筑物有多少“处于危险境况”是非常困难的。近期，卡普顿并未实施将邻里资产和邻里意愿“绘制成图”的行动，也无法提供“处于危险境况的”建筑中的居民的人口统计或者社会概况信息。同时，没有人通过研究来准确判定为什么一些住宅所有者会将房屋弃置。我们曾经听到一些逸闻，如果在首付款方面得到一些帮助，一些租户将很愿意购买他们租住的房屋，可是，即使是信用合作社也对此持保守态度。而且，对于这样的逸闻的真实性，并未有人展开过调查研究。

卡普顿大学对三年级学生的地方政府（地方政府问题）课程设置进行了调整，将“住房修复”作为课程主题。该课程要求每位学生都要负责一个得到详细指导的调研项目，这些项目包括邻里概况、对刺激住房修复和阻止现有住房进一步损坏的土地利用规划工具进行评审、疯狂贵族化的制止战略、建立卡普顿地区市政当局的人道之家的可行性等等。这些项目的数据将有助于开发一个住房修复战略。

(2) 不能搞一刀切。一个集权导向的“命令—指挥”项目是不可能取得成功的。我们非常详细地讨论了温尼伯和萨斯卡通的案例。

我们一致认为，参与住房修复的组织有着不同的视角和偏好，这一点是正常的，重要的是，我们拥有减少贫困的动机。同时，有关当地无家可归者或者住在可怕居住条件下的居民的报告震撼了卡普顿民众。因此，我们也拥有环境要素、基础设施最优化要素以及历史保护要素。

(3) 重要的是学习他人经验，学习自身的经验。有些组织在 20 世纪七八十年代建造了许多家庭住宅，这些组织依然存在，其中最大的组织是新曙光企业（New Dawn Enterprises）和西顿基金会（Seton Foundation）。虽然近年来它们满足于对既有房屋的管理，但是，它们的既有经验值得借鉴。同时，我们恳请它们，唤起它们对住房修复计划的兴趣。

在“处于危险境况的”邻里地区，有一些知识丰富的市民，他们知道如何改善现有境况，应当被尽早地吸引到这一进程中来。

(4) 必须在迅速推进住房修复进程的意愿与对现有方案和工作进行批评的需求间寻求完美的平衡。我们必须准备好接受批评，准备好调整我们的努力方向，并经常邀请其他力量参与到住房修复进程中来。

四、将利益相关者召集起来

考虑到在这一进程的起始阶段，特别委员会只有非常有限的当地数据，我们一致认为，应该立刻将其他两个层级的政府都邀请进特别委员会中来。因此，卡普顿住房行政官员、新斯科舍社区服务部以及加拿大抵押和住房公司的一位代表都加入了我们的特别委员会。

加拿大抵押和住房公司的一位代表指出，随着财政年度的结束，她可以提供一些可自由处置的资金召开会议，并出资邀请三到四位在各自城市具有相关经验的城市官员或社区积极分子到卡普顿来参加会议。我们选定了温尼伯住房经理戴维·斯坦森（David Stansen）、昆特开发公司助理经理拉维恩·斯泽沃特（Laverne Szejvolt）、温尼伯住房与无家可归者运动的省级主管卡伦·马哈拉杰（Karlene Maharaj）以及新不伦瑞克省圣约翰市的住房替代项目执行主管基特·希基（Kit Hickey）。笔者承诺在四周时间内与卡普顿大学的同事共同组织这一会议，并且将尽可能多的利益相关者都召集起来。

我们为每位受邀者拟出了个性化的邀请信，而且，这些邀请信均由市政当局的首席执行官签名。我们也发布了公共/媒体通告，向其他感兴趣的力量发出了邀请。而且，我们还规划了一条邻里街区的巴士旅游线路和一个可能的引领项目，并且在卡普顿大学和市政当局中招募了导游。

几乎每一位受邀者都参加了会议。与会者共计 97 位，他们分别来自于第一民族、商业组织、劳工群体、社区学院、社会服务组织、邻里委员会、教区委员会、房地产经纪人、代表房东的组织以及其他对住房感兴趣的人、联邦和省的地区开发机构。

与会者就几项近期要开展的后续行动达成了广泛共识。虽然特别委员会已经对这些行动进行了细致的调整，但是，还是将其提交给与会者讨论，以确保在采取下一步行动之前，与会者的共识能够在行动方案中得到精确的反映。

与会者基本上认同，应该在温尼伯模式的基础上建立一家住房修复公司，应该建立一个致力于住宅翻新的人道之家（Habitat for Humanity）分支机构，也应该与保护新斯科舍（Conserve Nova Scotia）这一能源—效率机构保持原则上的一致，还应该设计一个综合的邻里方案，用以处理不光彩的事项（妨碍某些地区投资的负面感知），并协调机构的资源。

2008 年 12 月，卡普顿地区市政当局同意建立一个名为经济适用住房翻新伙伴关系（the Affordable Housing Renovation Partnership，AHRP）的非营利公司来监督这一工作。卡普顿教会委员会（并非市政当局）则承诺资助 1 万加元。同时，当地的人道之家委员会受托马上组织了一个重要的资金募集活动，并招募了一个志愿者小组在一座空置的建筑物中实施住房修复项目。

但是，事实证明，找到适当的建筑物并对其进行修复是一件相当困难的事情（即使空置房屋的结构确实能够被修复）。作为预期引领项目之一的古屋周转金（heritage housing revolving fund）（用以改造出经济适用住房）原本可以由老悉尼协会和惠特尼码头历史协会（the Old Sydney Society and the Whitney Pier Historical Society）运作管理，但是，它令一位项目计划者为此白白耗费了 12 周时间。她努力获得准许以进入这些空置的建筑物，但却深陷与一位拖欠税收的房主的漫长谈判中。这位房主拥有一座百年老宅，虽然空置却仍然坚固。历史协会被迫请来一位私人住宅检查员，该检查员声称此建筑结构完好能够被修复。然而，由于该建筑被故意毁坏文物者放火烧毁，最终致使这场谈判终止。在另一个地处北悉尼的潜在的引领项目中，当地议员明确反对与房主谈判，因为城市工作人员早已经认定，他们的工作已经导致房主产生了这样的认识：城市工作人员会拆除一座遭到人们多年抱怨的建筑。

新成立的人道之家委员会在获取住房时同样遇到了困难。它恳请市政当局帮助其获得并移交一座可修复的住宅。然后，它会在志愿者的帮助下修复住宅，并出售给中等收入家庭，从而使得该住宅能够重新列入征税名单中。

面对这些困难，AHRP 请求市政当局准备一个可修复且可获得的住房清单，以避免社区组织在帮助市政当局解决空置建筑问题时卷入大量昂贵的住房检查工作中。首席行政官同意，该清单将作为市政当局将要做的“社区可持续性综合方案”（Integrated Community Sustainability Plan）的一个组成部分。对于所有加拿大市政当局而言，社区可持续性综合方案是联邦与省的天然气—税收转移协议中的一个附加条件。任何接受联邦天然气—税收收入的市政当局都必须开发这样的方案，不过，在参考条款方面市政当局有着极大的灵活性。

遗憾的是，卡普顿地区市政当局在准备参考条款时延误了 3 个月，因为市政当局的经济发展经理说服了首席行政官，令其认为，卡普顿地区市政当局的“社区可持续性综合方案”不应当关注住房修复引领项目或者其他新的尝试，而应当展示出市政当局**事实上并不具有持续性**。不过，首席行政官向 AHRP 保证，住房清单将会是市政当局的一项任务。该清单最终在 2009 年 11 月完成，它列出了 770 座空置住房，其中只有不到一半是“适于居住的”。由于房主拖欠税收或者搬离了卡普顿，这一清单没有提供能否获得住房的信息。

幸运的是，我们有许多合作伙伴。当地的精神病患支持性住房委员会（Supportive Housing for Individuals with Mental Illness，SHIMI）表示，它有兴趣接管一部分可修复且可获得的住房。问题是，并不存在“实施匹配工作”的机构与体系。这很大程度上是因为，在确定哪些住宅因欠税事实上能够由它接管，或者能够以适当价钱购买并移交上，市政当局的行动非常缓慢。

虽然加拿大抵押和住房公司非常愿意对研究和商业规划工作提供资助，但是，它能够提供的直接资助是有限的。因此，在该公司的帮助下，笔者于 2009 年 4 月邀请前述的诺斯德住房项目的劳伦斯·迪恩，还有安大略省彼得伯勒市的亨利·克拉克及其夫人来卡普顿参观。他们参观了卡普顿地区市政当局的大部分城区，并且与社区志愿者信用合作社经理、社区警察局长官以及职责涉及住房问题的高级公务员碰面。克拉克夫妇创办了土生土长的家（Homegrown Homes），该机构致力于将损坏的建筑修复成经济适用的住宅。亨利·克拉克现在是彼得伯勒市副市长，他见证了单一项目所能够产生的能量。该市拥有一座损坏的历史建筑，市政府获得这座建筑的初衷是为了支持一个道路拓宽计划，但该计划并未实施。刚成立的土生土长的家请求保有这一建筑，同时申请获得市政府原本想要用以拆除它的 1 万加元费用。该市规划局现在保证，无论什么时候，只要市里拥有或者将要拥有空置的房屋，或者这些空置的房屋在等待拆除的名单中，但不会马上拆除，它们都可以通过这一机构被出租出去，以便为贫民窟房东提供一些竞争机会。这一项目所产生的极大的公共性是至关重要的，它能够改变当地的行动范式。它说明，市政当局在改善住宅状况的同时，也能够成为经济适用住房的领导者。

温尼伯和彼得伯勒市的参观者所提出的建议可以归纳如下：

(1) 即刻着手实施一个或少数几个项目。

(2) 在获得住房财产之前，没有必要制订一个设计详尽的运营计划，可以在行动中改进运营计划，肯定会有大量的即兴创作与试错机会。

(3) 第一个项目将会产生催化作用，并且也要尝试将其推进到这样的地步。这样的项目在创造有关胜利纪录的同时，也会突然改变人们对什么可能和什么不可能的认识。

(4) 要准备好冒险，因为邻里/社区将会围绕项目团结起来。当我们的客人从社区到社区与各种团体会面时，他们对卡普顿地区市政当局的“社会资本”印象深刻，并且坚信，我们在获取当地组织支持上不会遇到困难。但是，这些团体需要看到一座住宅或一个项目，然后，他们将会受邀提供实际的支持。

(5) 从中期来看，卡普顿地区市政当局需要改革其土地利用规划实践。分散的市区开发是导致空置建筑问题的根源所在。

(6) 一个或多个成功项目是强化卡普顿地区市政当局均衡与公平发展的路径之一。“看看我们能做什么！现在，想象一下，假如我们能够与省政府有着平等的财政关系，我们将能实现怎样的进步！”

(7) 拥有住宅开发授权的大型机构与社区开发公司（卡普顿地区市政当局、卡普顿大学、新斯科舍社区学院、社区开发公司新曙光企业），应当将住宅修复与良好的城市设计整合进它们的工作中。它们的项目不应当推动城市扩张（以及带来基础设施债务），而应当阻止现有邻里地区状况的下滑。

一个富有前景的引领项目是位于格莱斯贝圣十字堂（Holy Cross Parish in Glace Bay）空置的格丽伯大楼（Glebe House）（教区长住宅）。AHRP 详细检查了这座大楼，发现它处于非常好的状态（虽然需要重新布线和装置水暖），便与圣十字堂商讨，以便推动对该建筑的修复工作，从而重新加以利用，将其作为精神病患的救助房屋。SHIMI 执行委员会也检测了这一建筑，并且表示有兴趣参与该建筑的修复工作。

同时，我们也在寻求一个展示性项目，该项目能够让大多数合作者都参与进来，并且提供一个能够被轻易复制的样板。最初，展示性项目关注的是寻找先前遭到破坏的可修复建筑，并将其转化为学生合租房（student cooperative housing）。然而，该项工作时间安排表的 30 周中，大多数正处于春天和夏天，这时只有很少的学生在校园里。卡普顿大学与被视作北美学生合租房的首席专家的密歇根大学的吉米·琼恩斯（Jim Jones）合作召开了一个学生研讨会，与会者普遍认为，任何对空置财产的调查都需要以广泛的经济适用住房授权为前提。

在对几项财产进行了辛苦的研究之后，AHRP 与 JCP 小组选定了伍德大道（Wood Avenue）3543 号和 3545 号的一座有着百年历史的公司双拼住宅。该住宅位于一块很大的边角地块上，紧邻新沃特福德市（New Waterford）中心，并且与一个很大的公园隔街相望。① 持证的住宅勘查人员对这一财产进行了详细的检查，认定它基本完好，可以修复。同时，两位建筑承包商估计，根据市里和省里的建筑法规对两侧住宅进行修复的话，需耗费 7.2 万～8 万加元。这一双拼住宅的所有人所开出的卖价则是 2.5 万加元。

购买此住宅的一个方案得到了 300 加元的担保，同时，一项商业计划也开发了出来。该计划规定了对经济适用住房所有权机会感兴趣的家庭申请该住房的总体要求，并且将从卡普顿岛住房局获得的对申请家庭的资助涵盖进去。家庭年收入要求必须低于 3.15 万加元，这样可以保证获得对双拼住宅两侧各 1.6 万加元的省级资助。新斯科舍省同意在最少居住 12 个月这一要求上做出让步，以便保证申请者符合修复资助申请要求，但是，不愿意在最低收入线方面做出让步。

最终，40 个家庭咨询了此住房的情况，并向新沃特福德信用合作社寄出了 26 份申请表。只有 4 个家庭的申请得到回音，信用合作社推荐了其中的 2 个家庭。

然而，这一项目遭遇了难以预料的困难。AHRP 所代表的加拿大抵押和住房公司的态度曾经是，申请者可以获得灵活的抵押保险（更低的

---

① 与新沃特福德市的许多其他公司住宅一样，这一住宅曾由多米宁煤炭公司拥有。1941 年 9 月 19 日出售给利奥·提摩丝。新斯科舍土地登记处的出售合同号为 2170-595。

首付，为住宅提供的志愿服务抵扣部分首付等等）。但是，事实上，如果要符合这些灵活抵押保险的要求，项目最少需要有5个住宅单元。在与那些提供应急与周转住房的机构的合作中，我们已经知晓项目需要三个额外的住宅单元，但是，那些建筑并未得到完全担保或者并没有购买方案，所以，它们不符合要求。信用合作社试图寻找私人保险公司来取代加拿大抵押和住房公司，但是，这一努力失败了。信用合作社自身也不想承担这一风险。同时，AHRP没有资产支持它符合抵押担保的要求或者仅仅是具有购买这一财产的资格；省里也坚持认为，新斯科舍住房开发公司作为一个临时所有人（如果可能的话）出现在先租后买的协议中是违背常规的。因此，该项目被暂缓并最终没有带来任何成果。

为了配合上述工作，AHRP在“无家可归者伙伴战略”（the Homelessness Partnering Strategy）为一个短期的协调人申请资助。该协调人要确定这些财产中哪些是可以获得的，并且帮助AHRP将这些财产移交给能为年轻人、精神病患和家庭暴力受害者提供应急和周转住房的机构（这些机构已经意识到需要额外的设施）。① AHRP的资助申请得到了批准，协调人也将三座住宅与机构进行了匹配，并帮助机构为每一座住宅都开发出了可持续的商业计划。

五、在并行轨道上前进：自力更生途径

由于在三个政府层面上此项目都未能对当地住房修复工作产生建设性影响，所以，我们重新校准了项目方向：在保证政府代表仍然待在会议桌旁的同时，下一步关注私人资金的募集，以便执行前述的示范性计划。

借助于直接呼吁，我们从私人捐助者中募集了大约3万加元，其中1万加元来自一位捐赠者，这笔钱构成了悉尼遗产周转基金的启动费。一

① 卡普顿-维多利亚儿童救助会已退休的执行主管玛丽·布恩通过与几位机构领导和一线工人的面谈，帮助笔者确认了这种对额外设施需求的程度。儿童救助会曾为一笔资助提供担保以租下邻近市中心的一套四床位住宅，但却未能找到合适的住房。卡普顿地区警察局报告称，有31位已知的无家可归者年龄在16～19岁之间。在悉尼为成年男子提供庇护所的社区住房组织和为妇女提供庇护所的周转住房组织宣称，大多数时间庇护所都人满为患。

个新的组织——悉尼建筑保护协会（the Sydney Architectural Conservation Society）成立并负责该基金的运营。我们与一位居住在外地的财产所有人协商，以 2.5 万加元（低于市值）购买了利普斯科姆住宅（Liscombe House），这是一座已经空置 6 年的著名的意大利式历史标志性建筑。新成立的悉尼建筑保护协会没有业务记录，不具有抵押担保资格，但是，它在保证收益证券（guaranteed income certificate）框架下凭借 1.25 万的抵押品获得了一笔贷款。

利普斯科姆住宅被清扫干净并部分地进行了修理。漏水的屋顶被修复，窗户和门也修复一新。然后，我们向私营开发商发出了提交修复方案的邀请，他们要保证（通过永久合约）不能拆除建筑，要在 18 个月中完成修复工作，并且将此住宅改造成两套单元。结果，两位开发商提交了申请，其中一个装修小组符合要求；另外，一位房主愿意自我修缮并允许协会补偿其支出。这两个修复项目马上着手实施，在本章写作时，两个项目处于起步阶段。

同时，笔者在欠税房产拍卖会上以 8 870 加元的价格购买了位于格莱斯贝市（Glace Bay）中心空置的多米宁煤炭公司（Dominion Coal Company）734 号住宅，并且将其捐赠给了人道之家。为了修复这一住宅，卡普顿大学和新斯科舍社区学院还组织了一次学生住宅修复设计竞赛（每个小组都是多学科的团队，由来自两个学校的学生组成）。

然而，实际的住宅修复工作相当艰难。我们缺少一些必需的专业知识，而且，工作速度也因要筹集更多的资金而被迫放慢。但是，这座房屋最终成了一个极好的例子，它被修复成焕然一新的节能住宅——甚至安装了用旧苏打罐制成的太阳能电池板！一个原本租住在不安全住宅中并在住宅修复中提供了帮助的当地家庭被挑选出来，成为该住宅的新房主。这一住宅修复工作成了社区学院学生和一个致力于提升妇女间技能交换的组织的培训案例。

继而，当地的人道之家委员会接受了另一座被损坏的遗赠住宅，并且与悉尼建筑保护协会商定了一个伙伴关系协议来修复这一住宅。目前，这一工作正在进展中。

对于这样的努力，市政当局是支持的，不过是以更具有反应性特点的方式。它同意为这些项目提供数额在 4 000～8 000 加元的遗产保护资助。而且，多米宁煤炭公司 734 号住宅成了这一地区首个被指定为遗产地标的“公司住房”。同时，市政当局向悉尼建筑保护协会贡献了一个疏于管理的紧邻悉尼钢铁厂的空置地块，并通过协议规定悉尼建筑保护协会对其进行美化修复。悉尼建筑保护协会的这项修复工作正与当地高中八年级学生一起合作实施。

新市长塞西尔·克拉克（Cecil Clarke）也注意到了这些由大学与市民社会引领的成功案例。他在2012年借助于实用主义的城市改进纲领当选（在他的前任决定不再提供支持之后），该纲领要求各部门投资于城市改进工作。现在，市长正与AHRP合作以提出一项新的省立法议案，该议案要求针对那些希望获得疏于管理的住宅并加以修复的人简化欠税拍卖流程，要求开发一个遗产捐赠项目，并且要求任命一位工作人员与住宅修复组织进行合作。

六、结论

采用协调一致的方法实施经济适用住宅修复工作，其难度注定要超出预期。包括笔者在内的卡普顿大学的代表们督促市政当局，利用其影响力将政府高层与市民社会行动者都召集到会议桌前，共同致力于住房改善与修复工作。回顾过去，我们失策于未能迅速推进这一进程，未能通过配置适度的城市资金雇用一位项目协调人，并且未能启动大约10万加元的投资基金。假如拥有这些资金，AHRP就有资格进行抵押贷款，为示范性住宅支付适当价钱，并与低收入购买者协调确定先租后买的制度安排。假如雇用了一位协调人，该协调人也能够花费精力为项目争取其他资助，并且通过协商，为穷人量身打造特定的补贴。现实中的相反情况是，住房修复工作被置于一刀切的资助项目下，未能根据卡普顿地区市政当局的需求实现量体裁衣。

虽然住房修复实践进展不均衡，而且项目起始阶段遭遇诸多困难，但是，卡普顿地区市政当局的实践仍然揭示出加拿大城市市政当局在社会保障方面所扮演的角色的一些重要特征。

第一，市政当局权力有限且资金很少，它们往往由于对费用的担忧而不愿成为政策企业家（policy entrepreneurs）。

第二，对于地方政府来说，为了解决导致基层居民不安全的社会问题而与政府高层斗争，这可能是一个富有吸引力的政治主张。

第三，现实中确实存在一些机会，它们能够帮助市政当局获得非正式领导权以及来自政府高层的额外资助。如果要抓住这样的机会，市政当局需要利用其非正式权力（它的“软权力”）即它所拥有的道德权力，这种权力能够将利益相关者集聚到一起，采取主动并设计出行动路线图。

如果要为城市“软权力”找到这种新机会，就需要寻找一个与当前地方当务之急或危机相关的政策窗口。当然，它也需要一个易变的政治环境。由于卡普顿地区市政当局经历着戏剧性的经济紊乱（特别是20世纪90年代早期以来所宣告的经济状况），也由于1995年新斯科舍省所强推的城市合并，因此，简单地说，在卡普顿已经不存在克拉伦斯·斯通（Clarence Stone）所说的“管理机制”①或者劳根和摩罗奇（Logan and Molotch）所说的“成长机器”②。这意味着，卡普顿资源分散且政治利益集团缺乏组织性。因此，新的机会属于那些能够成功地将政治与市民社会的领导人聚集到一起的人。

在卡普顿，人力资源枯竭是另一个紧迫的和令人担忧的问题。卡普顿志愿者组织办公室曾警告道，卡普顿存在着“静悄悄的危机”。伴随着人口老龄化，以及年轻人离开或者将他们的时间用于往返卡普顿岛与加拿大其他地方（在这些地方，没受过高等教育者有着更多工作机会），卡普顿难以招募和维持志愿者队伍。

然而，人们还是能够感觉到卡普顿存在着一些潜在的资源——领取养老金的人们，那些还没有密切地融入社区中的从“远方”来的人［这一术语“CFA”（come-from-away）即来自远方，经常被用到］，以及接受高等教育的学生。即使是12位城市议员也需要从事常规的选民工作，未能从事具有战略头脑的社区开发规划师的工作。住房修复实践揭示出，大学中的潜在资源能够更多地融入社区生活中去。

将这些资源召集起来的力量并非市政当局的正式权力。然而，它拥有一项潜在的强大的非正式权力，对于具有创造性的、关心社会的城市领导来说，这项权力让一切充满机遇。

---

① 例如，参见 Clarence N. Stone，*Regime Politics：Governing Atlanta，1946—1988*，Lawrence：University Press，1989。

② John Logan，Harvey Molotch，“The City as a Growth Machine：Toward a Political Economy of Place，” *American Journal of Sociology* 82（2），1976，pp. 309-332.

第九章

廉租房政策发展中的公众参与

——以厦门市为例

孟　华

一、导论

中国的廉租房政策已经走过了十年的发展历程。作为一项公共政策，它不可避免地经历着批评、调整与重塑，并最终形成了与西方公共住房政策具有差异性的满足中国最贫困家庭住房需求的中国特色住房政策。① 然而，在政策的发展过程中，到底是什么样的力量在左右着它的发展方向？政策的受惠者是以什么样的方式将他们的意愿与要求表达到政策过程中来的？他们的呼声到底有多大？非政策受益者对此项政策的发展又表现出怎样的态度？在中国公共政策发展②公众参与不足的背景下，这些问题是相当艰涩的。然而，从政策发展或者政策过程的角度来看，公众参与却是一个值得深入分析的关键性因素。

由于政策分析与政策评估在西方国家高度发展，西方学者非常重视公共住房政策的影响问题，这一点不会令我们感到惊讶。真正有趣的是这样的事实：虽然有些学者讨论了住房政策制定中某些类型的公众参与，但是，关心公共住房或廉租房政策问题的学者却为数不多。

---

① 在该项政策的发展过程中，中国政府采纳了三种类型的廉租房形式，它们是实物配租、租金核减和租金补贴。这些救助是根据收入与居住条件的差异向那些最贫困的家庭提供的。只有那些家中有残疾成员的家庭可以获得由政府兴建的公租房的居住权，其他家庭需要从市场上租房并申请政府的租金补贴，或者从其工作的国有单位手中租房，并基于其收入享受租金核减的优惠。

② 在本章中，公共政策发展指的是由政策形成（议程设立、议题形成）、政策采纳与政策实施组成的政策过程。通常，这一过程不能被简单地加以阶段化区分，因为不同的阶段是相互交叉的。

在公众参与住房政策发展方面，当约翰·克雷顿·托马斯试图将小群体决策制定理论引入公共管理时，他分析了公众在不同程度上参与决策制定的 42 个案例，其中就包括一个有关住房决策制定的案例。① 安德烈·阿莫则提供了一个住房评判委员会的例子，“该委员会对罗彻斯特和奥尔姆斯蒂德县低到中等收入家庭住房情况进行了调查”②。与公众参与公共住房政策相关的文章大多数仅是介绍了一些在此领域的实践或案例。罗伯特·C·韦弗指出，美国的公共住房项目实践者曾经在实施公共住房政策过程中接受了黑人参与理论，从而改善了黑人的生存条件。③ 但是，20 年后，劳伦斯·M·弗里德曼却发现，希拉丘兹的穷困黑人仍然组织起来与压迫他们的当地住房管理部门的官员进行斗争。鉴于维护公共住房租户利益的需要，美国 1983 年通过的《1937 年住房法案修正案》要求，住房与城市发展部在拆除或出售公共住房前要向其租户进行咨询。④ 然而，马文·克里斯洛夫的观察结果却是，20 世纪 80 年代末的法规与实践“未能确保在公房拆除或出售前有意义的租户咨询”⑤。在讨论公共住房再开发规划中的居民参与问题时，拉里·基廷又将马文·克里斯洛夫的观察向前推进了一步。他指出，1992 年联邦住房与城市发展部的第六项法案要求，必须测量一项振兴项目的住房开发活动中的居民参与情况。然而，根据他的观察，在 1998 年之前的 HOPE VI 立法中，住房与城市发展部“在满足参与要求方面为地方当局（留下了）大量的自由空间。亚特兰大住房管理局（AHA）利用这一自由空间挫伤居民信心，而他们原本可以发起有意义的居民参与”⑥。除了这些案例与观察之外，也有学者研究了

---

① John Clayton Thomas, “Public Involvement in Public Management: Adapting and Testing a Borrowed Theory,” *Public Administration Review*, 1990 (4), pp. 435-445.

② Andrey Armour, “The Citizens' Jury Model of Public Participaiton: A Critical Evaluation,” in Ortwin Renn, Thomas Webler, Peter M. Wiedemann, *Fairness and Competence in Citizen Participation: Evaluating Models for Environmental Discourse*, Boston: Kluwer Academic Press, 1995, p. 177.

③ Robert C. Weaver, “Racial Policy in Public Housing,” *Phylon*, 1940 (2), pp. 149-161.

④ Lawrence M. Friedman, “Public Housing and the Poor: An Overview,” *California Law Review*, 1966 (2), pp. 642-669.

⑤ Marvin Krislov, “Ensuring Tenant Consultation before Public Housing Is Demolished or Sold,” *The Yale Law Journal*, 1988 (8), pp. 1745-1764.

⑥ Larry Keating, “Redeveloping Public Housing: Relearning Urban Renewal's Immutable lessons,” *Journal of the American Planning Association*, 2000 (4), pp. 384-397.

如何推进公共住房政策发展中的公众参与。杰克·巴顿、吉米·普鲁姆和布鲁诺·帕罗林开发了一种可以用以支持公众参与的三维决策支持系统，该系统通过捕捉社区的反馈与其他投入来实现这种支持作用。① 迈克尔·格林伯格和M·简·刘易斯则在新泽西州珀斯安波伊市一个大规模的西班牙裔人口普查中实施了一项研究，试图辨别出他们在布朗菲尔德再开发项目中优先考虑的事项，并考查居民在多大程度上愿意参与到再开发过程中。②

在中国，伴随着廉租房政策的发展，讨论这一政策的文章与报道有200多篇，散见于期刊与报纸中。在这些文章和报道中，大多数文章是新闻报道与评论，只有大约10%的文章是学术性论文。整体上看，有关公众参与问题以及公众在廉租房政策发展中的影响问题还未成为学者们所关注的一个重要话题。只有来自报纸或网络一些非常微弱的呼吁。周义兴明确指出，公众应当有机会和权利参与并监督廉租房政策的制定与实施。③ 贾图则基于他对地方政府资金短缺原因的分析，强调廉租房政策实施过程中测量公众满意度的重要性。④ 黄玫和明星报道说，一些专家建议公众应当有机会对地方官员进行评估，以评价他们在实施廉租房政策中的努力情况。⑤ 另外，2008年2月22日的《21世纪经济报道》刊登了一篇社论，试图说服专家丢掉看客心态，站出来了解公众需求。⑥

很明显，对于廉租房政策发展中的公众参与问题的研究还很不充分，尤其缺乏对中国特定城市中公众参与这一政策过程的实证研究。本章就试图分析厦门当地居民在廉租房政策过程中的公众参与

---

① Jack Barton, Jim Plume, and Bruno Parolin, "Public Participation in a Spatial Decision Support System for Public Housing," *Environment and Urban Systems*, 2005 (6), pp. 630-652.

② Michael Greenberg, M. Jane Lewis, "Brownfields Redevelopment, Preferences and Public Involvement: A Case Study of an Ethnically Mixed Neighbourhood," *Urban Studies*, 2000 (13), pp. 2501-2514.

③ 参见周义兴：《廉租房之难到底“难”在何处?》，见 http://www.hangzhou.com.cn/20060801/ca1270382.htm，2007-02-16。

④ 参见贾图：《70个城市拒绝廉租房，谁拿走了百姓的廉租房?》，载《上海证券报》，2006-04-05。

⑤ 参见黄玫、明星：《多数专家建议建立三大机制保障廉租效用》，载《经济参考报》，2006-04-17。

⑥ 参见《社论：廉租房经适经租房并举，专家应丢掉看客心态》，载《21世纪经济报道》，2008-02-22。

情况。

厦门廉租房政策开始于2000年，并经历了三个发展阶段：2000年至2003年的实物配租阶段，市政府向政策受益者提供公共住房；2003年至2006年的租金补贴阶段，市政府开始采用租金补贴方式，并将其作为减轻低保无房户在市场上租房的负担的主要手段；从2006年起，厦门市建立了闻名全国的社会保障性住房体系，该体系是一个多层次的住房体系，廉租房只是其中的一个组成部分。

经过多年的努力，市政府已经实现了中央政府提出的向所有家庭人均收入低于最低生活标准的最贫困家庭提供住房的要求。具体来说，到2008年为止，厦门总共有5 597个人均收入低于最低生活标准的家庭，其中1 713户搬进了公共住房，781户拿到了租金补贴，3 103户享受了租金核减。①

然而，这里需要关注的问题是，在该政策于过去十年间取得了值得称赞的发展的背景下，公众是否参与到廉租房政策的发展中去了呢？公众对这一政策过程的参与水平如何？本章意在揭示厦门人在地方政府制定廉租房政策过程中的公众参与情况，并评估公众参与的水平。

二、研究方法

公众参与指的是为了影响政府的政策选择与行动，具有特定参与能力的公众通过特定的参与渠道对某项政府政策或行动做出回应。这一概念内含着公众参与的三个相互联系的组成部分，它们是参与能力、参与行为以及参与渠道。相应的，本章在测量厦门廉租房政策发展中的公众参与水平时，也将从政策过程中公众参与的这三个组成部分入手。为此，笔者还为每一个公众参与组成部分识别出了有助于测量参与水平的一些指标（见表9—1）。

① 参见陈运军：《厦门国土房局改革开放30年各项事业发展纪实》，载《厦门日报》，2008-12-12。

表 9—1　公众参与组成部分与指标

公众参与组成部分	公众参与指标
参与能力	政策受益者概念
	对政策的兴趣
	参与意愿
参与行为	政策学习
	政策讨论
	意见表达
	提出要求与建议
参与渠道	城市层面的特定热线
	相关部门层面的电话

继而，这些指标被转化为问卷中的公众参与问题，以便对厦门居民进行调查（参阅本章附录）。在大多数情况下，问题被设计为封闭式的，并为回答者提供了两个选项。问卷中有两个问题所提供的选项多于两个，但在计算中它们将会被归并为两个答案。① 问卷中所有问题的选项都采用从低到高或从否定答案到肯定答案的方式安排，这就使得编码过程更为容易，并相应使得公众参与水平的测量也更容易进行。

为了测量廉租房政策发展中的公众参与水平，我们需要以公众参与问题的答案为基础开发一个评分尺度。在此项研究中，公众参与问题的选项被编码为 0 或 1，其中，否定答案被编码为 0 而肯定答案被编码为 1。同时，9 个问题还通过层次分析法被赋予不同的权重。② 这样，我们就可以计算公众参与指标的总得分。如表 9—2 所示，公众参与的最低得分为 0，最高得分为 1。厦门居民的公众参与水平肯定处于 0 到 1 之间的连续统一体上。为了明确理解得分的含意，该连续统一体可以被断开并归类到差（低于 0.60）、一般（从 0.60 到 0.79）、良好（从 0.80 到 0.89）、很好（0.90 以上）。

① 对于政策受益者概念问题，四个选项被归并为其他人（错误选项）和人均收入低于最低生活标准的家庭（正确选项）。有关识别被调查者对政策的兴趣问题，四个选项被归并为两个（不感兴趣与感兴趣）。

② 层次分析法的实施是以一项对 20 位专家进行的有关这 9 个问题的重要性的问卷调查为基础的。

表 9—2　　问卷问题、编码及权重

公众参与组成部分	问题	A	B	权重（W）
参与能力	您对廉租房政策感兴趣吗？	0	1	0.026 9
	您是否愿意发表对厦门市廉租房政策的一些看法？	0	1	0.043 9
	廉租房是给什么人提供的？	0	1	0.067 0
参与行为	您是否曾经浏览、收听或阅读过有关廉租房政策的文章或报道？	0	1	0.143 0
	您是否曾经与人讨论过廉租房问题？	0	1	0.143 0
	您是否曾经在新闻媒体、网络或报纸杂志上公开发表过有关廉租房政策的看法？	0	1	0.262 1
	您是否曾就廉租房问题向政府机关或居委会提出过要求或建议？	0	1	0.262 1
参与渠道	您是否听说过厦门市市长专线？	0	1	0.026 0
	您是否知道厦门市国土资源与房产管理局的举报电话？	0	1	0.026 0
总分	B＊W	0→1		

对厦门居民进行的调查是在 2009 年 2 月实施的。我们共发放问卷 156 份，回收 156 份，有效答卷 150 份。除问卷之外，我们也访谈了 3 位就职于厦门市国土资源与房产管理局的政府官员以及 13 个康乐小区的廉租房住户。访谈问题是开放式的，意在收集有关厦门居民参与廉租房政策发展的详细信息。

三、研究结果

（一）参与能力

参与能力是特定公共政策中的公众参与的决定性内容，而且，公众参与水平理论上将会受到公众参与能力的影响。居民的参与能力能够被表达为他们对政策的兴趣、参与意愿以及他们对政策的了解。

在问卷中，回答者被要求识别谁是廉租房政策的合格受益者。他们还被要求表明他们对这一政策的兴趣程度，以及他们参与到该项政策发展中来的意愿。如表 9—3 所示，他们的情感性能力是好的，但他们对该政策的了解情况却非常糟糕。具体来说，针对询问他们对于此项政策的兴趣这一问题，96 个（64%）回答者承认他们对这一政策感兴趣或非常感兴趣。针对询问他们参与意愿的问题，肯定回答所占的百分比也相对较高（接近 50%）。但是，承认对政策感兴趣的 96 人中有 1/3 不愿参与到这一政策的发展中来。在对该政策有着相对高的兴趣与中等参与意愿的 150 人中只有 10 人（6.7%）正确地识别出了政策受益者是那些人均收入低于最低生活标准的家庭。这些数字表明，在精确地了解政策内容方面，厦门人对于廉租房政策的认知水平非常薄弱，虽然他们对这一政策的情感认同达到了中等水平。

表 9—3　　　　参与能力

参与能力指标	否定回答	肯定回答
对政策的兴趣	36%	64%
参与意愿	50.7%	49.3%
受益者概念	93.3%	6.7%

总体上看，这一部分的公众参与水平或者说居民参与能力的水平是 0.043 3。由于这一部分公众参与水平的取值范围是 0～0.137 8，因此，该得分相当低，只是得分区间上限的 31.42%。

（二）参与行为

从理论上讲，居民参与行为是他们的参与能力的结果。既然参与能力的得分相对较低，参与行为可能也不会积极。这是否是事实呢？根据我们的访谈结果，在大多数时间内，厦门政策过程中可以观察到的参与行为是由市政府而非市民做出的①，当然，政府可能会通过一定的方式聆听公众的呼声以确保必要的公众信任、透明度与公正性。一位就职于厦门市国土资源与房产管理局的官员指出，厦门市廉租房政策发展的推动者与决策者都是地方政府而非普通公众。另一位官员则暗示，厦门市委书记在廉租房政策发展中发挥了非常重要的作用。那么，除了地方政府之外，其他力量在该项政策的发展中又发挥了怎样的作用？这些力量又是通过什么样的方式对政策产生影响的呢？答案是，在地方政府主导

① 我们访谈了三位就职于厦门国土资源与房产管理局的官员。其中两位指出在该政策的发展中没有明显的公众参与，另一位则说有。但是，当我们要求后者向我们提供更为详细的有关公众参与的信息时，他并未能提供这样的信息。这里还需要提及的是，由这些官员提供的廉租房的地址是不准确的。这可能也能够揭示出政府在将公众卷入政策发展中来的实际情况。

廉租房政策过程的背景下，虽然在厦门市廉租房政策过程中可以识别出一些大众力量以及他们的典型参与行为，但公共参与只会偶尔发生。

房地产商通过投标公共住房的建设，可以对政策过程尤其是政策实施产生影响。研究文献提供了一些房地产商老板表示他们愿意捐建或者以成本价向地方政府出售住房的例子。① 同样的，厦门市的一些房地产商也同意对廉租房建设做出贡献，以便获得从地方政府手中优先购买土地用于商品房建设的好处。然而，厦门廉租房建设中最为重要的力量是一家名为厦门住宅建设集团有限公司的企业，它负责厦门 2/3 的社会保障性住房（包括廉租房）的建设。虽然有些学者质疑企业家的社会责任的可靠性②，但是，厦门住宅建设集团有限公司能够从住房建设中获得的仅是3%的代建费。③

另外，普通群众尤其是那些政策受益者也能够对这一政策的发展产生一些影响。从文献看，普通群众（包括政策受益者）在政策实施与重新调整过程中会通过两种途径表达他们的意愿，并对政府做出回应。

普通群众在政策实施中表达意愿的第一种途径更为直接和积极。在一些城市，为了在政策实施中表达要求，该政策的受益者可能会采取积极的集体行动。④ 虽然厦门的廉租房住户并未采取过集体行动，但他们确实采取过一些直接的可观察到的行动以迫使政府考虑他们的特定需求。这些行动通常表现为通过热线、政府电话号码以及网络上的政府市民沟通渠道对政策实施情况进行抱怨。然而，由于大多数普通群众关心的是他们自己的住房问题，比如经济适用房或商品房问题而非廉租房问题，因此，来自普通群众的抱怨只能在他们收入超过最低生活标准却无力承受经济适用房价时才能够被听到。尽管有这些抱怨，但是，民众并没有

① 参见谢良兵、郇丽：《廉租房的理想与现实》，载《中国新闻周刊》，2007-03-12；杨海霞：《廉租房政策破解民生难题》，载《中国投资》，2008（2）；王月虹：《城镇廉租房融资困境与模式创新》，载《时代经贸》，2007（6）；韩冰、梁峭：《郑州捆绑廉租房与经济房》，载《瞭望新闻周刊》，2007（28）；张艳红：《开发商拟参与广州廉租房》，载《第一财经日报》，2008-03-21；叶国靖：《杭州创业人才公寓破土，廉租房制度受益面扩容》，载《第一财经日报》，2008-02-22。

② 参见吴昌宁：《开发商建“廉租房”，社会责任?》，载《四川省情》，2006（11）。

③ 参见李成刚、李晋田、陈衍水：《“厦门蓝本”调查：破解低中收入阶层住房困难》，载《中国经济时报》，2007-12-06。

④ 参见谢良兵、郇丽：《廉租房的理想与现实》，载《中国新闻周刊》，2007-03-12。

被组织起来，他们通常由政府经由现存的政府—市民沟通渠道如热线电话参与到政策过程中来。例如，一些廉租房住户的访谈对象提到，他们曾试图与厦门国土资源与房产管理局联系以便获得帮助修缮承租的廉租房，而他们也确实得到了所需的帮助。在非组织化的零星参与下，群众对政策过程的影响力到目前为止一直较小。

第二种途径是相对间接和更为消极的。一般的方式是，普通群众尤其是廉租房政策受益者在媒体记者采访他们时，表达自己的忧虑与需求。在厦门，媒体也能被贫困家庭用作在政策过程中表达需求的有价值的途径。然而，通过传统媒介听到他们抱怨的情况是非常罕见的。这可能是因为该项政策在厦门实施得很好，也或者是因为记者只报道了事实的一面。受益者的另一个消极反应是他们对租金补助的态度。有报道称，一些租金补助的受益者拒绝接受租金，因为很难用这么小数额的租金在市场上租到房子。① 在厦门，国土资源与房产管理局也曾遭受到同样情况的挑战。2004 年，在市政府改变了它的救助方式（从提供廉租住房改为主要依靠租金补贴）以后，合格家庭申请租金补贴的少于 50%（合格的 800～1 000 个家庭中大约有 300 户提出申请），因为多数家庭仍然倾向于接受廉租住房而非领取租金补贴。②

问卷调查的结果同样说明，厦门人对这一政策的参与行为不够积极。在此，为了更好地理解和分析公众参与水平，参与行为可以被区分为低水平参与和高水平参与。低水平参与是指参与方式多为政策学习与讨论，这些参与大多数是私人的非正式的参与。高水平参与包括意见的表达与政策建议，这些参与是与公开表达他们的关注事项与要求相关的公开正式行为相联系的。

如表 9—4 所示，低水平参与处于中等水平（50%上下）。在 150 个被调查的对象中，52%的被调查者指出，他们通过阅读报纸、收听广播或者浏览网页了解这一政策，50.2%的被调查者承认他们曾与其他人讨论过相关问题。与低水平参与相比，高水平参与极为少见。不到 1/4 的被调查者曾公开发表过对这一政策的意见，同时，只有 6%的被调查者曾向政府或居民委员会提出过要求或建议。高水平与低水平参与之间在百分比上的巨大差距表明，厦门居民的政策参与仍处于私人状态，或者说

① 参见陈运军、王红茹：《制度不健全资金来源贫血　学者称中国廉租房体系建设还需 10 年》，载《中国经济周刊》，2007 (19)。

② 参见陈运军：《廉租房补助申请者寥寥》，载《厦门日报》，2004-02-21。

在一定程度上仍处于对政策的认知阶段，不能真正地影响这一政策，因为他们的大多数参与行为不能被政府感知到。

表 9—4　　厦门居民在廉租房政策发展中的参与行为

参与程度	参与行为	否定答案	肯定答案
低水平参与	政策学习	48%	52%
	政策讨论	49.3%	50.7%
高水平参与	公开表达意见	78%	22%
	提出要求和建议	94%	6%

总之，公众参与在这一部分的得分大约是 0.220 2。与 0～0.810 2 的得分区间相比，这一分数刚达到得分区间上限的 1/4（27.2%），因此相当低下。而且，作为参与能力的结果，参与行为的水平也相对偏低，损失了 4 个百分点。

（三）参与渠道

参与渠道对于公众参与政策发展而言是必要的机制。实际上，参与渠道能够被划分为两种：制度渠道与非制度渠道。制度渠道通常由政府建立，而非制度渠道由参与者自发地发展起来。

在厦门，市政府提供了一些制度化参与渠道，以便于公众参与。第一，它提供了相关部门的电话号码或电子邮箱。厦门国土资源与房产管理局在公布有资格申请廉租房的家庭名单时，就将相关处室的电话号码同时公布在报纸上，同时，它每年年初还将印有其电话号码的贺卡发送给廉租住房的租户。公众也能使用热线与政府领导层进行沟通，探讨与他们的日常生活相关的重要事项，包括廉租房问题。最常用到的热线是“市长专线”。副市长、各局办领导都曾接听这一热线，并回答当地居民提出的有关城市管理的各种问题，包括廉租房政策问题。第二，市政府网页提供了一些让居民表达其关注事项、观点与想法的渠道，如“政民互动”和“市民来信”栏目。它们也用于政策形成与实施阶段的民意收集工作。例如，市人大曾将有关社会保障性住房的新地方法规挂在该网页上，以征集公众的评论与建议。同时，市政府还经常将其用作除地方报纸之外公布廉租房申请人名单的重要途径。唯一的问题是，公众未能有效地使用这样的论坛来表达与廉租房政策相关的要求与关注事项。第三，听证会也可能会用于廉租房政策的发展中。由于厦门居民抵制海沧

PX 项目的著名经历①，他们对听证会是熟悉的。然而，就廉租房政策发展而言，很难发现使用听证会的例子。当我们访谈厦门国土资源与房产管理局的官员时，一位官员说他们在政策发展中使用了听证会，另外两位则提供了否定答案。因此，很难判断哪个答案是正确的，听证会充其量只是该政策发展中一个公众参与的潜在渠道。

虽然市政府提供了这些制度化参与渠道以提高其与公众之间的沟通，但是，从调查情况看，公众对这些渠道并不熟悉。在问卷中，我们询问公众是否知道“市长专线”和国土资源与房产管理局的电话号码。结果发现，不到一半（46.7%）的回答者知道“市长专线”，只有 10.7%的被调查者知道国土资源与房产管理局的号码。至于他们倾向于在公众参与中使用何种渠道，调查发现，只有 44%的人选择制度化渠道。在这些人当中，有 24 位选择电话，25 位倾向于求助于政府或居委会，另有 17 位倾向于参加听证会。

网络是重要的非制度性参与渠道，它提供了一个开放的论坛，公众可以在网络上就廉租房政策发展问题表达他们的需求或进行抱怨。网络也能深刻地影响公众参与，虽然根据一项最近的文献回顾②，学界就网络使用对公民参与的影响正进行着激烈的论争，但是，“网络的技术特性使得政府很难干预和控制自由的信息流。另外一点也是正确的，即中国政府在控制虚拟空间讨论方面面临着越来越大的困难，而这些讨论提升了公众意识，继而促进了集体行动”③。虽然国外研究显示，“信息技术尤其是网络的发展，更经常地导致了公众参与的障碍，而非鼓励集体行动，网络使集体行动更难发生。然而，中国的调查数据展示出另一幅不同的画面。它证实在网络使用与集体行动之间存在积极关系”④。不过，在厦门，网络的潜在能量还未被利用到预期的水平，我们所能发现的只是一些物业信息提供商如 XMF4. COM 与 DIANFUN. COM 提供了免费的最新

① 参见朱红军：《“我誓死捍卫你说话的权利”——厦门 PX 项目区域环评公众座谈会全记录》，载《南方周末》，2007-06-28。

② K. Mossberger，C. J. Tolbert，R. S. McNeal，and J. McDonald，“The Benefits of Society Online：Civic Engagement，” in Karen Mossberger，Caroline J. Tolbert，and Ramona S. McNeal，*Digital Citizenship：The Internet，Society，and participation*，Cambridge，MA：MIT Institute，2007：pp. 47-66.

③ Yongnian Zheng，*Technological Empowerment*，Stanford，CA：Stanford University Press，2008，p. 116.

④ Ibid.：p. 118.

廉租房信息。尽管公众未能有效使用网络，但是，调查结果却显示，56%的被调查者倾向于选择网络而非其他三种制度化渠道影响该项政策的发展进程。

在这一部分，公众参与水平大约是0.014 9，由于这一部分的得分区间为0～0.052，该部分的得分在公众参与的三个组成部分中是得分区间上限的28.65%。

四、讨论与建议

总体上，从公众参与三个组成部分的得分来看，厦门居民在廉租房政策发展中的公众参与情况都不理想。将公众参与的三个部分组合起来，厦门市民在廉租房政策发展中的公众参与水平得分仅为0.278 4。与得分区间的最大值相比，此分数仅为其1/4强。当我们对这一分数所代表的公众参与水平进行定性描述时，在事先确定的四级水平体系中，它落在“差”这一水平上。这说明，厦门在廉租房政策方面的公众参与形势不容乐观，仍有相当长的路要走。

这一结果是引人深思的，尤其是当我们考虑到全国闻名的厦门居民反对市政府在厦门建设PX项目的集体行动时，更是如此。通过成功地迫使PX项目搬到其他地点，厦门人为公众参与奠定了基石，并且在南京、青岛和北京等地“引发了连锁反应”①，反映出强大的公共政策参与能力。然而，与反对PX项目中的激情形成对比的是，厦门人在廉租房政策发展中的公众参与水平明显偏低。为什么会这样？要回答这个问题需要理解公民参与的动力与机制。

从理论上讲，公共政策中的公民参与活动与人们对政策本身的兴趣密切相关，或者说人们对政策的兴趣决定着人们的参与活动。笔者的调研支持这一假设并提供了更为详细的解释。首先，调查发现，人们对廉租房政策的兴趣决定了他们是否会通过各种渠道了解政策相关信息（政策学习），进而，政策学习又决定了他们与他人进行政策讨论的机会。通过回归分析可以看出，平均而言，人们对政策的兴趣每增加一个标准差，

① Jonathan Ansfield，“PX Workers Protest，No One Notices (Updated)”，accessed at http://chinadigitaltimes.net/2008/01/px-workers-protest-no-one-notices-jonathan-ansfield-updated/，2008-01-24.

政策学习活动就提高 0.335 个标准差（P=0.000）。继而，人们的政策学习活动每增加一个标准差，他们与他人进行政策讨论的机会就提高 0.444 个标准差（P=0.000）。其次，人们对政策的兴趣决定他们的政策参与愿望。回归分析结果显示，平均而言，人们对政策的兴趣每增加一个标准差，他们参与政策发展的意愿就提高 0.372 个标准差（P=0.000）。最后，参与意愿需要借助于有效的参与渠道影响人们的高水平参与活动。从公民对参与的理解来看，他们的参与意愿是以政府可见的方式参与政策发展过程而非私下的学习与讨论来表达的，因此，参与愿望理论上应该与高水平参与活动有一定的关系。然而，事实上，参与愿望要表现为高水平、可见的参与活动还必须要借助于有效的参与渠道。回归分析结果也表明，虽然参与愿望对人们的公开表达政策意见（B=0.166，P=0.039）与建议（B=0.143，P=0.076）有着一定的影响，但是，在控制了参与渠道的条件下，参与意愿即使能够正向地影响政策意见（B=0.154，P=0.055）与建议（B=0.140，P=0.079）的公开表达，但却不具有统计显著性；相比之下，在控制了参与意愿与热线电话的条件下，对土地与房产管理局电话号码的知晓程度每增加一个标准差，人们公开表达政策意见与建议的机会就会分别提高 0.171（P=0.033）和 0.179（P=0.025）个标准差。同时，在任何一种情况下，知晓市长专线这一热线电话号码都不会显著影响人们的高水平参与活动。这可能是因为市长专线是用于反映城市管理中的所有问题而非专门限于反映住房问题，因此，知道这一号码并不能导致人们去参与廉租房政策发展，而国土资源与房产管理局的电话则相当明确地用于社会保障性住房包括廉租房的政策发展信息收集与反馈，因此，知晓这些电话号码肯定意味着人们想要或已经利用这些电话来表达了自己对政策发展的意见与建议。概括起来，人们的参与兴趣直接决定了政策学习并进而影响着政策讨论；同时，参与兴趣也影响着参与意愿，但参与意愿还必须通过有效的参与渠道（国土资源与房产管理局电话）才能对高水平参与活动产生影响。如此一来，廉租房政策过程中的公民参与水平低下就应当归结为：公民参与兴趣不高与有效的公民参与渠道不足。

为什么厦门市民对 PX 项目的参与热情极大，对于廉租房政策的参与兴趣却不高呢？毫无疑问，如果同一群人对不同的问题或不同的公共政策采取不同的态度或兴趣程度不同，唯一的解释就是这一问题或政策有着不同的特性。不同问题的不同属性，在很大程度上决定着公众参与政策制定与实施过程的兴趣。影响到群众兴趣的最重要的政策特性是他们与所处理问题的距离。正如一些学者曾指出的，公共舆论（或公众对一项政策发展的兴趣）是由这一问题的距离决定的。有些公共舆论讨论的是与个人相关的事项，有些讨论涉及的事项则需要借助于中介性的物质才能理解。[①] 距离越近，居民越感兴趣。环境问题与每个人的生活密切相关，因此，非常容易吸引来自不同社会阶层的居民，并形成强烈、广泛和持久的政策兴趣与公共舆论。与环境政策相比，廉租房政策只能使微弱比例的市民受益，即那些生活于最低生活标准之下的群体。根据人类具有的自利性，除非一项政策不能保护其个人利益或损害了个人利益，否则，人们不会产生采取行动反对该项政策的兴趣与动力。在此情况下，廉租房政策的受益者应当是参与这一政策的主要力量，这样才能更好地表达他们的意愿与需求。然而，由于生活贫困以及低下的社会地位，他们却无法拥有这样做的正式权利，相应的，他们的参与兴趣也相当低。我们的调查数据就表明，月收入最低的被调查人群中只有 1/4 的人表示对此政策有兴趣。因而，他们的意愿必须借助其他更容易接近政府并且愿意成为他们的代理人的力量传送到政府中去。这种信息传送明显地依赖于代理人的人道主义精神。可是，在中国的文化背景下，人道主义经常受到建构于亲人、朋友与熟人基础上的社会网络的限制，而廉租房政策的受益者基本上都生活在远离可以轻易接近政府或政策制定者的社会网络之外。相应的，对于廉租房政策发展的公共舆论和公众兴趣通常并不高。即使人们有这种兴趣，也因为利益机制的普遍缺失而很难转化成真实而持久的政策关注，因此，我们也就容易理解为什么调查中只有寥寥数人知道受益者的准确概念。

公民参与廉租房政策的有效参与渠道不足的原因需要从政府自身去寻找。对于地方政府而言，参与毕竟意味着更高的决策成本与对政府权威的一种直接挑战，因此，中国地方政府对于参与渠道的设置普遍存在消极情绪。即使存在一些制度化的参与渠道，也普遍存在参与不畅的现象，从而导致民意不能正常表达，只能以牢骚的方式在私下累积。[②] 这一点已经在相当多的领域都表现出来，并非只是表现在廉租房政策发展

---

① Ithiel de Sola Pool, "Public Opinion and the Control of Armaments," *Daedalus*, 1960 (4), pp. 984-999.

② 参见邵道杰：《现代化的精神陷阱——嬗变中的国民心态》，151～169 页，北京，知识产权出版社，2001。

中。厦门抵制 PX 项目事件中，公民也是先通过非制度化的渠道，即“散步”的方式来表达意愿的。在非制度化的参与渠道方面，虽然网络受到人们的推崇，但是，目前厦门市政府网站的公民参与水平总体较低。① 而且，与廉租房相关的事项虽然已经开辟出专门的网页，但网页更多的用途在于保障性住房建设情况报道、住房的申请与选房，并未设置专门的网上互动与政策讨论专区。在此情况下，公民也难以很好地表达其对该项政策的意见与建议。

基于以上分析，要提高厦门市民在廉租房政策发展中的参与水平，就地方政府而言，可以尝试从以下几方面入手：

一是要加大政策宣传，通过提升公众的政策认知能力来影响其政策兴趣。在调查中，能够正确回答政策受益者概念的被调查者很少这一事实，从一个侧面也可以说明政府对廉租房政策的宣传不到位，这影响了公众的政策认知能力水平。如果地方政府能够采取行之有效的措施加大政策宣传，人们就更有机会去关注这一政策，耳濡目染的过程中也有助于他们对这一政策产生更大的兴趣。

二是要设计一定的政策兴趣增长的激励机制。虽然廉租房政策与普通公众的距离较远，但是，通过一定的激励机制的干预，可以弥补这种距离远导致的兴趣缺憾。这种激励机制设计的基点在于：建立一个提高兴趣的政策参与开放循环。通过这一激励机制，要让那些因为原有的参与兴趣而参与政策的公众因为其参与行为而得到一定的奖励，从而产生更大的政策参与兴趣。同时，这种激励机制的运作又可以借助于前文所提到的公民的熟人网络而产生扩散效应，将更多的公众吸引进来，使有兴趣的更有兴趣，无兴趣的产生兴趣。

三是要拓展参与渠道，特别是发挥网络在政策信息收集中的实际作用。拓展参与渠道首先要用好现有渠道，使其发挥更大的作用。既然调查显示，国土资源与房产管理局的电话号码在决定高级参与活动水平方面具有重大影响，那么就应该更好地利用这一渠道。就目前的情况看，这一渠道的民众知晓度不高，说明就该渠道进行的宣传活动还不够，需要加大宣传力度。同时，要将其他公众喜欢利用的渠道如公民容易接触

① 根据赛迪网所进行的中国各级政府网站绩效评估结果，2006 年和 2007 年厦门市政府网站的公民参与指数分别为 0.650 和 0.66，参见 http://industry.ccidnet.com/art/1547/20080109/1336951_1.html 和 http://industry.ccidnet.com/art/1547/20080111/1339711_1.html。

到的传统渠道（如报纸、报栏等）很好地加以利用，令其产生推进公民参与的效用。另外，人们对网络渠道的偏好性说明，地方政府要切实发挥网络的效用。根据目前的情况，地方政府必须在网络上建立有效的信息互动通道。可以借助现有的市政府网站的“政民互动”专栏，也可以在社会保障性住房网上设立互动空间。在设置互动空间的同时，有关廉租房政策发展中的一些政策调整或政策进展，都应该通过这些互动空间与公民进行沟通，以确保公众在政策过程中能够实现信息输入。

当然，这些尝试性措施都明显依赖于地方政府的自觉，但是，对于一个追求创新和绩效导向的政府而言，这些都是应该做到的，这也与当前中国所提倡的服务型政府理念相吻合。另外，在中国单一制体制下，行政系统的上下级关系也意味着，中央与省级政府也应该做一些工作，监督市级政府在廉租房政策发展中更多地将公众吸纳进来。

附录　“厦门廉租房政策发展中的公众参与”问卷

1. 您在厦门的居住时间：

A. 少于 1 年　　B. 1 年以上至 5 年

C. 5 年以上至 10 年　　D. 10 年以上

2. 您的教育背景：

A. 初中及以下　　B. 高中或中专

C. 大学本科或专科　　D. 研究生及以上

3. 您的月收入：

A. 1 000 以下　　B. 1 001 至 3 000

C. 3 001 至 5 000　　D. 5 001 以上

4. 廉租房是给什么人提供的：

A. 低收入者　　B. 中等收入者

C. 无房户　　D. 低保户

5. 您对廉租房政策：

A. 一点不感兴趣　　B. 不感兴趣

C. 感兴趣　　D. 非常感兴趣

6. 您是否曾经浏览、收听或阅读过有关廉租房政策的文章或报道：

A. 没有　　B. 有

7. 您是否曾经与人讨论过廉租房问题：

A. 没有　　B. 有

8. 您是否曾经在新闻媒体、网络或报纸杂志上公开发表过有关廉租房政策的看法：

A. 没有　　B. 有

9. 您是否曾就廉租房问题向政府机关或居委会提出过要求或建议：

A. 没有　　B. 有

10. 您是否听说过厦门市市长专线：

A. 没有　　B. 有

11. 您是否知道厦门市国土资源与房产管理局的举报电话：

A. 不知道　　B. 知道

12. 您是否希望发表对厦门市廉租房政策的一些看法：

A. 不想　　B. 想

13. 如果您希望发表对厦门市廉租房政策的一些看法，最有可能采取什么方式：

A. 网络　　B. 电话

C. 听证会　　D. 直接到居委会或相关部门反映

第十章 社会资本与中国农村居民的地域性自主参与
——影响村民在村级选举中参与的各因素分析

胡　荣

自村民自治实施以来，中国广大农村的选举引起了国内外许多学者的关注。本章打算运用帕特南的社会资本理论，分析社会资本及其他因素在决定村民参与村级选举中的作用。资料取自笔者2007年在福建、浙江和江西3省4县的调查资料。

一、相关理论与问题的提出

从历史上看，政治参与这个概念是与民主制度相联系的。政治参与被看作是一个单一层面的概念，选举被当作是政治参与的主要方式。因为只有在民主制度下，民众才可以通过定期举行的选举来表达自己的利益偏好。也就是说，传统研究政治参与的学者都有两个假定：一是政治参与需要有一个民主的政体，二是选择领导人的权利是普通公民表达他们利益的必要条件。20世纪五六十年代在西方学界占统治地位的极权模型（totalitarian authority）十分强调掌权者对民众的控制和动员。这一模型把前共产党社会的政治看作是由精英所支配的，这些精英为维护自身的利益，根据自身的意识形态偏好来改变社会。① 在这些社会中国家对大众传播媒介的垄断性控制成功地限制了信息的流通。通过限制结社自由，政府因此可以有效地阻止利益的聚合，使人民失去抗拒政治权威的能力。它赋予国家如此广泛的控制权力以至于一些极权理论家认为这些政权能够消除国家和其他所有社会群体之间的界限，甚至是国家与个人

① Carl J. Freidrich, Michael Curtis, and Benjamin R. Barber, *Totalitarianism in Perspective: Three Views*, New York: Praeger, 1969.

人格之间的界限。因此个人所面对的是国家的操纵，人民被动员起来亢奋地支持领导人的政策，而这些政策是不受大众的观点所影响的。① 在这些学者看来，社会主义国家的制度设置不仅阻止了民众的要求上达精英那里，而且也使公民失去了能够让精英倾听他们意见和观点的手段。在这些社会中虽然也有游行、示威以及流于形式的选举，但这些都是由当局组织以动员一般民众支持政府的手段，而不是民众自身用来向当局表达他们的观点的方式，这些参与仅仅在表面上与自由民主社会的参与相类似。不过，随着 20 世纪 60 年代冷战的减弱以及共产党社会的变化，学者不再对刻板的极权模型感兴趣。许多研究表明，随着政治恐怖和大众动员的减弱，在政治控制的架构下伴随着真正政治竞争的复兴，不仅是党的机构，包括警察、军队、工业部门的管理者，经济学家、作家以及法学家都对政策的形成过程有重要的投入。更为重要的是，他们发现新出现的群体已经开始追求他们共同的利益。② 与极权模型的看法不同，利益群体理论家认为，在这些国家中的共产党并没有被看作拥有绝对权力，其内部有不同派系的斗争。共产党政权并没能完全消除国家和社会之间的界限或是完全阻止利益的表达。通过表明共产党社会中也存在私人生活和个人利益的表达，利益群体模型极大地促进了我们对这些社会中国家和社会关系的理解。不过，这一模型仍然否认普通民众影响政府决策的可能性。他们和集权模型的理论家一样，认为有意义的政治参与需要社会中的某些制度安排将人民的政治活动与决策过程联系起来。因为在共产党社会中政治的活动和组织（诸如选举、群众运动、工会以及农会等）都是由当局操控的，目的是消除自愿团体的形成，因此也不具有利益表达的作用，普通百姓的政治活动不能与决策过程有效相联系。③

很显然，社会主义国家的政治参与和西方民主国家的政治参与是完全不同的。因此，有些学者拒绝认同政治参与的概念可用于对共产党社会的研究，他们认为将这一概念用于共产党社会的研究将会造成“严重

---

① Carl J. Friedrich，Zbigmiew Brezezinski，*Totalitarian Dictatorship and Autocracy*，Cambridge，Mass.：Harvard University Press，1956.

② Gordon H. Skilling，Franklyn Griffiths，*Interest Groups in Soviet Politics*，Princeton Princeton University Press，1971；Victor C. Falkenheim，ed.，*Citizens and Groups in Contemporary China*，Ann Arbor：University of Michigan Center for Chinese Studies，1984.

③ Alan P. L. Liu，*Political Culture and Group Conflict in Communist China*，Santa Barbara，Calif.：Clio Books，1976.

的和令人遗憾的不准确"①。对他们而言，政治参与是以多元的政治体系为前提的，"因为政治参与是一个帮助我们界定特定类型政体的概念，它并不适用于比较分析和用于描述那些明显不属于民主的政体"②；还因为共产党社会中现有的制度只起着诸如政策实施和政治社会化等作用。其他学者也认为"文献中的政治参与概念并不适合共产党制度的研究"③。他们建议重新定义政治参与以适应这些社会的政治现实。例如，汤森（James Townsend）在他对中国政治参与的经典研究中，就将其定义为"党的政策的实施"和"民众对由共产党所界定的最高的、统一的国家利益的政治行动支持"，或是"在政治决策实施过程中的导向性介入"④。

为了能够在地域和时间上适用于更广范围，并将民主制度下的抗争结合到传统的参与模式中去，在 20 世纪 70 年代逐渐出现了并不一定以民主制度为前提的政治参与概念。在这一新概念下，**参与仅仅是指不同政治制度下普通公民以任何方式试图影响他们的统治者的行动**。例如，诺曼·尼和西德尼·维巴把政治参与界定为"平民或多或少以影响政府人员的选择及（或）他们采取的行动为直接目的而进行的合法活动"⑤。与此同时，原有的单一的政治参与观（将投票看作是民众能够影响政治过程的关键和唯一方式）被多元的参与观所取代。维巴等人对美国以及七国政治参与和政治平等的研究发现，除了投票和竞选活动之外，民众也可以运用其他手段，例如借助共同的活动和个人的接触以寻求政府官员的帮助或向他们表达自己的偏好。⑥ 一些经验研究也支持了这些观点。

---

① Joseph LaPalombara, "Monoliths or Plural Systems: Through Conceptual Lenses Darkly," *Studies of Comparative Communism* 8 (3), 1975, pp. 305-322.

② Joseph LaPalombara, "Political Participation in Political Science and Communist Studies: Conceptualizing Political Participation," in Sidney Verba, Lucian W. Pye, eds., *The Citizen and Politics: A Comparative Perspective*, Stamford, Conn.: Greylock Publishers, 1978, p. 75

③ Robert S. Sharlet, "Concept Formation in Political Science and Communist Studies: Conceptualizing Political Participation," in Frederic J. Fleron, Jr., ed., *Communist Studies and the Social Science: Essays on Methodology and Empirical Theory*, Chicago: Rand McNally, 1969, p. 250.

④ R. James Ownsend, *Political Participation in Communist China*, Berkeley: University of California Press, 1969, pp. 4-6.

⑤ [美] 格林斯坦、波尔斯比编：《政治学手册精选》（下卷），290 页，北京，商务印书馆，1996。

⑥ Sidney Verba, Norman H. Nie, and Jae-on Kim, *Participation and Political Equality: A Seven Nation Comparison*, Chicago: University of Chicago Press, 1978.

在对苏联的研究中发现，那里的民众对他们社会中的政治制度的运作有清楚的了解，许多人在追求他们的利益时都会自觉或不自觉地使自己与政治的现实相适应。例如，英克尔斯和鲍尔的研究表明，苏联的民众清楚地将物质的东西与“抽象的观念和原则”区分开来。他们发现“苏联公民更关心获得更多个人的保障和生活水平的提高，而很少关心获得政治权利和宪法的保障”①。他们的研究表明，苏联的民众确实会参与各种政治活动以追求他们的利益，但他们刻意避免在个人利益的表达时直接对抗他们的领导人。比尔勒（Sweryn Bialer）对此做了进一步的研究，在对斯大林之后苏联政权的研究中，他在概念上区别了“高层政治”（high politics）与“低层政治”（low politics）的不同（Bialer，1980）。“高层政治”涉及社会中的主要政治问题、政治的抽象观念和语言以及政治领导中的决策和行动。“低层政治”涉及与公民日常生活、社区事务以及工作单位条件直接相关的决策。苏联公民对高层政治冷漠、不关心，但通常会在很大程度上参与低层政治。其他学者也表明，在共产党国家，民众批评政府或不同意其政策，但很少试图取而代之。

就中国的整体制度而言，高层政府官员并未实行直接选举，显然一般百姓无法像民主国家一样通过选举来表达意愿。目前中国各级政府官员虽然也是经各级人民代表大会选举，但通常候选人是由党的组织部门确定，而且参与投票的代表也是间接选举产生的。因此，在原有的体制中，选举并不是一种重要的参与途径。但是，自从 20 世纪 80 年代中期在中国广大农村实行村民自治之后，作为农村基层社区行政村管理者的村委会开始由村民直接选举产生。中国农村的村委会选举在很大程度上已经是一种有竞争的选举，从而成为村民表达利益的重要渠道。

许多研究都表明，一个国家的政治发展与该社会的历史和文化有着密切的关联。托克维尔在 19 世纪 30 年代访问美国的时候，就把美国的民主与美国人的普遍而广泛的结社情况相联系。阿尔蒙德等人在研究五国的公民文化时也通过实证的材料表明，建立在自愿基础之上的社会联系与民主制度具有相关关系。② 美国政治学者帕特南用社会资本的概念解释为什么意大利北部许多地方政府的表现都比南部城市好。他发现在

---

① Alex Inkles, and Raymond A. Bauer, *The Soviet Citizen: Daily Life in a Totalitarian Society*, Cambridge, Mass.: Harvard University Press, 1959, p. 7.

② 参见［美］加布里埃尔·阿尔蒙德、西德尼·维巴：《公民文化》，北京，华夏出版社，1989。

社会资本建构得比较好的北部城市，市民热衷于参与社团和公益事务，社会充满了互信和合作的风气，使得地方政府在政府的稳定、财政预算的制定、法律改革、社会服务的推行、工农业改革等方面都较其他社会资本较低的地区要好。帕特南是这样给社会资本下定义的，“这里所说的社会资本是指社会组织的特征，诸如信任、规范以及网络，它们能够通过促进合作来提高社会的效率”①。换言之，一个拥有大量社会资本的共同体内，合作更容易出现。在帕特南看来，信任是社会资本必不可少的组成部分。在意大利公共精神发达的地区，社会信任长期以来一直都是伦理道德的核心，它维持了经济发展的动力，确保了政府的绩效。在一个共同体内，信任水平越高，合作的可能性就越大。② 那么，信任又是如何产生的呢？帕特南进一步指出，社会信任能够从**互惠规范**和**公民参与网络**这两个相互联系的方面产生。互惠包括均衡的互惠和普遍化的互惠，前者指人们同时交换价值相等的东西，后者指的是一种持续进行的交换关系，这种互惠在特定时间里是无报酬的和不均衡的，但它使人们产生共同的期望：现在己予人，将来人予己。遵循普遍的互惠规范的共同体可以更有效地约束投机，解决集体行动中的“搭便车”问题。另一方面，在一个共同体中，公民参与的网络越是密集，其公民就越有可能为了共同的利益而合作。公民参与网络增加了人们在任何单独交易中进行欺骗的潜在成本；公民参与网络培育了强大的互惠规范；公民参与网络促进了交往，促进了有关个人品行的信息的流通；公民参与网络还体现了以往合作的成功，可以把它作为一种具有文化内涵的模板，使未来的合作在此之上进行。③

社会资本的概念引起了学术界的广泛关注，许多学者在这方面进行了大量的研究。但是，目前对中国社会的研究主要侧重于社会网络和社会关系方面的研究④，而且也多限于城市社区的研究，目前还没有人研究农村社区的社会资本构成情况。在本项研究中，我们打算运用帕特南的共同体取向的社会资本理论，测量中国农村基层社区居民的社会资本情况，并据此分析探讨社会资本与村民政治参与及村级选举的关系。我们将探讨如下这些问题：社会资本是否对村民在村级选举中的政治参与起作用？如果起作用的话，社会资本中的哪些因素起着更大的作用呢？

---

① ［英］罗伯特·D·帕特南：《使民主运转起来》，195页，南昌，江西人民出版社，2001。
② 参见上书，200页。
③ 参见上书，203～204页。
④ 参见阎云翔：《礼物的流动》，上海，上海人民出版社，2000。

村民个人情况对他们的参与有何种影响?

二、研究设计和变量的测量

本项研究于2007年3月至5月进行，样本按多段抽样法抽取，第一阶段采用立意抽样方法从福建省选取武平县和东山县，江西省选取上饶县，浙江省选取永嘉县。第二步我们用随机方法从每个县各抽取5个乡镇，每个乡镇抽取4个行政村，每个行政村抽取20个村民，共调查4个县、20个乡镇和1 600位村民。在成功访问的1 600个对象中，男性占51.5%，女性占48.5%。从教育程度看，调查对象中上学7～9年者最多，达36.5%；其次是上学4～6年者，占24.8%；上学1～3年者占6.1%；文盲也占有一定比例，达4.4%；而接受10年以上教育者的比例也不少，上学10～12年者占21.7%，上学13年以上者占6.6%。从年龄结构来看，30岁以下者占25.0%；30～40岁的受访者最多，占27.6%；41～50岁占21.7%；51～60岁占16.7%；而61岁以上的受访者则较少，只占8.9%。

为了弄清社会资本以及其他因素对村民在村级选举中政治参与的影响，我们设计了回归模型，用于分析社会资本及其他变量对村民在选举中参与程度的影响。我们先来看一看作为因变量的村民在选举中的参与程度这一指标。在本项研究中，我们在问卷中列了6个方面的问题测量村民在选举中的参与，这些问题包括是否参与候选人的提名、是否参与投票等。在这些项目中，有的参与者比例较高，如亲自参加投票者占受访者的74.2%，而其他一些项目的参与者则比较少（见表10—1)。

表10—1　　　　村民在村委会选举中的参与情况

项目	人数	比例
亲自参加投票	1 179	74.2%
委托别人替自己投票	196	12.3%
参加提名候选人	311	19.5%
自己当候选人	116	7.3%
劝说别人把票投给自己支持的候选人	215	13.5%
对于不公平的选举安排提出批评	460	28.9%c

我们根据主成分法对这6个项目进行因子分析，经过最大方差法旋

转，共抽取两个因子。根据因子负载，将这两个因子分别命名为“竞选参与因子”和“投票参与因子”。“竞选参与因子”包括这几个项目：“参加提名候选人”、“自己当候选人”、“劝说别人把票投给自己支持的候选人”，以及“对于不公平的选举提出批评建议”。“投票参与因子”包括的项目有：“亲自参加投票”和“委托别人替自己投票”。通常，我们可以从制度化程度和主动性强弱两个维度来看待和分析政治参与。[①] 从主动性的维度看，不同政治参与活动所要求的主动性相差很大，有的活动需要参与者付出较大的努力，花费较多的时间和精力，有的则是按部就班进行，参与者无须太主动。从制度化维度看，不同的参与活动也大相径庭。对于高度制度化的活动来说，参与活动严格按程序进行，是在法律与政策的框架内进行的，因此能够得到政府的支持和鼓励。而非制度化的参与活动却充满了不确定性，因为其超越了法律的框架而处于与政府对立的局面。从两个因子的内容来看，“竞选参与因子”是属于主动性强的一种参与方式，因为无论是提名候选人，还是劝说别人投票给自己支持的候选人，都需要更多时间和精力的投入。同时，这种参与也是非制度化的。虽然村委会选举制度已经实施了几十年，但竞选过程却充满了不确定性。对于积极参与竞选的村民来说，随时需要根据选举的进程调整自己的策略，而对不公平的选举提出批评则有可能得罪村选举委员会或乡镇领导。与“竞选参与因子”的情况不同，“投票参与因子”则是主动性较弱和高度制度化的。虽然投票也需要一定时间和精力的投入，但总体来说却不需要太强的主动性，而且也是在村委会组织法和与选举相关的法律框架内进行（见图 10—1)。

表 10—2 村民在选举中的参与情况的因子分析

项目	竞选参与因子	投票参与因子	共量
亲自参加投票	0.228 218	0.782 219	0.664
委托别人替自己投票	0.197 05	−0.824 65	0.719
参加提名候选人	0.732 265	0.168 052	0.564
自己当选候选人	0.713 34	−0.038 33	0.510
劝说别人把票投给自己支持的候选人	0.554 732	−0.119 92	0.322
对于不公平的选举安排提出批评建议	0.663 282	0.074 639	0.446
特征值	1.884	1.342	3.226
解释方差	31.394%	22.360%	55.754%

① 参见胡荣：《社会资本与城市居民的政治参与》，载《社会学研究》，2008 (5)。

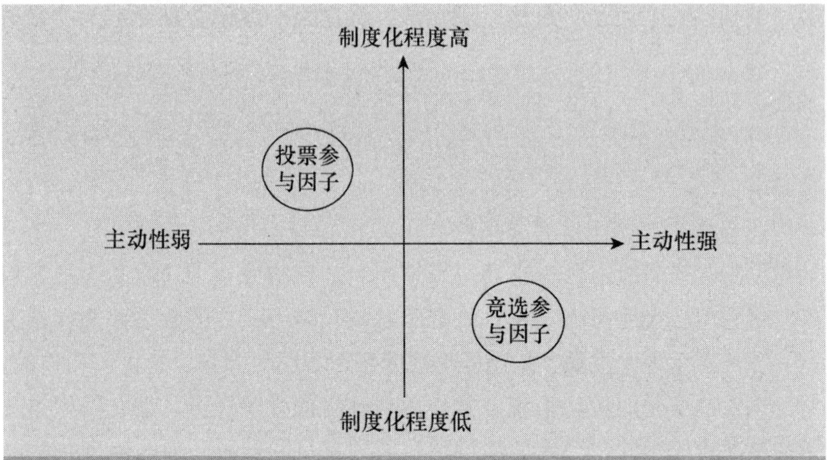

图 10—1　从制度化和主动性两个维度看村级选举中的村民参与

我们再来看一看作为本项研究重要预测变量的社会资本的测量。虽然不同的学者对社会资本的理解不尽相同，相关的经验研究对社会资本的操作定义也存在差异①，但是我们还是可以根据帕特南等人定义中的主要内容对社会资本进行测量。在帕特南所讲的社会资本中，社会成员之间的相互关联的网络是一个重要方面的内容，其他许多研究也谈到这一点。② 社会成员在交往过程中形成密集的关系网络，当然这种网络是平等的和自由的。根据本项研究目的，我们问受访者的亲戚朋友人数是多少，以此测量村民的社会关系网络。不过，帕特南在很大程度上把社会资本看作社会成员对社团的参与。根据他对意大利的研究，意大利北方的民主运作得比较好，主要原因就是在那里具有众多的横向社团，如邻里组织、合唱队、合作社、体育俱乐部、大众性政党等。这些社团成员之间有着密切的横向社会互动。这些网络是社会资本的基本组成部分，

---

① Lochner, Kimberly, Ichiro Kawchi, and Bruce P. Kennedy, "Social Capital: a guide to its measurement," *Health and Place*, 1999 (5), pp. 259-270; Jenny Onyx, and Paul Bullen, "Measuring Social Capital in Five Communities," *Journal of Applied Behavioral Science*, 2000 (36), pp. 23-5; Deepa Barayan, and Michael F. Cassidy, "A Dimensional Approach to Measuring Social Capital: Development and Validation of a Social Capital Inventory," *Current Sociology* 49 (2), 2001, pp. 59-102.

② Robert Putnam, *Making Democracy Work*, Princeton University Press, 1993; A. Portes, "Social capital: Its origins and applications in modern sociology," *Annual Review of Sociology*, 1998 (24), pp. 1-24; M. Woolcock, "Social Capital and Economic Development: Toward a Theoretical Synthesis and Policy Framework," *Theory and Society*, 1998 (27), pp. 151-208.

因为在一个共同体中，这类网络越密，其公民就越有可能进行共同利益的合作。我们分别列出如下几种社团组织，即共青团、妇代会、民兵组织、老人会、企业或经济组织、科技组织、民间信用组织、体育组织、宗教组织、寺庙组织等，问受访者是否参加这些组织活动。答案按利克特量表设计，分为“经常参加”、“有时参加”、“很少参加”和“从未参加”四个等级，分别记3至0分。

表10—3　　　　村民参加社团活动的因子分析

项目	经济社团因子	信仰社团因子	官办社团因子	共量
是否经常参加共青团活动	0.312 91	−0.025 11	0.664 792	0.540 492
是否经常参加妇代会活动	0.012 437	−0.008 73	0.565 705	0.320 253
是否经常参加民兵组织活动	0.257 07	0.095 631	0.623 534	0.464 025
是否经常参加老人会活动	−0.007 35	0.275 334	0.562 158	0.391 885
是否经常参加企业或经济组织的活动	0.790 237	0.083 653	0.041 476	0.633 193
是否经常参加科技组织的活动	0.737 345	0.113 12	0.090 473	0.564 659
是否经常参加民间信用组织的活动	0.627 85	0.236 228	0.175 062	0.480 646
是否经常参加体育组织活动	0.504 374	0.155 76	0.336 705	0.392 024
是否经常参加宗教组织的活动	0.133 452	0.798 148	0.008 937	0.654 93
是否经常参加寺庙组织的活动	0.127 692	0.825 516	0.040 23	0.699 4
是否经常参加宗族组织的活动	0.240 876	0.545 423	0.266 626	0.426 597
特征值	2.073	1.802	1.693	5.27
解释方差	18.846%	16.377%	15.395%	50.619%

社会资本的另一项重要内容是信任。韦伯认为，中国人的信任是建

立在血缘共同体的基础之上，是一种难以普遍化的信任。① 福山也强调中国社会是一种低信任度的社会，因为一切社会组织都是建立在血缘之上，人们缺乏对家族之外的其他人的信任。② 但是，最近国内学者的研究并不一定支持这些观点。例如，李伟民和梁玉成的研究指出，中国人所信任的人群，虽然以具有血缘家族关系的亲属家庭成员为主，但同时也包括家族之外的亲密朋友。③ 在调查中，我们分别问受访者对自己的家人、亲戚朋友、本家族的人、亲戚朋友介绍的人以及社会上的大多数人的信任程度。测量村民信任程度的七个项目的答案也分为四级，即“非常信任”、“比较信任”、“有点信任”和“不信任”，分别记 4 至 1 分。我们运用主成分法对测量村民社会信任的这七个项目进行因子分析，经最大方差法旋转，共提取两个因子。第一个因子包括村民对同村的人、亲朋好友介绍的人以及社会上大多数人的信任，命名为“普遍信任因子”；第二个因子包括对自己的家人、亲戚朋友以及本家族的人的信任，命名为“特殊信任因子”。

表 10—4　　村民社会信任的因子分析

	普遍信任因子	特殊信任因子	共量
信不信自己的家人	−0.102 68	0.837 043	0.711 184
信不信亲戚朋友	0.168 737	0.879 378	0.801 777
信不信本家族的人	0.452 487	0.716 451	0.718 047
信不信同村的人	0.723 228	0.424 814	0.703 526
信不信经亲朋好友介绍的人	0.859 379	0.136 899	0.757 273
信不信社会上的大多数人	0.847 865	−0.084 5	0.726 015
特征值	2.224	2.194	4.418
解释方差	37.070%	36.560%	73.630%

在本项研究的回归方程中，我们加入受访者个人特征的一些变量，如性别、年龄、教育程度、是否当过村组干部、家庭人均年收入以及与两年前相比家庭经济状况。在这里，性别、是否当过村组干部为虚拟变量。与两年前相比家庭经济状况为定序变量，我们在问卷中是这样问的：“您家经济情况与两年前比有什么变化?”答案按利克特量表方式分为五个等级：“好多了”、“好一些”、“差不多”、“差一些”和“差很多”，依

① 参见韦伯：《儒教与道教》，北京，商务印书馆，1995。

② 参见福山：《信任：社会美德与创造经济繁荣》，海口，海南出版社，2001。

③ 参见李伟民、梁玉成：《特殊信任与普遍信任：中国人的信任结构与特征》，载《社会学研究》，2002 (3)。

次赋值 5 到 1 分。相关研究表明，选举竞争激烈程度对村民的参与程度有一定影响，为了测量选举竞争的激烈程度，我们在问卷问了这样的问题："您村最近一次村委会选举中，有没有候选人用下列方法争取选票?"在问题之后我们分别列了六种竞选拉票的方法（见表 10—5）。根据受访者对这六个项目回答的情况，我们进行因子分析，发现可以抽取两个因子。第一个因子叫作"关系拉票因子"，包括"走家串户，争取支持"、"请村民吃饭，联络感情"、"动员亲戚朋友帮忙争取选票"以及"花钱自己买选票"，这些手段主要是通过感情联系和关系来争取选票。另一个因子我们称之为"竞选承诺因子"，因为它包括"答应当选后为村民办实事"和"答应当选后调查前任干部的腐败问题"这两个项目，这些手段主要表现为候选人通过承诺当选做一些事来争取选票。

表 10—5　　　　选举竞争激烈程度的因子分析

项目	关系拉票因子	竞选承诺因子	共量
走家串户，争取支持	**0.865 38**	0.075 174	0.799 369
请村民吃饭，联络感情	**0.891 782**	0.063 983	0.756 274
动员亲戚朋友帮忙争取选票	**0.853 065**	0.168 982	0.655 445
花钱自己买选票	**0.645 896**	0.288 898	0.799 369
答应当选后为村民办实事	0.207 183	**0.782 637**	0.726 787
答应当选后调查前任干部的腐败问题	0.060 217	**0.850 389**	0.500 643
特征值	2.736	1.457	4.193
解释方差	45.593%	24.291%	69.884%

以往的研究表明，选举是否规范与村民的参与程度有很大关系。[①]我们认为选举是否符合选举规范应该是一个综合的指标，这里包括候选人如何提名，正式候选人如何产生，以及选举投票的程序等。据福建省民政厅的规定，在 1994 年以前的村委会选举中，正式候选人是通过一个叫作"民主协商"的过程产生的，即由村选举领导小组在征求村民和乡镇领导的意见过程中确定正式候选人。[②] 这种酝酿协商的结果往往是由村党支部或乡镇决定正式候选人，并没有一种制度上的保证能够使村民的意愿在确定正式候选人的过程中得到体现。从 1997 年开始，福建省民政厅规定正式候选人应由村民代表或选民预选产生，即由村民代表或村

---

① 参见胡荣：《理性选择与制度实施：中国农村村民委员会选举的个案研究》，上海，远东出版社，2001。

② 参见福建省民政厅：《村委会选举工作指南》，福州，福建教育出版社，1994。

民投票决定正式候选人，通过制度保证村民的意愿能够得到体现。在本项研究中，我们问了村民这样的问题："您觉得最近这次村委会选举安排(例如提名、确定候选人、投票计票）公平吗?"答案分为"很公平"、"公平"、"一般"、"不公平"和"很不公平"五个等级，依次分别赋值5至1分。

三、研究发现

我们分别以测量村民在村委会选举中的参与程度的两个因子（即"竞选参与因子"和"投票参与因子"）作为因变量，以性别、年龄、年龄的平方、上学年限、是否当过村组干部、家庭经济情况、家庭人均年收入、构成社会资本的五个变量（即经济社团因子、信仰社团因子、官办社团因子、普遍信任因子、特殊信任因子和亲戚朋友数）、测量选举竞争程度的两个因子（"竞选承诺因子"和"关系拉票因子"）以及选举是否公平等作为自变量进行回归分析，分析结果见表10—6。

我们先看性别、年龄、教育程度以及是否当过村干部等因素对村民在选举中的政治参与的影响。从回归分析的结果可以看出，性别对"竞选参与因子"有显著影响，标准回归系数达0.064 99，但对"投票参与因子"的影响不具有统计显著性。跨国的比较表明，在发达国家，男女的政治参与差异不大，而发展中国家的差异较大①，一个国家内部的比较研究也表明，发达地区男女在政治参与方面的差异小于落后地区。②史天健对北京城市社区的研究表明，男女市民的投票参与虽然都受年龄的较大影响，但二者的参与率相去不大。③北京是中国的政治和文化中心，那里的居民素质较高，因此男女的政治参与差别不大。但中国农村则是属于落后的地区，居民文化素质较低，在政治参与方面男女相差较大。

---

① Norman H. Nie, Sidney Verba, and Jae-on Kim, "Political Participation and the Life Cycle," *Comparative Politics* 6 (3), 1974, pp. 319-340.

② Lal M. Goel, *Political Participation in Developing Nation: India*, New York: Asia Publishing House, 1975.

③ Tianjian Shi, *Political Participation in Beijing*, Cambridge: Harvard University Press, 1997.

表 10—6　　影响村民在村级选举中参与程度的因素（回归分析）

预测变量	模型Ⅰ：竞选参与因子	模型Ⅱ：投票参与因子
性别[a]	0.064 995**	0.043 146
年龄	0.568 396****	0.780 031****
年龄平方	−0.568 56****	−0.611 64****
上学年限	0.026 268	−0.010 27
是否当过村组干部[b]	0.191 043****	0.053 229*
家庭经济情况	0.060 5**	0.002 58
家庭人均年收入	−0.052 62**	−0.018 7
社会资本		
经济社团因子	0.123 453****	−0.062 4**
信仰社团因子	0.095 15****	−0.076 07***
官办社团因子	0.203 603****	0.054 332*
普遍信任因子	−0.025 64	−0.046 08*
特殊信任因子	0.050 571**	−0.015 11
亲戚朋友数	0.028 265	0.006 785
选举激烈程度		
关系拉票因子	0.047 534*	0.014 181
竞选承诺因子	0.152 586****	0.004 208
选举安排是否公平	0.005 07	0.180 19****
Adjusted R Square	20.8%	11.2%
N	1 266	1 126
F	21.757	10.925

说明：* P≤0.10，** P≤0.05，*** P≤0.01，**** P≤0.001。
a 参考类别为“女性”；b 参考类别为“未当过村组干部”

另一方面，年龄对村民在选举中的参与的影响呈倒 U 形。有关年龄与政治参与的关系，国外学者已经做过许多研究。正如米尔布拉斯所指出的，“参与随着年龄的增长而提高，在 40 岁和 50 岁达到顶峰并稳定一段时间，然后在 60 岁以上逐渐下降”①。国外的一些研究者也指出政治参与随着年龄的增长而提升，在中年达到顶峰，而后又随着年龄的增长而逐步下降。② 史天健在北京的调查也发现市民的投票率与年龄的关系呈

① Lester W. Milbrath, M. L. Goel, *Political Participation: How and Why Do People Get Involved in Politics?* Chicago: Rand McNally, 1977.

② Lester W. Milbrath, M. L. Goel, *Political Participation: How and Why Do People Get Involved in Politics?* Chicago: Rand McNally, 1977; Sidney Verba, Norman H. Nie, and Jae-on Kim, *Participation and Political Equality: A Seven Nation Comparison*, Chicago: University of Chicago Press, 1978.

倒U形，以45～53岁年龄的受访者的投票率最高。① 我们的研究结果与国外学者的发现是一致的，年龄对"竞选参与因子"和"投票参与因子"的影响都呈倒U形，即随着年龄的增长村民的参与程度有所提高，在达到一定高度后又随着年龄的增长而下降。为什么生命周期对政治参与会产生如此重大的影响呢？我们认为这主要是因为生命周期的变化所导致的精力的减退。虽然生命周期也与个人的社会经济地位相关，但在回归分析中，我们加入个人政治面貌和是否当过村干部等方面的控制变量后，年龄依然对村民在选举中的参与有显著影响。

我们再来看一看受教育程度与政治参与的关系。西方民主社会的一些研究表明②，受教育程度与投票参与之间具有正相关关系，即文化程度越高者参与的比例也较高，而对共产党国家的研究则发现教育程度与政治参与呈负相关。因为在选举沦为纯粹的形式的情况下，选民无法对候选人进行选择，文化程度越高者越可能以不参与的方式表示不满。但是，近年来的许多研究都表明，村级选举不同于共产党社会的其他选举，而是一种在一定程度内有选择的选举。③ 虽然在回归方程中，受教育程度对政治参与的两个因子的影响都不具有统计显著性，但从比较平均数的分析来看，竞选参与因子的值随着受教育程度的提高而逐渐提高：文盲组为－0.266 65，1～3年组为－0.050 18，4～6年组为－0.086 3，7～9年组为0.050 851，10～12年组为0.095 707，而到了13年以上组则降为－0.030 14。投票参与因子的情况则有所不同，以4～6年组的值最高，达0.105 978；其次是1～3年组，为0.820 84；13年以上组最低，为－0.463 01。这一结果与史天健在北京的研究有许多相似之处。④ 史天健的研究表明，北京市民的投票参与率随着受教育程度的提高而不断提升，但对于受教育程度达到18年以上的受访者来说，他们的参与程度却

---

① Tianjian Shi，*Political Participation in Beijing*，Cambridge：Harvard University Press，1997.

② Angus Campbell，Philip E. Converse，Warren E. Miller，and Donald E. Stokes，*The American Voter*，New Yrok：John Wiley and Sons，1960；Sidney Verba，Norman H. Nie，and Jae-on Kim，*Participation and Political Equality*：*A Seven Nation Comparison*，Chicago：University of Chicago Press，1978.

③ 参见胡荣：《理性选择与制度实施：中国农村村民委员会选举的个案研究》，上海，远东出版社，2001。

④ Tianjian Shi，*Political Participation in Beijing*，Cambridge：Harvard University Press，1997.

是最低的。在本项研究中，上学年限 13 年以上这一组的参与程度虽然不是最低的，但却大大低于 10～12 年组。为什么会出现这种情况呢？在计划经济体制下，农民的孩子考上大学以后，他们的户口就转为非农业户口，他们的工作也由国家统一安排。近年来由于国家不再分配工作，一些在城里找不到工作的大学生也回到农村去自谋职业。但通常情况下，农村比较难以找到适合他们发展的职业，因此他们待在农村往往只是一种权宜之计，一有机会他们还是想到城里找工作。这种情况就使得他们文化程度虽然最高，但对村里公共事务的关心和参与程度却不如文化程度比他们低的初中或高中毕业生。不过，在回归分析中，在加入其他控制变量之后，上学年限对因变量的影响不具有统计显著性。虽然单因素的分析表明受教育程度的提高总体上能够增进村民的参与程度，但多因素回归分析却表明文化程度对参与程度的影响没有统计显著性，这表明在控制其他变量的情况下，受教育程度本身不对村一级选举的参与具有显著影响。如果说在更高层次的政治参与需要具备相应的受教育程度的话，那么，在行政村这一基层的社区里，受教育程度便不是十分重要的了。因为不管是文盲还是大学毕业生，他们都一样能够知道谁是否有能力管理村里的事务，谁办事更公正，谁更能代表自己的利益。

回归分析还表明，受访者是否担任村组干部这一个变量对他们在村级选举中的参与有很大影响，它对两个因变量的影响都具有统计上的显著性。是否担任村组干部对竞选参与因子影响的标准回归系数高达 0.191 043，而它对投票参与因子影响的回归系数也达 0.053 229。家庭经济情况对于竞选参与的影响有统计显著性，目前情况比两年前越好者参与程度越高，而家庭人均年收入对竞选参与的影响是负向的，即收入越高者参与程度较低。不过，这两个变量对于投票参与因子的影响都不具有统计显著性。

那么，社会资本的诸因素对村民在选举中的参与又有什么样的影响呢？

第一，社团的参与对于政治参与有显著影响。在第一个模型中，测量社团参与的三个因子对“竞选参与因子”的影响都具有很强的显著性，其中以官办社团因子的影响最大，标准回归系数达 0.203 063，其次是经济社团因子，标准回归系数为 0.123 453，信仰社团因子对其影响的标准回归系数也达 0.095 15。这表明，不管是参与哪一类社团，对于村民的“竞选参与”都有积极的影响。与此不同，在第二个回归模型中，3 个社团因子对于“投票参与因子”的影响方向和程度是不一样的：经济社团因子和信仰社团因子对因变量的影响都具有统计显著性，但其方向是负的，这表明参与经济社团和信仰社团越多者投票的积极性越低。不过，官办社团因子对投票参与因子的影响不仅具有统计显著性，而且这种影响是正面和积极的。

第二，网络规模对政治参与的影响不具有统计显著性。在本项研究中，我们以受访者的亲戚朋友数来测量其网络规模。从模型Ⅰ和模型Ⅱ中可以看出，受访者对的网络规模无论是对于竞选参与还是对投票参与的影响都不具有统计显著性。

第三，信任对于政治参与的影响微弱。不管是模型Ⅰ还是模型Ⅱ，两个信任因子对因变量的影响都很弱。在模型Ⅰ中，只有特殊信任因子对竞选参与的影响具有一定显著性，且标准回归系数是正的，即村民的特殊信任值越高对竞选的参与程度也越高。在模型Ⅱ中，则只有普遍信任因子具有一定的显著性，但回归系数是负值，表明普遍信任的值越高，越倾向于不参与投票。

另外，作为控制变量的选举竞争程度对因变量也有一定影响。在模型Ⅰ中，测量村级选举竞争激烈程度的两个变量“竞选承诺因子”和“关系拉票因子”不仅对因变量具有统计上的显著性，而且前者的标准回归系数也高达 0.152 586。两个变量对竞选参与的影响都是正向的，表明选举越是激烈，村民的竞选参与程度越高。不过，选举竞选激烈程度对于投票参与因子的影响却不具有统计显著性。这表明，不管选举竞争是否激烈，投票参与的程度不一定会有相应提高。此外，测量选举是否公平这一变量对竞选参与因子的影响不具有统计显著性，但对于投票因子的影响却具有统计显著性，这表明选举越公平，村民越多参与投票。

四、讨论与结论

如果说改革开放以前中国民众的政治参与和苏联以及其他社会主义阵营国家的政治参与有许多类似之处的话，那么在 20 世纪 80 年代以来的经济和政治变革使得中国农村的政治参与，尤其是基层的政治参与，发生了很大的变化。自从 20 世纪 80 年代末期中国农村实行村民自治以来，中国农村居民的政治参与情况有了很大的改变。在这里我们不妨把村民在村级选举中的这种参与叫作地域性自主参与，它既不同于过去的那种动员式参与，也与西方社会的政治参与有很大不同。一方面，这种参与是一种自主式的参与，因为村级选举在很大程度上不同过去那些流于形式的选举，村民能够通过村级选举表达他们的利益，村民是否参与完全是自身利益算计的结果。相关的研究表明，为了能够在下一次的选举中再次连任，对于当选的村干部来说，最重要的是处理好与选民的关系，他们既要通过办一些实事（如建学校、修路等）来获得选民的信任，但在办实事的过程中又不能损及村民的利益。① 在本项研究中，有多达35.7%的受访者认为在竞选期间候选人有通过“答应当选后为村民办事”来争取选票，有的答应当选后调查前任村干部的腐败问题，有的答应当选后少收提留，还有的甚至许诺当选后用自己的钱为村民办实事。正是这种选举制度的确立，使得农村居民可以定期地通过选举向村领导表达他们对于本行政村范围的一些重大事务的选择偏好。因此在中国农村，村一级的选举已经成为村民参与基层政治的重要途径。正因为有了这一参与途径，中国农村居民政治参与的性质才从根本上发生了改变，即从原来毛泽东时代的动员式参与成为现在的自主式参与。在毛泽东时代，城乡居民虽然广泛地参与各种政治运动，但普通老百姓并不能通过这种参与表达自己的利益，而是被当政者作为宣传政策和实施政策的手段。② 而村级选举中村民的参与却是一种自主式的参与，它是在农村经济体制改革以后随着村民自治的实施和农民自主性的提高而出现的。作为自主式的参与，农民通过参与选举表达自身的利益。因此参与与否和参与程度完全是他们基于自身利益考虑的行为，而不是出于来自上级的政治压力。像参与其他政治活动一样，参与村级选举需要村民在时间和精力方面的付出，因此作为理性的行动者，村民只有在参与得到的回报大于参与的成本的情况下才会积极参与选举。

从村民自治制度开始实施以来，村委会选举制度在不断完善的过程中。以福建省为例，从1997年开始，就把确定正式候选人的方法由原来的“酝酿协商”改为由村民代表投票预选。如果在开始选举制度不太完善的情况下村民的参与程度十分有限的话，那么在选举制度得到较好的

① 参见胡荣：《竞争性选举对村干部行为的影响》，载《厦门大学学报》，2002（3）。

② John Burns, *Political Participation in Rural China*, Berkeley: University of California Press, 1988；周晓虹：《中国农民的政治参与：毛泽东和后毛泽东时代的比较》，载《香港社会科学学报》，2000（17）。

实施以后，村民会更为积极地参与村级选举。因为在选举制度尚不完善的情况下，选举可能会被操纵，“组织意图”可以更好得到体现，而村民选票的分量则要大打折扣；而在选举制度得到落实的情况下，真正决定选举结果的是村民手中的选票，因此村民参与的效能感得到很大提高，他们更愿意参与选举。在西方民主制度下，决定每一张选票对选举结果影响大小的因素是参与投票的选民的多少。如果参与投票的选民越多，每一张选票对选举结果的影响就越小，很小的投票成本都会超过投票的价值；相反，投票的人越少，每一张选票对选举结果的影响就越大，投票的价值越容易大于投票的成本。① 在村委会选举中，决定每一张选票价值大小的更重要的因素是选举是不是真正的选举。如果选举是被操纵的或是流于形式的，那么选票是不重要的。选票对选举结果的影响就微乎其微了。而随着选举程序的改进和选举制度得到实施之后，每一张选票对选举结果的影响增强了，投票的价值超过了投票的成本，村民参与投票的积极性也就相应提高了。

但是，这种参与又是地域性的，它与一个由几百到数千人组成的行政村相联系。农村居民不仅生活和生产都在同一区域，而且社区简陋的服务设施也主要依靠村民自己来提供，这使得农村社区（即村民生活的村落）的重要性要远远高于城市社区对城市居民的重要性。与这种基层政治参与的空间狭隘性相联系，受教育程度对参与程度并无多大影响。因为在一个只有数百或几千人的小社区里，参与公共事务并不需要接受太多的教育。

参与的地域性的另一层含义是中国农村居民目前的这种自主式政治参与仅限于行政村这一基层社区，在更广的范围内，比如乡一级、县一级或是省一级，农民参与的渠道还十分缺乏，农民仍然无法通过有效的管道表达自己的利益。正因为如此，对于更高层次的政治参与，农民只好诉诸上访、群体抗争等方式。② 始于 1978 年的中国改革是从农村开始的，而后延伸到城市。但中国的政治体制改革在整体上仍滞后于经济的改

① Anthony Downs, *An Economic Theory of Democracy*, New York: Harper Collins Publishers, 1957.

② Lianjiang Li, Kevin J. O'Brien, "Villagers and Popular Resistance in Contemporary China," *Modern China*, 1996 (22)；萧唐镖：《二十年来大陆农村的政治稳定状况——以农民行动的变化为视角》，载《二十一世纪》，2003 (2)；于建嵘：《农民有组织抗争及其政治风险》，载《战略与管理》，2003 (3)。

革。从20世纪80年代开始的村级选举已经实施了近20年，但目前这种选举也还仅限于行政村一级。要使中国农村居民（同时也包括城市居民）能够有更多的渠道表达自己的利益，让各个层次的选举都成为他们利益表达的手段，使更广范围的参与都能成为自主式参与，中国仍有很长的路要走。

第十一章
推进加拿大学校移民学生参与的途径

[加] 琼·昆兹（李学　译）

一、引言

在经合组织（OECD）的众多国家中，加拿大人口中境外出生人群的比例，仅次于澳大利亚，位居第二。加拿大每年接受超过 20 万移民作为常住居民，其中 1/3 的移民其年龄在 25 岁以下。无论年龄大小，所有外来移民均需通过参与所居住社区社会和经济事务的方式，在陌生的环境下谋求生存。这一进程涉及包括就业、住房、教育、语言学习，以及建立社会网络在内的众多事务。这不仅需要移民自身和他们家庭成员的努力，而且需要与他们产生互动的社会和经济机构的努力，也需要他们所居住社区的帮助。尽管对于成年移民而言，获得充分就业，是迫在眉睫的重要问题；但对儿童和青少年而言，学校则是他们关注的焦点。

本章主要探讨加拿大公立学校系统推进移民学生参与的现有方式。它将按照下述顺序依次展开：首先，回顾加拿大移民的整体发展趋势，以及影响学校学生移民参与行动的影响因素；其次，描述作为外来移民首要目的地的安大略省公立学校推进移民学生参与的既有项目；最后，讨论该项研究发现的与中国城市化移民学生之间的关系，并为后续研究提出若干建议。

二、加拿大移民学生概述

截至 2011 年，加拿大拥有超过 600 万的非本土出生的居民，占总人口的1/5。① 移民的类型包括家庭移民、投资移民、技术移民和难民。在过去的10年间，加拿大每年平均接受超过20万的移民作为其常住居民。其中，1/5人口的年龄在14岁以下，大约15%青少年的年龄在15～24岁。其中约50%的移民来自亚洲—太平洋地区（见表11—1）。② 菲律宾、中国和印度是移民的主要来源地。与成年人群相比，儿童和青少年多以家庭随迁人口的形式，来加拿大定居。在通常情况下，新移民主要居住在多伦多、蒙特利尔、渥太华等城市周围，超过40%的新移民居住在多伦多。③

表11—1　　15岁移民学生综合科学成绩的现状与差异分布：国际学生评估项目（2006年）

	基于移民身份的分布比例			综合科学成绩		
	非移民	二代移民	一代移民	非移民	二代移民	一代移民
	比例（%）			平均分（分）		
魁北克	87	7	6	540	501	483
安大略	69	16	15	546	538	520
马尼托巴	88	7	5	529	509	496
艾伯塔	83	10	6	553	543	548
不列颠哥伦比亚	72	15	14	544	519	536
加拿大	79	11	10	541	528	519
OECD平均情况	91	5	5	506	468	450

资料来源：［加］巴赛尔等：《测量进步：经合组织（OECD）国际学生评估中的加拿大绩效》，见《加拿大统计年鉴（2008）》，分类号81-590-XWE2007001。

毋庸置疑，许多移民来自官方语言既非英语又非法语的国家。在过去的10年间，外来移民声称自身达到官方英语要求水平的人数，呈现出日益增长的趋势。例如，与2002年38%的数据相比，在2011年，62%的移民声称自身具备英语能力。这意味着2011年移民的母语排行如下：菲律宾语以13%的比例位居前列，其次为阿拉伯语和汉语，比例为10%。2011年移民至加拿大的永久居民中，只有9%的人群以英语为母语，3%的人群的母语为法语。④ 无论在职场还是在学校，缺乏熟练的官方语言能力，将成为外来移民全方位参与的重要障碍。

① Statistics Canada，Immigration and Ethnocultural Diversity in Canada：National Household Survey 2011，Catalogue No. 99-010-X2011001，2013.

② Citizenship and Immigration Canada，*Facts and Figures 2011*.

③ Statistics Canada，Immigration in Canada：A Portrait of the Foreign-born Population，2006 Census：Census year 2006，Catalogue No. 97-557-XIE，2007.

④ Citizenship and Immigration Canada，*Facts and Figures 2011*.

整体而论，与经合组织的其他国家相比，正如表 11—1 所示，加拿大移民学生的在校成绩明显占优。① 加拿大的移民学生非常重视教育水平的提升，普遍倾向于获得大专以上的学历。② 一些研究发现完成高中阶段学习的学生比例，在不同的移民群体中相差甚远。与长期和父母生活在一起，或晚一年进入高中学习的孩子相比，他们更容易辍学。③

一项关于小学生的研究表明，他们在加拿大学习生活的开始阶段，与在加拿大出生的同龄人相比，移民学生的阅读、写作和数学能力常常稍逊一筹。尤其是对其父母的母语既非英语亦非法语的学生而言，情况尤为严重。但是，伴随着在校时间的流逝，移民儿童能逐渐赶上他们那些在加拿大出生的同学。④ 在加拿大生活大概 14 年以后，移民学生的阅读技巧大抵能够与加拿大本土出生的学生持平。⑤

也就是说，与本土出生的学生相比，移民学生面临众多阻挠其全方位参与学校和社区生活的挑战。首先，新移民英语或法语技能的缺乏，将阻止他们在学业上取得较好的成绩。其次，交新朋友比较困难。研究表明，由于缺乏流利的语言技能和共同的文化背景，新移民经常发现在学校里交朋友困难，与其在加拿大出生的同班同学交友尤其困难。⑥ 因此之故，大多数移民学生的交友仅限于班级内与其具有共同种族或其他母语非英语（ESL）的学生范围之内。最后，移民学生通常缺乏父母的支持，从而难以尽快熟悉学校生活。尽管移民父母热切渴望他们的孩子在学校里取得成功，但是，囿于语言和文化的障碍，他们通常无力帮助他们的孩子。为了帮助他们的孩子，父母需要学习如何获得支持服务和

---

① P. Bussiere，T. Knighton，and D. Pennock，“Mearuing Up：Canadian Results of the PISA OECD Study，” Statistics Canada，Catalogue No. 81-590-XWE2007001，2008.

② H. Krahn，A. Taylor，“Resilient Teenagers：Explaining the High Educational Aspirations of Visible Minority Youth in Canada，” *Journal of International Migration and Integration* 6（3—4），2005，pp. 405-434.

③ P. Anisef，R. S. Brown，K. Phythian，R. Sweet，and D. Walters，“Early School Leaving among Immigrants in Toronto Secondary Schools，” *CERIS Working Paper*，2008（67）.

④ C. Worswick，“School Performance of the Children of Immigrants in Canada，1994—1998，” 11F0019MIE2001178，Statistics Canada，2001.

⑤ K. McMullen，“Children of immigrants：How well do they do in school?” Statistics Canada，Catalogne No. 81-004-XIE，2004.

⑥ J. Kunz，L. Hanvey，*Immigrant Youth in Canada*，Canadian Council on Social Development，2000.

理解学校系统的能力。①

三、学校和社区的移民学生参与

学校通常是社会的缩影，是儿童和青少年移民参与的关键环境所在。移民学生能否适应新的环境，取决于他们居住所在地包括社会态度、学校和社区既有政策和项目在内的社会环境，亦取决于他们与他者的互动，尤其是和他们的老师、同龄人和父母之间的互动。

联邦政府在移民事务上的决策，取决于其同省级同僚和其他利益相关者的协商成效。通常而论，移民问题为各级政府和社区组织的共同事务。加拿大的移民政策以平等、尊重个体权利和多样性为基本原则，目标在于“在确立融合过程中新移民和加拿大社会共同责任的前提下，推动常住居民成功地融入加拿大”。《权利和自由法案》《多元文化法案》和《移民和难民保护法案》等一系列法律和立法，均支持这一目标的实现。因为移民需要全方位地参与接受他的社会，这意味着一方面移民需要接收其所在社会的规则和价值；另一方面，接受他的社会也需要调整自己，以适应多样性的新现实。

教育事务主要属于省政府的责任，而学校通常是由学校董事会治理。在省政府教育部门的资金资助下，公立学校对加拿大居民和初来乍到的移民免费开放。一般情况下，学校董事会对移民学生持热情欢迎的态度。这就是说，学生的成功取决于学生及其所在家庭和教师的协作效果。移民机构与其他社区组织在建构社区新成员和学校之间桥梁的工作中，扮演着关键性的角色。这部分内容的重点在于介绍公立学校系统帮助移民学生全方位参与学校社区的工具。需要强调指出的是，与该国的其他省相比，安大略省的个体学生项目独具特色，后面将会对此进行详细的分析。

新移民通常定居在大型城市及其周边地区，尤以安大略省的多伦多市和不列颠哥伦比亚省的温哥华市最为集中。因此，与其他城市相比，位于这两座城市的学校可能招收更多的移民学生。以多伦多地区学校董事会（TDSB）为例，2006—2007 年，共招收 249 691 名学生，

① Hieu Van Ngo，Barbara Schleifer，*Immigrant Children and Youth in Focus*.

其中15%的学生为到加拿大定居不超过5年的移民。超过半数（55%）的学生在其母国使用的是英语以外的其他语言（TDSB，2006）。在该地区的一些学校，移民学生的比重甚至高达80%到95%。

与移民学生较少的学校相比，在大城市周围的学校需要开发更多的项目和容纳能力，以回应移民学生和他们家庭的诉求。尽管各省之间存在差异，但加拿大的学校董事会具有许多共同的特征，这包括：以移民学生和其家庭为导向；教师和职员的意识培养；提供第二语言和文化教育支持等。①

（一）学校的移民学生参与培训项目

校方认为培训在学生全方位参与过程中发挥着关键性的作用。这同样也是对学生进行初始评估的时机，以便为他们合理地编班。移民学生和他们的家庭在登记入学时，首先熟悉的是学校系统。学校经常努力采取措施，帮助移民学生和他们的家庭熟悉学校体系。在地方学校登记之前，所有年龄介于14～20岁，适合就读高中的学生，可以在两家具有多语种工作人员的移民接待中心选择一家，进行参观。移民家庭同样可以约见移民机构工作者，他们将为其提供诸如住房、就业和健康服务方面的建议，给移民家庭提供评估学生的英语和数学技能的机会，从而使地方学校能够为其提供合适的课程。②

移民学生培训项目通常由学校和移民机构联合提供。联邦和省政府负责移民机构向新移民提供服务的资金支持。其中一个项目为“学校移民项目”（SWIS），其资金由加拿大公民和移民局提供。移民机构、教育董事会和加拿大公民和移民局，构成一种伙伴关系。“学校移民项目”是安大略省一个以学校为依托，为移民学生和他们的家庭提供服务的项目。③“学校移民项目”延伸到拥有众多移民的社区，为初来乍到的加拿大学生和他们的家庭提供帮助，在学校和社区中为他们提供服务。在中等教育阶段，“学校移民项目”负责接见学生和家长或监护人，向他们解释学校系统的基本情况，并为他们的特殊需要提供合适的服务。在小学阶段，“学校移民项目”只负责接见家长或监护人。在2007年8月，

---

①② Toronto District School Board，TDSB moves forward on Urban Diversity strategy with enhanced supports for struggling students，2008.

③ Ontario Council of Agencies Serving Immigrants（OCASI），2013.

安大略省为超过11万的顾客提供了服务。[1] 自2010年4月起，安大略地区学校董事会开始提供移民服务，用英语为新近移民提供帮助。在渥太华、多伦多、伦敦和温莎等地，还可以提供法语服务（OCASI，2013）。

为帮助学生和家长熟悉安大略省的学校系统，“学校移民项目”为其提供该省的小学和高中学校的导引服务。用18种语言提供纸质和在线服务，这亦包括简体中文和繁体中文的服务，导引服务提供的服务内容涵盖了学校规则、教育政策、学习内容、评估方式，以及父母与教师的沟通方式等广泛的领域（OCASI，2013）。安大略省学校系统的组织方式，家长帮助孩子在学校取得成功的辅导要诀，诸如家庭作业、学校前两个月需要熟悉的知识、冬天的穿戴、父母和教师的交谈技巧等等，均在它提供的信息范围之内（OCASI，2013）。

互联网是移民学生和他们的父母熟悉新环境，以及理解如何参与社区活动的方式之一。论坛和网站上设置的移民议题为新近移民提供信息交流的平台。“移民网”就是该类网站的其中一家，由移民机构安大略移民服务理事会负责开发，其资金源自联邦和省级政府。这一网站提供的信息涉及工作和教育，以及移民和融合事务等基本问题。网站还设置有方便民众提问和分享思想的讨论群。“学校移民项目”提供的信息，同样可以在网站上获取，网站还具有提供私营和独立学校信息，以及链接教育部信息的功能。

除个体接洽和在线信息服务外，“学校移民项目”还向移民的高中和初中学生提供培训课程。在学校生活开始之前，“移民培训周”（NOW）旨在为高中阶段的移民学生提供适应环境的一系列培训活动，提供的基本信息包括学校布局，教师的基本状况和同学之间的关系等等。截至2008年夏天，创始于2007年的这一长达一周的项目，在获得正面评价后，已经拓展到安大略省的40所学校。[2] “移民培训周”项目包括诸如展览、游戏展示、寻宝游戏、实地参观和喜剧等形式，由移民机构的工作人员、教师和曾经是新移民的同龄人共同筹办。同龄领导者与新移民分

---

① Public Policy Forum, *From Immigration to Participation: A Report on Promising Practices in Integration*, 2008.

② Kappel Ramji Consulting Group, Newcomer Orientation Week Pilot Initiative Evaluation Report, 2007 - 11 - 27; Kappel Ramji Consulting Group, Settlement Workers in Schools: Newcomer Orientation Week Year II Roll Out Evaluation Report, 2008-10-06.

享他们在作为加拿大新移民初始阶段的焦虑，并且分享他们是如何克服这些困难的经验。事实上，吸引移民学生同龄人中的佼佼者参与，是该项目成功的重要原因之一。在他们自身经历过高中阶段的转变之后，这些训练有素的同龄领导者，相比教师和非移民学生，更能够增进他们与同龄人之间的联系。由于移民青年融合实践具有光明的前景，“学校移民项目”及其他服务和培训项目，在诸如不列颠哥伦比亚等省均有开展（British Columbia Ministry Education）。

“欢迎移民和信息提供服务”项目创立于2008年，这是一个为期一天，以中年级的学生（7年级和8年级）为对象的项目。分别向学生和他们的家长提供帮助。该项目还提供包括诸如在恶劣天气下提供寄宿，以及入学流程等信息服务。与“移民培训周”相似，这一项目同样吸引了同龄人中的佼佼者参与其中（OCASI，2013）。

除“学校移民项目”之外，相关机构还为儿童和青少年移民提供校外项目，以帮助他们提升自身的语言能力和文化竞争力。这些项目通常由社区的非营利组织，依托政府提供的资金而提供。“稳步提高项目”就是一例明证。这一项目由渥太华社区移民服务组织（OCISO）提供，免费帮助青少年移民提升自己的英语水平，以及自身的领导能力和学习技能。参与该项目的学生人选，由从事非母语英语教学的老师和移民机构提名，现在这一项目已经运作15年之久；这一为期5周的项目，在每年7月和8月实施，旨在为150名学生提供帮助。它的重点服务对象为年龄较大的移民学生，他们在校学习过程中，面临更多的困难。通过消弭语言和文化的隔阂的形式，这一项目旨在帮助学生在以后的学习生活中取得更好的成绩。自该项目设立以来，从未有一名学生中途退出（OCASI，2013）。

“营造温馨社区行动”项目，为联邦政府资助的另一项目，旨在促进加拿大居民和移民之间的双向互动。该项目的一个重要内容是为移民和在加拿大本地出生的居民，以及长期定居的移民志愿者，提供对口帮扶服务，以增进移民和自身居住社区之间的相互理解。① 一些组织还通过为青年人举办宴会的形式，为青年移民与加拿大出生的青

---

① University of Toronto Mississauga，Host Youth Program，Community Connections in Mississauga，Host Youth Program，2009，accessed at http://www.ccp.utoronto.ca/Students/Service-Projects-in-the-Community/Co-Curricular-Service-Learning/serve-learn/Community-Placements/Host-Youth-Program.htm.

年人提供牵手的机会。这是一个双赢的途径。这些组织还为青年人结交朋友提供平台。举例而言，设在多伦多大学的社区伙伴中心，以举办欢迎宴会的形式，为学生提供获取跨文化交流技能的机会。这些学生志愿者将与3～20名移民青年互动，向他们传授在加拿大生活的相关信息。

(二) 培训教师和行政管理人员

伴随着需要对英语学习进行辅导的学生人数的增长，对专门非英语母语专业教师的需求日益高涨。学校需要不断调整自己，以适应学生分布不断多样化的现实。专门从事非英语母语教学和其他专业教学的教师，需要具备适应学生来自不同文化背景和具有不同学习方式的能力。父母被视为学生学习过程中，不可或缺的一部分，因此，学校鼓励他们参加家长和教师之间的恳谈会，参与学校委员会的活动，监督学生完成家庭作业等（BC Columbia Ministry Education）。这种惯例正在进行调整。学校倡导教师和行政管理人员吸纳学生父母，使其成为他们子女正式教育系统中的重要伙伴。他们同样需要调和移民父母和加拿大本土出生的学生父母对学校教育的不同期待。除对母语非英语教师的培训之外，学校正在为所有的教师和行政管理人员提供帮助，以更好地协调来自不同文化背景之下学生和他们的家庭对学校的期待。

在处理此类问题方面，多伦多地区学校董事会堪称成功的楷模。学校董事会制定出城市多元化战略，以确保所有的学生取得优异的成绩。在安大略省教育部门的支持下，这一开创性的行动，力求为初级和中级学校提供支持，因为众多的此类学校正面临办学成绩的挑战。许多学校还面临学生族群分布和语言多样化，以及贫困学生比例高的问题。① 诸如校长董事会、教师、学生、父母和移民工作者等所有的利益相关者，均积极参与旨在推动学校体系整合的行动之中。在许多情况下，这需要来自不同层级政府和移民机构之间的相互合作。他们的努力使许多移民学生成功地融入学校生活，多伦多地区学校董事会也因此创举，被授予2008年度的卡尔·贝塔斯曼奖，这一奖项由贝塔斯曼基金会负责颁发，

---

① Toronto District School Board，Integration through Education：Toronto's Second Generation Makes the Grade，2009，accessed at http://citiesofmigration. ca/integration-through-education-%e2%80%a6/.

旨在鼓励解决全球社会事务的创新行动。①

（三）第二语言学习和读写能力发展

语言是个体身份的重要标志，也是一个负责任和具有创造力公民能力的重要组成部分。② 瞄准以英语为第二语言（ESL）学生水平的项目或服务，目的在于提升学生的语言熟练水平，以开发他们的智力，并获得预期的学习成绩。③ 无论是目标为母语非英语（ESL）的学习，还是母语非法语（FSL）学习的第二语言教育，均向第一语言非英语或非法语的在加拿大之外出生的学生提供。通常情况下，一般由省级政府提供资金支持。举个例子，尽管各个省区之间存在差异，母语非英语的学习项目，可以获得最高 5 年期限的资金资助。下面文本框中的内容，展示了安大略省资助第二语言教育的情况。

安大略省第二语言学习资助指南

依据学校的语言学习规则，资金的分配围绕移民学生第二语言学习的规则展开，这包括英语为第二语言（ESL）计划、英语读写能力发展（ELD）计划，以及法语提升（PDF）计划等。这些计划为每个合格学生的四年学习提供 9 209.20 加元的资助，以提升这些学生从事学术研究的英语熟练程度。英语学习学校董事会可以获得 ESL 和 ELD 的资金资助，依据近年来学校学生中来自非英语国家学生的数量，以及过去四年中学校实际招收学生的数量进行资金配置。2008—2009 年，为 ESL 和 ELD 提供的资金总数为 2.146 亿加元（Ontario Ministry of Education，2008）。ESL 资助的对象为意在提升语言能力和学术技能的英语非母语的学生；ELD 资助的对象为来加拿大之前未能进入学校学习的学生，以提升其读写能力。④ 对于法语语言学校的董事会而言，资金的分配对象为官方语言或学校语言是法语的学生。

---

① Toronto District School Board，Integration through Education：Toronto's Second Generation Makes the Grade，2009，accessed at http://citiesofmigration.ca/integration-through-education-%e2%80%a6/.

② Ontario Ministry of Education，The Ontario Curriculum Grades 1－8，Language (Revised)，2006.

③ BC Columbia Ministry Education，1999.

④ Ontario Ministry of Education，*Education Funding*，Technical Paper 2008－2009，2008.

第二语言为英语的学习教学具有不同的形式，这取决于学习者的英语水平。对于缺乏英语或较少英语技能的移民，通常要为其提供学前项目。这类项目通常期限较短，目标在于使学习者最终具备参与全员项目的能力。对于具备有限英语能力的学生，学校则为其提供众多过渡性的项目。学生可以选择半天语言学习，其他时间再加入主流班级进行学习的方案。这种教学安排需要从事第二语言英语学习教学的教师，和其他门类的教师开展相互合作。一般情况下，这类教学安排允许进行第二语言学习的学生和他们同龄的、英语流利的学生互动。对于具有较强英语学习能力的学生而言，教学安排为他们提供了整合项目，他们可以在常规学习的同时，在课堂之外接受特殊的第二语言教学课程。①

以安大略省为例，在其语言课程安排方面，安大略省教育部门明确声明其目的在于使学生具备批判性思维的能力，具备欣赏语言的文化影响力和进行有效沟通的能力。它同样承认语言教学只有在能与学生的直观感受相联系时，才能取得比较好的教学效果。考虑到学生来源的文化多样性，认为教师在制定教学战略时，应该融入文化多样性的考量。教育部门同样为英语为第二语言的教学和读写能力发展课程，制定了政策和规则。在学校教育的初始阶段，每个学生一开始都需要接受英语熟练水平的评估，有时还对他们的第一语言能力进行评估。根据他们各自不同年龄的差异，这些评估成就将成为将他们编班的基础。学生在语言方面取得的进步会不断地得到监控，直到他们达到与同龄人相同的英语水平。这些政策有助于学校董事会界定目标群体，制定接收和评估学生英语语言能力的程序，界定教师和行政管理人员在各个流程中的角色。所有学校的董事会都必须制定强化英语学习需求的计划。为了帮助学校董事会执行这一语言学习政策，教育部门还提高了英语学习计划资助金额，这不仅包括培训和评估工具的使用，还涵盖教师职业发展服务等事务。②

---

① Howard Research and Management Consulting Inc., *Kindergarten to Grade* 12 *English as a Second Language*: *Literature Review*, 2005.

② Ontario Ministry of Education, The Ontario Curriculum Grades 1－8: English as a Second Language and English Literacy Development—a Resource Guide, 2001; Ontario Ministry of Education, The Ontario Curriculum Grades 1－8, Language (Revised), 2006; Ontario Ministry of Education, *English Language Learners*: *ESL and ELD Programs and Services*: *Policies and Procedures for Ontario Elementary and Secondary Schools*, *Kindergarten to Grade* 12, 2007.

四、讨论

学校内移民学生的参与行动，需要包括社区组织、学校和政府等多个行为主体的协作行动。由于加拿大的社会态度、政策和项目营造了一个宽松的环境，移民学生大抵能够参与到学校和社区的事务之中。在过往的岁月中，公众对移民仍然持肯定态度。加拿大认为文化多样性和多元性是国家的核心价值和宝贵财富。① 加拿大的双向融合途径，意味着移民在适应他们新环境的同时，其所融入的社会亦需适应日益增长的人口多样性现实。国家政策和立法均明确了这一目标。在学校之内，设有旨在帮助移民学生和他们家庭参与的项目。这些项目通常由多层次的政府提供资金，并通过诸如“学校移民项目”之类的计划，与社区组织联合实施。而且，一如“营造温馨社区行动”项目和“欢迎移民和信息提供服务”项目，移民学生自身亦可以同龄人领袖的方式，积极参与到协作行动中，与新移民学生分享自身的经验。

移民学生的经历似乎同中国城市中的外来务工人员的学生子女相类似。加拿大移民在缓解人口老龄化趋势所带来的劳动力市场压力方面发挥着重要的角色，而中国的外来务工人员则促进了中国城市中心的经济发展。尽管仍然有一些外来务工人员把自己的子女留在家中，许多外来务工人员已经将他们的孩子带到所工作的城市。② 而且，一些外来务工人员的儿童出生在城市中。大约19%的外来务工人员（1 980 万人）年龄在 18 岁以下，其中大约 1/3 出生在城市中。中国前总理温家宝为坐落在北京的外来务工人员子女学校在黑板上写下“同在蓝天下，共同成长进步”的文字，这暗示着外来务工人员子女学生与和他们同龄的非移民学生一样③，具有参与他们学校和社区事务的同等权利。外来务工人员儿童的教育问题，仍然是于 2013 年 3 月召开的第十二届全国人民代表大会的中心议题。正如一位代表所言：“外来务工人员来到城市工作是为了获

① Canada's World, "Beyond Borders: A Citizens' Vision for Canada in the 21st Century, Draft 6.0," 2009, accessed at http://www.canadasworld.ca/whatsnew/reports/newnarrati.

②③ China Labour Bulletin, "The children of migrant workers in China," 2008, accessed at www.clb.org.hk/en/node/100316.

得更好的生活质量和使子女获得更好的教育。如果他们子女的教育问题得不到解决，这必将给他们的工作带来负面的影响”（Hua et al.，2013）。

移民学生和外来务工人员子女融入社会的经历，存在着诸多相似之处。首先，他们中的大多数来到一个全新的环境不是出于自我的选择，而是环境逼迫使然。无论是来到一个不同的国家或是一个不同的区域，移民或外来务工人员都希望牺牲自己，从而为自己的后代带来一个更加丰裕的经济前景。一项对来自中国的加拿大移民研究发现，大约43%的受访者承认他们留在加拿大，主要源于希望给他们的孩子提供更好的教育机会。① 而一项对厦门外来务工人员的调查表明，82%的人希望他们的子女在厦门上学，只有24%的人选择让子女在他们的家乡读书。②

其次，与本地学生不同，移民或外来学生承受双重的适应过程，同时需要适应新学校和社会与文化环境的压力。他们都热切希望全方位融入他们所居住的社区中。为了实现这一目的，他们都必须克服诸如来自地方或本土出生学生或老师的歧视，以及与本地的同龄人缺乏共同背景的障碍。③ 而且，外来学生来自农村地区，需要面对强化这种差异的城市登记身份（户口），以及相对于出生于城市的同学，经济状况较为低下的压力。④

再次，与上述议题相关，此类青少年自身所处的社会环境对于学校的参与活动，以及他们的学习成绩和社会效果，发挥着关键性的影响。与加拿大移民全方位参与政策相似，中国的相关立法严禁教育领域内的歧视行为，倡导农村随迁学生具有平等接受教育的权利。⑤ 自2006年9月开始，政府开始向农村义务教育阶段的学生免收学杂费。在随迁学生

---

① Shibao Guo，Don DeVoretz，“Settling West：Exploring the Integration Experience of Recent Mainland Chinese Immigrants in Edmonton，” Presentation at the National Metropolis Conference，Vancouver，Canada，2006-03-25.

② Jian-xing Zhang，Zhuan-xi Wang，and Shao-yue Qian，“Interviews of a School for Children of Rural Migrants in Shanghai's Min-hang District，” *Journal of Huainan Normal University* 48 (10)，2008，pp. 88-90.

③ Aspen Family and Community Network Society，*All Kids Have Dreams*，2005；Xin Tong，*Under the Same Sky-Educating Migrant Workers' Children*，2008，accessed at www.womenofchina.cn/issues/education/200650.jsp.

④ Bin Zhou，“Preliminary Analysis of the Issue of Acceptance among Migrant Children in cities，” *Heihe Journal* 1359 (3)，2008.

⑤ Zhen-dong Shen，Shan-shan Qiao，Su Fang，and Wen-long Zhu，“How Should the Children of Rural Workers be Assimilated into the City Life? ” *Journal of Gui Zhou University* (*Social Sciences*) 26 (4)，2008，pp. 41-43.

集中的大城市中心，地方政府同样鼓励接收随迁学生进入公立学校读书。举例为证，在上海市，截至2007年，超过一半（57.1%，大约220 000人）随迁学生进入公立的小学或高中读书。①

与加拿大的移民学生相比，由于学校系统的差异，农村随迁儿童在全方位参与的过程中可能会遇到障碍。在加拿大，移民学生与本地学生在学费和入学服务方面，依据的标准相同。对于加拿大公民和常住居民而言，公立学校是免费的，而私立学校对于所有的学生都是收费的。相比之下，在城市的随迁学生可以进入为当地学生提供的公立学校（公立校），可以进入随迁学生的专门学校（打工校）或混合式学校（混合校）。与公立学校相比，随迁学生的专门学校容易出现教师流失率高和筹资困难的窘境。② 学生的社会和心理状态与学校的类型息息相关。与随迁校和混合校的学生相比，公立学校的孩子对学习兴趣更浓，更加自信和开朗。公立学校离职率同样较低，因而师生之间的关系亦更加稳定和融洽。③ 在这三种类型的学校中，随迁校的孩子对学校和老师的满意度最低。④

最后，社区组织在加拿大移民青少年的参与行动中扮演着重要的角色。正如上文所言，诸如"学校移民项目"和"营造温馨社区行动"项目，消弭了以学生和家长为一方、以教师为另一方的隔阂。移民工作者和多文化联络员经常在家长—学生恳谈会中，担任解说者的角色，消除教学中跨文化的理解难题。中国需要深入挖掘社区组织，推动随迁学生参与行动的能力建设。

五、结束语

在未来的岁月中，移民仍将是主要的社会趋势。移民对于他们所居

---

① Yuan-wei Fan, *Research on the Interaction between Migrant and Local Students*, China Academic Electronic Publishing House, 2008.

② Jian-xing Zhang, Zhuan-xi Wang, and Shao-yue Qian, "Interviews of a School for Children of Rural Migrants in Shanghai's Min-hang District," *Journal of Huainan Normal University* 48 (10), 2008, pp. 88–90; Xin Tong, *Under the Same Sky-Educating Migrant Workers' Children*, 2008, accessed at www. womenofchina. cn/issues/education/200650. jsp.

③ Bin Zhou, "Preliminary analysis of the issue of acceptance among migrant children in cities," *Heihe Journa*, 1359 (3), 2008.

④ Kejia Qu, Hong Zou, and Ziao-wei Li, "Migrant children's school satisfaction and its relation with teacher-student relationship and learning behaviour," *Chinese Journal of Special Education (Monthly)* 97 (7), 2008, pp. 50–55.

住和工作的城市及国家的经济发展贡献甚大。这些移民在社区中的参与情况，取决于政府的政策、项目和接纳他们的社会的开放程度。无论是个体移民，还是家庭移民，他们都希望为自己的经济生活和子女的教育机会，提供一个更加光明的前景。无论在加拿大还是在中国，在过去的十年中，移民儿童的福利问题显得日益严重。考虑到加拿大移民学生和中国城市中随迁子女问题的相似性，开展比较研究，有助于厘清两个国家影响移民学生问题的因素。

尽管关于这一主题的定量研究和定性研究文献非常丰富，但是，对经验数据的分析仍然需要将宏观、中观和微观层面的因素，纳入整体性的分析框架之中。在宏观层面，各个社会都存在约束社会环境的一系列价值和规则。这些价值和规则界定了可接受行为的边界，它们将反映在一个国家的政策和立法之中，宏观层面的因素可能包括社会态度、移民政策、青少年移民教育，以及社会的经济状况等等。中观层面的因素指向一个人生存的环境，它包括社会组织、家庭、同龄人和社区。通过与这些外部行为主体的互动，移民学生形成了自身的身份意识和归属感。社会环境同样会影响他们的学习成绩。在微观层面，个体人格和态度在个人适应新环境的过程中，发挥着关键性的作用。

特别需要指出的是，有必要深入研究有助于理解移民青少年和随迁青少年共同面对的问题，政策制定不仅需要关注这些议题，而且需要关注其实际效果。最后，探索学校、社区和家庭在推进青少年移民和随迁青少年在学校和他们所在社区参与过程中所应扮演的角色，具有非常重要的意义。

第十二章
农民工随迁子女义务教育政策执行的研究
——以G市M区为例

李 学

新中国成立初期，为了实现国家的重工业赶超战略，国家逐步以户籍制度为基础，确立起城乡二元分割的管理体制，以制度形式将农民束缚在土地上，严禁农民进入城市就业和谋生，以最大限度地为重工业发展积累资金。改革开放以来，伴随着工业化和城市化进程的推进，国家逐渐放松了对农民的约束，大量农村剩余劳动力涌向城市就业，为城市经济的发展做出了巨大的贡献。然而，城乡二元分割的体制并未获得根本性的改革，在城市务工的农民难以有效地转变为城市居民，从而平等地获得所在城市各项高于农村地区水平的公共服务，这亦包括子女享受城市公办教育的权利。伴随着时间的流逝，"农民工单身化"向"农民工家庭化"转变的趋势日益明显，农民工子女的教育问题，尤其是基本义务教育权利的保障问题，对传统的城乡二元教育体系提出了严峻的挑战。伴随着社会公众公平意识的增强，以及建设服务型政府理念的推广，为保障农民工随迁子女接受教育的权利，2001年《国务院关于基础教育改革与发展的决定》明确提出农民工子女教育"以流入地政府管理为主、以全日制公办中小学为主"的原则；2003年教育部等六部门《关于进一步做好进城务工就业农民子女义务教育工作的意见》，做出了农民工子女与城市学生上学收费一致的规定；历年的《政府工作报告》以及《国家中长期教育改革和发展规划纲要（2010—2020年）》，都将解决好农民工子女平等接受教育问题作为重要议题提出；地方政府为贯彻这一政策，亦出台了一系列的法规和条例，积极推动农民工子女平等接受义务教育。

一、研究问题与文献综述

公共政策的实际效果取决于具体的执行行为，"上有政策，下有对策”一直是制约公共政策效力的突出问题。“政策执行是将政府项目付诸实施的过程，是将合法的命令，无论是行政命令还是已经通过的法令，转化为提供服务或创造物品的适当的项目指令和项目体系的总体过程。”① 农民工随迁子女平等接受义务教育公共政策的出台，只是政策行动的逻辑起点，并不意味着问题的解决，政策执行环节的诸多因素都将影响政策实际效果。作为政策执行最末端的基层政府，实质上决定了公共政策的具体内容。在建设服务型政府的社会背景下，农民工随迁子女义务教育政策的执行问题，成为诸多学术研究的关注对象。这些理论研究立足于不同的学科背景和研究偏好，对于深化这一问题的认识和提升执行效果，具有一定的理论价值和现实意义。基于研究视角和研究方法的差异，既有的研究文献可以分为三个基本类别。

一类研究文献继续秉承政策出台之前的研究思维，以农民工随迁子女平等接受义务教育政策执行不力为前提，批判农民工随迁子女难以获得平等教育权的弊端，多属规范性层面的研究，从公民权利、法律平等、代际公平等视角，详陈农民工子女义务教育现状不佳的危害和弊端，呼吁政府采取切实有力的措施，从根本上解决这一问题；主张政府应穷尽一切办法，大力推进制度创新，以解决这一问题。此类研究对于惊醒社会关注农民工随迁子女义务教育问题，无疑具有明显的警示作用。但是，在国家陆续出台相关政策的背景下，通过理论研究开启政策议程的学术使命已经完成，此类研究的学术价值渐趋式微。然而，相关政策的出台并未表明问题已经得到基本的解决，由于农民工的流动性较强，加上城乡二元结构的制度惯性，国家出台的政策在执行的过程中成效如何，成为国内部分学者关注的研究对象。与上文言及的规范性研究不同，此类研究多运用定量的社会调查方法，将研究范围设定在一定的地域之内，观察和测量农民工随迁子女的教育现状，以及流入地政府在解决这一问题时遭遇的各类问题，其立足点在于发现既有政策的实际效力。亦有部分文献关注农民工子女学习状况。此类研究发现，农民工随迁子女入学年龄大、就读民办学校比例高、转学率高、学习成绩差、城市融入度低，为普遍存在的问题。在分析论证的过程中，均对政策效果不彰的原因有所触及，但未深入分析政策执行不畅的原因，影响了其学术价值；但是，

① ［美］杰伊·沙夫里茨、卡伦·莱恩、克里斯托弗·博里克：《公共政策经典》，212 页，北京，北京大学出版社，2008。

值得一提的是其对农民工随迁子女学习状况的调查，对于深化农民工随迁子女教育政策的特性，以及如何使相关政策更好地服务于农民工随迁子女，具有重要的启示意义；毕竟，农民工随迁子女的特性，是政策制定者必须关注的现实问题，既有的政策制定和执行对其缺乏应有的关怀。

文献迭出的研究则集中在政策的执行方面，尤其是政策效果不佳的原因分析方面。此类研究多以农民工随迁子女就读公办学校比例低下为事实依据，沿袭“上有政策、下有对策”的惯常思路，自上而下地分析流入地政府执行该项政策时的经验行为以及存在的问题，全方位探讨政策执行遭遇梗阻现象的综合性研究。尽管其研究视角存在一定的差异，但多归因于政策自身的缺陷和流入地政府的抗拒，此类研究认为财政投入机制制约了地方政府的执行意愿，致使政策执行不力，而且也是地方政府设置各种限制条件的主要因素，将问题的责任全部归结为地方政府的机会主义行为；然而由于缺乏实证基础，研究结论显得比较宽泛。

综合而论，既有的研究文献指出了农民工随迁子女义务教育政策执行面临的问题，对于提升政策的合理性，具有一定的现实意义。然而，既有研究存在如下弊端：一是采用自上而下的研究视野，潜在地将政策执行赤字归结为地方政府的偏狭，忽视了流入地基层政府面临的困难和挑战，研究结论的道德色彩浓厚，客观性不足。二是研究停留在政策效果的静态层面上，忽视了政策执行过程的探讨；由于缺乏对真实世界官僚行为的关怀，从而难以发现制约政策效果的动态因素。三是既有的文献在研究方法上，存在着严重的不足，第一手资料不足，影响了研究结论的可信性。本章的研究秉持对基层政府和执行层面工作人员同情的态度和关注公共行政真实世界的学术理念，探讨流入地政府为提升农民工随迁子女义务教育政策的实际效果，在贯彻这一政策过程中面临的困境，以期提出一些贴近公共行政实践的政策建议。本章的研究问题为基层政府执行农民工随迁子女义务教育政策面临的困境有哪些。

二、基于G市M区实践的案例研究设计

上述文献评估表明，既有的理论研究偏向静态层面的考量，缺乏面对公共行政现实世界真实政策过程的探究，尤其缺乏对政策执行主体主

观世界的检视，从而使其研究“悬浮”在现实之上，致使其“客观性”不足；因而既有理论研究的缺陷，为基于现实日常层面的“质性”研究提供了空间。为提升对农民工随迁子女义务教育政策的研究质量，探索具体社会情景之下的执行成效，以及该项政策潜在的深层次问题，本项研究拟以“质性”的案例研究方法，以沿海发达地区G市M区的政策执行为例，关注具体社会环境之下的公共行政现实，并试图从政策执行主体的视野出发，以访谈为主要数据收集方式，辅以政策文本等相关资料，积极利用现实场域的第一手资料，对这一政策议题进行“深描”，重新对这一政策的执行困境进行解释，以提升后续政策制定的质量以及政策执行的效果。

案例研究方法作为“质性”研究的一种重要方法，有助于全面揭示复杂社会现象的细节事实，它可以通过依靠立意抽样选择的个案研究，用于回答研究者设定的问题。“研究者之所以选择该案例，是因为它对于一个更加普遍的问题而言是一个典型的或者说特别富有启发意义的例子。”① 作为政策研究样本的G市M区，无论是其社会环境，还是其政府的政策执行行为，均具有一些典型性特征，适合用以探讨农民工随迁子女义务教育政策问题。G市M区地处东部沿海发达省份，属于较早对外开放的经济开发区，伴随着经济的迅猛发展和良好的自然社会环境，吸引了大批外来务工人员。2010年的人口统计数据显示，该市总人口308万，常住人口178.75万，流动人口129.43万。M区作为G市的建成区，成为外来人口就业和聚集的核心承载区域，其随迁子女的教育问题非常普遍，面临较大的压力。在政策执行层面，G市M区亦具有显著的研究价值。首先，G市作为东部沿海发达城市，其公共管理和公共服务的规范化程度比较高，已经初步建立起行政问责制度和绩效考评体系，政府管理透明度较高，执行公共政策具备良好的行政基础；其次，G市作为一个移民型的城市，具有良好的包容的社会氛围，城市管理者一直努力营造开放、温馨的城市环境，以吸引和汇集优秀的人才，连续多年被评为“最受外来人员欢迎”的城市，具有执行服务外来人员义务教育政策的社会资本，并且在此领域取得了突出的成绩；而且，M区更在面临较大压力的条件下，积极采取措施，取得了明显的成效，连续多年获得省、市“教育强区”的荣誉。在此背景下，其在执行该项政策中浮现的问题，

① ［德］伍威·弗里克：《质性研究导引》，110页，重庆，重庆大学出版社，2011。

具有典型的研究意义，更能凸显既有政策的问题和执行困境。最后，从研究场域的可进入性来看，研究者具备地缘和人缘优势，比较容易获得进入许可，便于全方位地掌握各类信息，从而为研究提供了便捷的数据途径。

为了获得政策执行的第一手数据，研究者在2012年6月至10月深入相关部门进行“质性”数据的收集和整理，在尽可能全面地获取政府相关文件的基础上，结合自身对相关问题的理解，先后到G市教育局、M区委办、M区教育局开展田野调查，并对相关的主管人员进行访谈对话，尽量使自身的研究“视域”与实际工作者的主观世界相融合，以追踪农民工随迁子女政策的执行过程，理解真实世界中执行主体的行为哲学和行动方式，深化对研究问题的认识，祛除将政策执行过度道德化而致使研究结论泛化的研究弊病。

三、研究发现

政策执行问题是公共管理研究中一个历久弥新的话题，“政策的内容及其对受众的影响，可能在执行阶段被解释或篡改得面目全非，直至被弃之不理的境地”①，农民工随迁子女义务教育政策的效果，同样面临执行赤字问题的影响。由于作为主要执行主体的地方政府未能有效参与到政策制定的过程中，因而其偏好未能在政策文本中得以再现，致使中央层面的政策理想化特征明显而易于获得赞许；然而，影响政策目标实现的限制因素，终将在执行的过程中凸显出来。通过对G市M区的实际行为研究，既定政策存在的非理性化色彩，突出表现为言辞的模糊性和对执行条件的漠视，铸就了其执行困境。客观而论，伴随着政策执行的深入和调试，在行政体制的执行压力之下，地方政府的许多机会主义行为已经得到有效的遏制或消除，不能简单地将问题归结为地方政府的机会主义行为或不作为。毋庸讳言，由于政策制定者受到有限理性的限制，因而其制定的政策多半存在一定的模糊性，必须由地方基层政府依据地方现实和自身的理解，重新对政策进行解释和设定。组织管理经验学派

① Michael Hill, Peter Hupe, *Implementing Public Policy*, Sage publications Led, 2002, p. 6.

的大师赫伯特·西蒙提出管理的过程，亦是决策的过程，“在研究组织的过程中，必须将执行层人员的行为作为关注的终点，因为结构的成功依赖于组织内部成员的绩效”①。由于地方政府和基层官员拥有自身的立意偏好，在执行过程中无可避免地会与作为政策创始者的中央政府存在分歧，从而在执行过程中偏离政策的初衷。因此之故，基层政府在执行农民工随迁子女义务教育政策时，确有机会主义的行为动机，以减缓自身面临的压力。但是，基层政府的机会主义行为的空间是有限的，它严重受制于执行的实际压力。

（一）组织压力下的执行行为

G市M区的田野调查表明，在诸多执行压力下，基层政府的机会主义行为空间得到极度的压缩，其政策执行的主动性和创造性体现明显，诸多为社会所诟病的执行意愿不足问题得到了缓解。在诸多执行压力中，以科层威权为最，在中国式的官僚威权体制中，上级政府的监管意愿和监管手段，可以极度压缩基层政府的行动空间，从而提升政策的执行绩效。在中央出台相关政策后，G市M区所在省级政府将其作为考核地方行政首长政绩的一个重要手段，该省农民工工作联席会议办公室制定的《X省改善农民工公共服务三年行动方案》，也将保障农民工子女平等接受义务教育作为重要议题，并为各个具体行动目标确立了完成的时限，对基层政府构成了较大的执行压力。G市的市长和各个区的区长分别签订了责任状，以行政问责为制度依托，责令各个区长确保进城务工子女进入公办小学的比例达到一定的水平，并且逐年提高，力争全部进入公办学校，截至研究者开展调查时，规定的比例为达到80%，目标为达到90%。在此强大的政治压力之下，作为基层政府的区级政府的执行动力明显，M区除积极利用已有的教育资源外，还积极筹集资源扩充公办学校的学位，既有研究者所指责的不作为现象在M区已不存在。M区政府的执行行为主要包括：

1. 挖潜扩容、提升比例

农民工随迁子女就学政策的主旨在于确保随迁子女进公办学校读书，中央政府的文件明确规定“进城务工就业农民流入地政府（以下简称流入地政府）负责进城务工就业农民子女接受义务教育工作，以全日制公

---

① H. A. Simon, *Administrative Behavior*, The Macmillan Company, 1947, pp. 2-3.

办中小学为主"①，其他规定只是为实现这一政策主旨提供保障。G市M区所在的省级政府亦以这一精神为指导，细化中央层面的政策规定，强化政策执行的政治责任，勒令对于符合条件的随迁子女要求不得拒收，明晰了政策执行的标准。"全日制公办中小学是接收进城务工就业农民子女就学的主渠道。全日制公办中小学要充分挖掘潜力，尽可能多地接收进城务工就业农民子女就学……学校无正当理由不得拒收。"② 在此政治压力和行政威权推动下，G市政府明确将农民工随迁子女完全进入公办学校读书，作为政策执行的长期目标，每年在4月开展情况调查，制定出年度执行目标，以行政责任状作为强制执行手段，予以推行。M区政府则动员各个相关部门，积极利用各种资源，挖潜扩容，提升农民工随迁子女进入公办学校的入学比例。所谓"挖潜"就是积极利用潜在的资源扩张学校规模或新建学校，提升M区的办学力量；所谓"扩容"就是扩大班级学生的人数，提升每个班级吸纳农民工随迁子女的容量。在保障常住居民入学需求的基础上，把辖区所有学校的学位逐一清理，逐年提高进入公办的比例。现已从政策执行初期的1 000多个学位增加到现在的2 700多个学位，逐年挖潜扩容，提升政策绩效。2012年M区基本实现了70%的农民工随迁子女进入公立学校读书。

2. 设定条件、理性执法

政策执行作为政策理念现实化的过程，必然面临政策环境的约束和限制。基层官僚在提供公共服务时经常遭遇资源瓶颈，对于执行层的官僚人员而言，"资源不足不只是一个理论议题，而且是一个频繁出现的实际问题。……多种原因促使街头官僚难以获得履行其自身职责所需要的充足资源"③。政策执行者必须根据自身所处的具体环境，实现政策资源和政策目标的衔接，在执行进城务工就业农民子女接受义务教育政策的过程中，理想状态之下，政策资源能够完全满足政策目标的需要，即全部随迁子女进入公办学校读书；但是，现有的政策执行主体是流入地政府，其能统辖的只能是行政辖区的各类资源，造成一种碎片化执行状态，

① 《关于进一步做好进城务工就业农民子女义务教育工作的意见》(国发〔2003〕19号)。

② 《×省人民政府办公厅转发省教育厅等部门关于我省进一步做好进城务工就业农民子女义务教育工作意见的通知》(×政办〔2004〕99号)。

③ Michael Lissky, *Street-Level Bureaucracy: Dilemmas of the Individual in Public Services*, Russell Sage Foundation, p. 39.

欲使其在短期内解决一个长期因素达致的全面问题，必将超出其行为能力；从另一个方面，在整体执行状态比较差的情况下，一个行政区域的政策过于优惠，极易产生集聚效应，造成农民工随迁子女的涌入，从而产生更大的资源压力。因而，地方政府执行这一政策时，设定一定的条件，具有一定的理性基础。媒体和一些学术研究片面抨击地方政府的这一行为，实为缺乏深入思考所致。事实上，G 市 M 区面临着极大的资源压力。作为城市的主要建成区每年吸纳了大量新增常住人口①，M 区必须首先化解常住居民子女的入学问题，因而无力为所有的农民工随迁子女提供学位，由此制定了一定限制条件。该区随迁子女报名申请公办小学的基本条件为："学生须是年满 6 周岁的进城务工人员随迁子女；学生及父（母）在 M 区暂住满一年以上，且目前仍在 M 区暂住；学生父母在 G 市务工满一年以上，且目前仍在 G 市务工。在此基础上，'四证'② 齐全的学生可以具备优先统筹参加公办小学派位的资格"。客观而言，M 区所设定的标准比较合理，并无恶意排斥外来进城务工人员子女入学的考虑，毕竟在既有的资源压力下，保障随迁子女随来随读的理想状况是难以实现的。既有的政策目标为亦未要求所有的进城务工子女都能就地入学。但另一方面，既有政策目标的泛化，也为一些地方政府的机会主义行为，提供了政策空间，成为诸多地方政府推诿责任的武器。

3. 取消收费、公开公正

公开公正是当代公共行政的基本规范，也是社会正义实现的基本要义。进城务工人员在流入地的经济发展和社会发展过程中，扮演着重要的角色；但由于城乡二元制度体系路径依赖的影响，长期被排斥在流入地的公共服务体系之外，难以获得流入地常住居民的平等待遇，有悖于社会的公平与正义。国家出台农民工随迁子女义务教育政策，正是化解

---

① M 区常住人口的增长除去既有人口的自然增长外，主要来源于地产政策的激励作用，由于当前地方政府的收入非常依赖土地财政，因而房地产业的发展状况直接影响土地财政收入，因而地方政府常常允许外地的购房者获得当地户口资格，类似于西方国家的投资移民。

② 所谓"四证"是指："暂住证：学生及父（母）在 M 区暂住两年以上（含两年）的暂住证；劳动合同或营业执照：学生父（母）在 G 市务工两年以上（含两年）劳动合同或营业执照；社保证明：学生父（母）按照规定参加 G 市社会保险的证明，须提供地税部门出具的该生父（母）近两个年度的《G 市地方税务局社会保险费缴费证明》；计生证明：学生符合国家人口计划生育政策，须提供暂住地街道计生部门出具的该生符合计划生育的证明。"

这一问题的举措。然而，由于政策设计的弊端和地方本位主义的影响，在政策执行的初期阶段，流入地政府曾要求入读的学生缴纳一定的额外费用，以获取入学的资格；同时由于公立学校能够接纳的农民工随迁子女的学位资源有限，期望获得入学资格的学生及其家长面临激烈的竞争，“暗箱”行为非常普遍，人情关系充斥其间，诱发了大量的腐败行为，衍生出新的社会不公，严重影响了政策的社会效益。

G市M区具有良好的规范行政基础，在化解上述问题上采取了诸多对策，切实解决了额外收费和学位分配上的“暗箱”行为，做到了公开、公正，社会效益明显。首先，M区积极筹集财政资金，有效化解了额外收费的压力，对于“四证”齐全、进入公办学校的农民工随迁子女，逐步实现了全免费政策。对于进入社会办学的农民工随迁子女，如果“四证”齐全，亦适用全免费政策，其在学期间的费用由财政支付；如果达不到“四证”齐全的农民工随迁子女，进入社会力量办学的则予以一定的补贴，以农民工子女减免卡的形式予以发放，一学期补贴450元/人，并辅以强校、贫困支助专项资金，减轻其负担，一定程度上实现了社会公正。其次，为杜绝学位分配过程中的“暗箱”行为，M区教育机构充分利用网络和媒体的力量，推行教育信息公开，满足公众的知情权；通过分发宣传册和网络传播的形式，全面介绍该区进城务工人员随迁子女申请就读M区公办学校指南，详尽介绍入学条件和入学流程，其入学流程参见图12—1。在学位分配上，采用电子计算机程序随机派位，当场公布派位结果，遏制腐败现象的发生。从学位分布信息到学位分配信息，全部实现网络化公开，并可在M区教育局的官方网站上进行查证，政策执行透明度和公正性得到极大的提升。为积极回应政策目标对象的诉求，M区还设有专门的咨询和投诉电话，以保证政策得到彻底的贯彻。

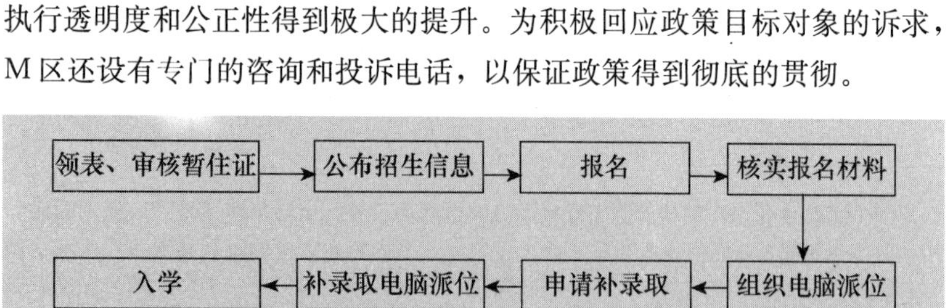

图12—1　G市M区进城务工人员随迁子女报名申请就读公立小学流程

资料来源：《G市M区进城务工人员随迁子女报名申请就读公立小学指南》（2012年）。

4. 扶植民办、限量提质

民办教育在解决进城务工人员随迁子女义务教育方面发挥着重要作

用，在国家出台具体相关政策之前，绝大多数进城务工人员随迁子女的教育问题是依靠民办教育机构实现的。但是，由于自身条件的限制和缺乏官方政策的有力支持，诸多民办学校在师资、安全、卫生方面，难以同公办学校相媲美，也因此常被国家强制关停和拆除，从而使其处于一种尴尬的境遇之中。事实上，国家政策对民办教育的功能是认可的，相关政策明确规定："加强对以接收进城务工就业农民子女为主的社会力量所办学校的扶持和管理。各地要将这类学校纳入民办教育管理范畴，尽快制定审批办法和设置标准，设立条件可酌情放宽，但师资、安全、卫生等方面的要求不得降低。"①

G市M区在解决进城务工人员随迁子女义务教育过程中，虽然重视民办教育机构的作用，但对其是有限制的。首先，G市M区对其实施了一定的扶持，将就读的农民工随迁子女列入财政补贴范围，增强了其合法性和吸引力；其次，进行规范整顿，促进其提高教学质量，G市M区政府选择了辖区内的9所小学作为该区合法的民办学校，并将其作为重点对象，予以宣传和推广。由于教育质量获得了保证，政策效果明显。但是，由于G市M区的政策目标是实现所有随迁子女在公办学校就读，因而对其发展又予以严格的限制，在公办学校解决问题能力不足的前提下，不再审批新的民办学校。这一政策执行偏差，进一步加大了公办学校的压力。在进行田野调查的过程中，该区负责义务教育的工作人员指出，应当继续重视民办学校的作用，学生家长虽然倾向于公办学校，但并不是绝对的，作为城市中的外来人员，在为子女选择就读学校时，他们还需考虑交通等问题，因而民办学校还是有生命力的，政府不能一味强调公办入学率而置社会现实于不顾。她认为："不一定提倡全部到公办……一方面，外来人员认同这些学校，大量进入这些学校……政府应该怎么样让现有的民办学校国有化，或者说公立化，（创立）类似公立的环境。比如说师资，怎么统一招，怎么定工资，管好、增进经济补贴，这总比你自己去建学校实在。"② 因而，如果政府能够予以合理地规范，营造积极的公私伙伴关系，不仅可以发挥民办学校的积极作用，而且可以降低政策的实际成本和沉淀成本。

---

① 《关于进一步做好进城务工就业农民子女义务教育工作的意见》（国发〔2003〕19号）。

② 源自G市M区义务教育办公室访谈记录。

（二）政策公正、政绩冲动与执行困境

政策执行作为政策目标实现不可或缺的阶段，政策执行羸弱更是许多社会问题得不到有效解决的桎梏，许多公共管理的研究将其作为重要议题，但这些研究多半采用自上而下的视角，以政策制定者为本位，将诸多问题归咎于执行者，这一导向也反映在对农民工随迁子女义务教育政策执行的研究上，如将执行中的“变通”行为归结为地方执政者的机会主义行为。然而，本项研究发现，地方政府执行过程中的调试性行为，多由政策自身的缺陷和执行方式的内生问题所诱发。

1. 层级压力与碎片化执行

“政策过程，尤其是政策执行过程，一般需在复杂的组织中进行。”① 因而，执行组织的复杂性和内部过程会对政策效果产生实质性的影响。农民工随迁子女义务教育政策的执行，具有典型的层级制特征，上级政府可以有效运用行政压力，迫使地方政府执行国家层面制定的政策。作为政策发起者的中央政府，可以在无须考虑政策的执行问题和执行成本的条件下，运用行政权力将政策问题传递给省级政府；而省级政府在未对辖区内的基本情况予以明晰、制定具体行动计划的前提下，再度运用行政权力将问题下移给市级政府，而市级政府亦可如法炮制，以签订行政责任状的形式，将执行的压力传递给区级政府。在政策执行的行动链条终端，管辖权限狭窄、财政资源有限的基层政府，成为中央层面的政策的最后行为主体，需要依靠自身有限的行为能力，兑现政策制定者的承诺。毋庸置疑，兑现承诺需要资源的支撑，如果所需的资源有限，势必给政策执行带来困境。因而，依靠层级压力推行的执行方式，尽管可以将问题和责任向下传递，但如果未考虑兑现政策承诺的成本，并给予相应的资助，则无异于使真正的执行主体无力解决问题，从而诱发执行过程中的机会主义行为。而且，这种依靠层级压力传递的执行动力，经常使需要统筹兼顾的政策执行局限在基层政府有限的辖区内，造成政策执行主体的“碎片化”，致使在执行过程中协调困难，甚至催生以邻为壑等恶意行为。

在 G 市 M 区的田野调查过程中发现，进城务工就业农民子女义务教

---

① ［英］米切尔·黑尧：《现代国家的政策过程》，132 页，北京，中国青年出版社，2004。

育政策的执行，非常符合上述的执行模式。在开展田野调查的过程中，市级部门明确告诉研究者，这一问题是由区级政府负责的，其并不熟悉情况。尽管G市M区的政府人员可以在年度实现的入读公办的比例上与市级政府人员博弈，但其必须承担由此带来的一切成本和执行压力。在常住人口和流动人口双重增加的压力下，M区政府在执行的过程中不得不设定一些准入标准，从而降低执行的压力。义务教育服务属于典型的全国性公共物品，理应由中央级政府肩负其主要责任，承担其主要成本；由基层政府承担进城务工农民子女义务教育主要责任和成本的既有执行模式，明显违背了全国性公共物品的特定属性，势必影响进城务工就业农民子女获得义务教育的质量。其次，依靠层级压力催生的“碎片化”执行，亦使作为重要执行主体的基层政府只关注辖区内的问题，具有将流动人口“压迫”出辖区的冲动，从而降低自身的执行压力。而且，以区级政府的行为能力，也难以协调其与流出地政府之间的关系，造成流入地和流出地政府之间执行行动难以有效衔接，从而制约政策的实际效果。

2. 财政压力与政策公平

政策执行需要相应的资源投入，公共服务的提供需要有财政依托。尽管进城务工就业农民子女义务教育政策明确规定各级政府肩负有共同的责任，强调各级政府要以强烈的政治责任感促进问题的解决。[①] 但由于未明确规定各级政府的具体责任，致使这一过于原则性的规定形同虚设，未能发挥实质性的约束作用，基层政府以上各级政府只承担监督责任，这极大制约了政策的执行效果。“如果未曾有人关注政策实施所需的时间、资金，如果未曾有人关注政策目标和执行方式的变动，天才般的人物亦难以使其具有操作性。”[②] 根据上文我们对农民工随迁子女义务教育政策执行过程的分析，上级政府在将施政责任与压力向下传递的过程中，并未提供任务财政支持，造成事权和财权的不匹配，制约了基层政府执行政策的权能。在G市M区调查时，相关机构的工作人员认为片面强调流入地政府的责任的政策不公给流入地政府造成巨大的压力。“我们这个区教育投入很大……单单2012年我们就投入十几个亿。财政现在主

① 参见《关于进一步做好进城务工就业农民子女义务教育工作的意见》（国发〔2003〕19号）第1条。

② L. Jeffrey，Aaron Wildavsky，*Implemention：How Great Expectation in Washington Are Dashed in Oakland*，University of California Presss，1984，p. 166.

要靠区政府……提高入读公办学校的比例，市里会给予一定的补助，计财科会有资料，杯水车薪、很少。”① 访谈信息揭示出的信息表明，除去G市政府给予一些微不足道的激励资金外，执行农民工随迁子女义务教育政策的资金，主要是由区级政府负担，而区级政府的财力是比较有限的，因而制约了政策执行的力度，亦加大了执行过程中地方政府机会主义的动机。

在政策执行的理论研究中，尤其是在中国语境下，多半采用委托—代理的基本理论，将上级政府设定为委托人，将下级政府假定为代理人，认为下级政府存在机会主义道德风险，可能会背离委托人的利益，因而将研究的重点放在如何监督和约束代理人身上，而忽视了委托人的道德风险问题，从而将政策的合理性与正当性排除在研究范围之外，这在农民工随迁子女义务教育政策问题上体现得非常明显。政策制定者以及部分理论研究者认为，农民工为流入地的建设做出了重要贡献，因而将其子女排除在地方义务教育体系外有失公正，成为制定“两为主”政策的主因。然而，这一论点是对中国财税体系缺乏深入了解的体现。必须阐明该项政策的内在特性，以提高后期政策制定和执行的质量。1994年的分税制改革对国家的财政体系和公共服务提供方式，产生了深远的影响，“资源大幅度向上集中，体现了中央权力特别是汲取能力的提高。但是，资源集中导致了资源支配权与有效信息分离，削弱了地方政府解决实际问题的能力。地方政府资源匮乏意味着它们解决实际问题的能力随之衰竭。”② 这一“财权上收、事权下放”的改革，实质上背离了财权与事权需对等的基本财政原理，也是造成地方政府财政行为乱象的原因之一。在这种体制背景下，许多农民工在流入地创造的财富，以各种税收形式上交给中央和省级政府，因而上级政府分享了流入地农民工创造的社会财富，亦有义务为其公共服务提供资金。片面地强调流入地政府的责任，忽视上级政府的责任，有悖于社会的公平与正义。从财政公平的角度出发，加上义务教育具有全国性公共服务的特性，亟须改变现有的资金投入模式，通过制度创新和机制变革，加大中央政府的财政投入，化解流入地政府在解决该问题上投入不足的困境，削减地方政府发生道德风险的动机，从而为问题的解决提供良好的资金保障。

---

① 源自G市M区义务教育办公室访谈记录。

② 周雪光：《威权体制与有效治理：当代中国国家治理的制度逻辑》，载《开放时代》，2011（10）。

3. 模糊性认知与执行偏差

在政策执行的行动链条中，各个行为主体均会因为自身所处环境以及自身组织的影响对公共政策重新进行界定，可以称为执行过程中的政策再制定。这种政策再制定的过程，会因组织间利益的差异背离初始政策的意图；如果初始政策存在语言模糊等问题，则会造成认知偏差，进一步加剧执行过程中的偏离现象。因为政策创立者所推动的政策必须以语言的形式向外传递，然而“我们语言的丰富程度和精妙程度还不足以反映自然现象在种类上的无限性、自然要素的组合与变化，以及一个事物向另一个事物逐渐演变的过程……现实中始终会有一些严格和明确的语言分类所无能为力的细微差异与不规则情形”①。语言模糊性引发的理解误差，会因受到执行链条中行为主体的视角差异和利益分歧影响而扩大，从而在一定程度上影响政策执行的效力。农民工随迁子女义务教育政策作为一种中央层面强制实施的政策，其行动链条上的行为主体包括省级政府、市级政府和区级政府，各自对公共政策具有不同的理解和利益，从而影响政策执行。在田野调查过程中发现，G 市 M 区在执行过程中，由于认知偏差产生的执行问题主要来自两个方面：一是在如何理解“以流入地为主”和“以全日制公办为主”的界定上，M 区的理解与上级政府理解不同；二是忽视柔性服务的选择性执行问题。

首先，M 区政府的工作人员认为政策的第二条，“进城务工就业农民流入地政府（以下简称流入地政府）负责进城务工就业农民子女接受义务教育工作，以全日制公办中小学为主”② 之规定过于模糊，从而使作为政策执行主体的省级政府和市级政府对之持不同的理解，区级政府认为“为主”是一个非常容易引发歧义的界定，它缺乏具体的比例和限制。由于省级政府和市级政府不承担具体的执行成本，因而倾向于拔高“为主”的比例，甚至认为 100%为好，进而不愿意鼓励民办学校的发展，而负责具体执行的基层政府 M 区则认为“为主”不是比例越高越好，可以适度选择使用民办学校解决这一问题。而且，负责具体工作的职能部门，认为既有的政策规定对“进城务工就业农民”这一概念缺乏明确的界定，给具体的执行人员造成认知和执行上的困难。从理性的角度出发，鉴于

---

① ［美］E·博登海默：《法理学：法律哲学与法律方法》，503 页，北京，中国政法大学出版社，2004。

② 《关于进一步做好进城务工就业农民子女义务教育工作的意见》（国发〔2003〕19 号）。

进城务工就业农民流动性过强的特征，流入地政府对于其子女的教育问题，在现阶段难以做到“随到随读”，因而缺乏具体的认证标准给政策执行带来了许多困惑，这也是一些地方采取机会主义行为，过度拔高认证标准，降低政策执行压力逃避自身义务的根源。

认知偏差引发的另一个执行误区表现为选择性地执行政策。各级政府在执行过程中倾向于选择具有显著外在可见性的政策内容，而淡化或漠视不易外化的政策内容。周雪光在研究地方政府官员的行为后指出，“干部晋升机制把官员的注意力引导到那些可以实际测量的政绩方面……力图通过具体可测的政绩表现来向上级部门发出有关自己能力的信号，以便解决信息不对称性所产生的困难”①。这同样体现在进城务工就业农民子女义务教育政策的执行行为中。基于流动农民工子女的特征，其在陌生的学习环境下容易诱发一定的心理问题，“学校要加强与进城务工就业农民子女学生家庭联系，及时了解学生思想、学习、生活等情况，帮助他们克服心理障碍，尽快适应新的学习环境”②，这项政策规定具有显著的人文主义色彩，但是，由于其效果不易外化，因而在实际的执行过程中，这一政策初衷基本为地方政府所淡化，从而未采取具有积极意义的政策举措，造成对外来务工人员子女心理关怀的缺位，背离了政策的初始意图。

4. 政绩冲动下的执行困境

客观而言，进城务工就业农民子女义务教育政策的出台，对于保护其随迁子女平等接受义务教育的权利，彰显社会的公平与正义，具有重要的现实意义；尽管在执行方面还存在着一定的误差，但这些问题不能简单地归结为地方政府的机会主义行为，从而把更多的执行压力和执行责任传递给作为主要执行者的基层政府。田野调查所揭示的真实社会过程表明，尽管具有政治和经济理性的基层政府天然具有减缓或回避执行压力的动机，但在上层政府的政治压力下，其机会主义空间可能非常有限；非常需要反思政策本身的理性程度和执行过程中政绩冲动的负面影响。政策问题界定直接影响了政策的内容，是公共政策过程的逻辑起点，因而其影响是全方位的，因此之故，问题界定在政策科学研究中的重要

---

① 周雪光：《“逆向软约束”：一个政府行为的组织分析》，载《中国社会科学》，2005(2)。

② 《关于进一步做好进城务工就业农民子女义务教育工作的意见》（国发〔2003〕19号）。

性日渐提高。“根据问题界定的视角，公共政策制定必须被理解为对所感知到的问题本质的处置，而且对问题本质的界定的质量从来都是充满争议的。”① 不同的问题界定会引发不同的政策内容，进而影响政策的实际效果。现有的政策设计将流入地政府作为最主要的执行主体，潜在地将进城务工就业农民子女接受义务教育存在的问题归因于流入地政府，在政策效果不彰时亦以增强政治压力的方式，敦促其积极解决问题。这实质上错置了问题的根源。

进城务工就业农民子女义务教育成为一个严重的社会问题，其根源肇始于计划经济时代的城乡二元管理体制。在改革开放的过程中，并未对城乡分割的制度体系进行根本的反思和变革，许多管理制度依然延续着既有城乡分割体系，导致城市和农村之间的公共服务提供具有不同的制度基础，致使许多业已在职业上和心理上城市化的农业户籍人口，难以跨越身份和行政管理的城市化障碍，获得与流入地城市居民相对等的公共服务。进城务工就业农民子女的义务教育问题，其实质是两种公共服务供给体系之间的矛盾。既有的政策设计将化解这一问题的压力，转嫁给流入地的基层政府，难免使流入地政府承担消除或协调两种制度体系差异的成本，这必将超出流入地政府的能力；另外，既有的政策执行对于这一问题的复杂性和艰巨性认识不足。G市M区的田野调查数据表明，政府的执行行为具有明显的政绩冲动、命令主义严重，对问题的判断和执行方式存在认识误区；例如片面强调入读公办的比例，希望在短期内化解改革开放以来积累的问题。解决这一问题必须清醒地认识到问题的复杂性和艰巨性，现阶段的政策简单地将责任划归流入地政府的强制措施，不仅有悖于政策公正的理念，而且可持续性不足，缺乏一个可以自动实施的执行机制，难以从根本上解决问题。必须审慎分析其面临的矛盾和潜在约束，基于既有的政策实践，确立合理的责任和财政分担机制，制定合理的行动纲领，使这一问题逐步得以系统性地解决。

总之，伴随着时代的变迁，进城务工就业农民逐渐步入家庭化的阶段，如何保证进城务工就业农民子女平等地接受义务教育，不仅是保障其合法权益，提升公民素质的重要体现，而且也是检验一个国家管理制度是否公正的重要维度。在过去相当长的一段时间内，由于受制于城乡

---

① David A. Rochefort，Roger W. Cobb，*The Politics of Problem Definition*：*Shaping the Policy Agenda*，University Press of Kansas，1994，p. 4.

二元分治管理体系，进城务工就业农民流入地的地方政府，并未将其子女列入地方义务教育的计划之内，致使进城务工就业农民子女等难以获得与流入地青少年同等的上学机会，被排斥在流入地公办教育体系之外而备受社会关注。为化解这一社会问题，国家出台了进城务工就业农民子女义务教育政策，依靠行政手段，敦促流入地政府充分利用本地的教育资源，有效吸纳进城务工农民子女入读公办学校，保障其平等接受义务教育的权利。然而，这一政策在执行过程中，并未取得应有的成效。在此背景下，既有的学术研究均秉承自上而下的分析视野，将政策效果不彰的原因归结为流入地政府的机会主义和本位主义的影响，寄希望于加强监督和惩戒力度，降低地方政府在执行过程中的道德风险，从而提高治理绩效。

本章以沿海发达城市G市M区为例，采用自下而上的视角，“深描”地方政府政策执行的真实过程，揭示基层执行者的行为逻辑，从而探寻该项政策执行赤字产生的深层次原因。研究发现，进城务工就业农民子女义务教育政策执行效果不佳的原因，不能简单地归结为基层政府的道德风险和机会主义行为。G市M区具有雄厚财政资金和规范化行政管理基础，在上级政府强大的科层压力下，其采取机会主义行为的空间大为缩减，因而其执行过程中凸显的问题，很大程度上是现有政策自身的缺陷和执行方式铸就的。进城务工就业农民子女义务教育问题，实质上是由城乡二元分立的管理体制造成的，国家在尚未对问题的根源进行深入分析的基础上，依托行政压力推行的政策设计和执行方式，造成基层政府承担了本应由国家层面解决的问题，势必导致地方政府的财政和行政能力逾越界限，其执行过程中的机会主义行为固然有自利的倾向，但亦有理性的一面；其在执行过程中的变通和选择，实质上是在既有资源承载范围内的调试行为，以便使国家政策和地方环境有效地契合。此外，执行过程中存在的选择性执行和赶超性思维，再度加剧了基层政府的执行困境，不利于问题的理性解决。因而，解决进城务工就业农民子女义务教育问题，不但需要增强对地方政府执行行为的监督和制约，而且需要提升政策的可执行性。本章的研究表明该问题的解决亟须进行顶层设计，改革目前城乡二元分治的管理体制，确立由中央政府直接提供该项公共服务的政策体制，形成有利于义务教育对象在城乡间有序流动的协调机制，并合理确立各级政府间公平的财政责任和行政责任，削弱执行过程中的赶超冲动，制定合理的行动计划和战略目标。

第十三章
城市移民：渥太华市移民的制度性和非制度性公民参与

［加］卡罗琳·安德鲁（李学　译）

本章旨在探究加拿大城市移民，尤其是渥太华市移民对制度性和非制度性公民参与模式的使用情况。开展本项研究的目的，在于理解制度性和非制度性参与模式之间的关系，从而更为深入地理解移民选取不同参与模式的原因。

一、移民的政治参与

整体而论，移民的政治参与问题并未得到深入研究，需要强化对此问题的探索。（Anderson and Black，2008；Andrew，Biles，Siemiatycki，and Tolley，2008；Home，2007；Kingsley，2006.）正如《选出一个多元的加拿大》导言中的分析："直到现在，关于加拿大选举对于移民融合，及其对加拿大难民和少数族裔影响的研究，甚至是关于政治层面的研究，依然非常有限。而且，关于融合问题的研究文献大多集中在经济层面，其次是关于教育、社会和文化层面的研究，然后是其移民融入和'全方位参与'的理论基础问题。"（Andrew，Biles，Siemiatycki，and Tolley，2008，p. 5.）

许多关于移民政治参与的研究，多是对同化和民选政府体系内投票和代表性问题的关注。整体而论，这些研究结果表明，加拿大移民的同化比例相对较高（与美国在 2007 年 42.5％的数据相比，加拿大在 2006 年的数据为 72.7％）。事实上，渥太华市移民同化的比例高达 77.2％①，

① Els Graauw de，Caroline Andrew，"Immigrant Political Incorporation in American and Canadian Cities，" in Carlos Texeira，Wei Li，and Audrey Kobayashi，eds.，*Immigrant Geographies of North American Cities*，Toronto：Oxford University Press，2012，pp. 179-206.

远远高于加拿大的平均水平。尽管近期以来移民的投票率和对政治的认知度略显下降，但加拿大移民的选举参与水平与本土出生居民的选举参与水平，基本保持相同。①

然而，同化比率不足以成为对比加拿大和中国公民参与的有效标准，因为中国是外来人口问题而非移民问题。无论是在加拿大还是在中国，二者的相似性在于，均属于“外来群体”，都必须学习如何适应陌生的环境。研究移民的过程，不仅可以发现移民使用的策略，而且可以大量揭示出他们所在社区或社会的问题。正式和非正式途径，都能制约或激励移民的政治参与。举例为证，凯伦·伯德（Karen Bird，2004）曾经分析了加拿大市政选举系统，如何在地方层面限制农业代表发挥代表作用。②我们通常认定市级层面的投票率通常比较低，其实移民面临的障碍正是使得地方选举参与水平低下的原因所在。2002—2005 年，一项涵盖加拿大政府三个层级 11 个大城市，关于移民以及少数族裔和妇女代表性的深入研究，明确地揭示出了这一问题。这一研究结论强调指出：“加拿大当选官员的典型特征为：男性、中产阶级、中年人、基督教徒和讲主流语言”③。

显然，在地方层面，对于渥太华和加拿大的移民而言，在设立制度或非制度公民参与决策过程中，绝大多数的正式政治参与模式，并非最为常用的方式。基于这个原因，我们将关注的焦点放在公民参与问题上。我们的目标在于理解移民直接或间接参与政府和政府系统的方式，以及这些参与方式对社区和市政当局集体决策的影响。

二、理论框架

在我们探讨渥太华公民参与状况这一特殊个案之前，非常有必要勾

---

① Paul Howe，“The Political Engagement of New Canadians：A Comparative Perspective，” in K. Banting，T. Courchene，and L. Seidle，eds.，*The Art of the State III：Belonging? Diversity，Recognition and Shared Citizenship in Canada*，Montreal：Institute for Research on Public Policy（IRPP），2007，pp. 611－644.

② 伯德分析了三类因素：非公民缺乏在地方选举中投票的权利；相对于比例代表制而言，选举系统偏向不利于少数代表制的高票当选系统；而且，最后，政党在地方层面模糊性和相对隐蔽的角色，使得这一系统更加复杂，从而难以为移民所理解。

③ Caroline Andrew，Brian Ray，and Guy Chiasson，“Ottawa-Gatineau：Capital Formation，” in L. Bourne，T. Hutton，R. Shearmur，and J. Simmons，eds.，*Canadian Urban Regions：Trajectories of Growth and Change*，Oxford University Press，2011，pp. 255.

勒出调查中将要使用的一个前沿的理论框架。公民参与和治理系统这两个主要概念，将引领我们的分析。在我们的分析中，公民参与的维度问题非常有益，为了凸显公民参与对认知、分配和代表性问题的重要性，我们选用了南希·弗兰西斯以及其他学者的观点。换句话说，个体在参与过程中，希望他的呼吁受到关注，希望可以重新调整资源、支持度、服务和其他诉求，从而可以通过参与行为，为其所代表的群体，赢得一些有价值的影响。因此，我们既关注参与的进程，亦关注参与的影响或成效。

而且，公民参与的理念表达了公民身份对参与的影响，其目标在于社区公共事务的治理。这并不是说公民是同质的，也不是否认公民个体特性，以及他们对于政策和政治实践整体维度的重要性，而是强调个体身份的重要性，对社区整体公共利益这一“公民”理念的重要影响。“公民”意味着为实现平等参与而开展行动的共同意愿，而不是公民身份先天赋予的狭隘的或合法的个体行动意识。

我们使用的第二个关键词是治理系统。关于从政府到治理转型，以及如何重新界定国家作为辅助者或伙伴（“掌舵”而不是“划桨”）的相关角色，包括多重行为主体如何发挥各自的决策，以影响研究者选择关注的不同等级社区决策导向的文献，早已汗牛充栋。对于本项研究而言，个人认为关于治理的概念以鲁思·哈伯德和吉尔·帕克的界定最为有益①：“（治理是指）在某种情境下，协调广泛分布的权力、资源和信息的有效机制。”显然，社区行动是治理系统的产物；多个行为主体通过不同的机制产生联系，这包括网络、委员会、项目、社会场所、联盟以及其他方式，这些相互联系的不同的特殊机制，一起塑造了集体行动的方向。当然，任何参与方显然难以单独控制行动的方向。而且，市政决策的制定，遵循同样的治理逻辑；多个行为主体参与其中，决策的结果不取决于个体决策者的自我选择，即多个参与主体的推动，使它们具有多重利益和不同视野的特征。

这两个概念为我们提供了对渥太华进行经验研究的理论框架，我们将审视公民参与的制度模式和非制度模式，并将以协调机制的重要维度为基础，建构一个简单的分析类型学。关于制度性参与问题，我们不仅

① Ruth Hubbard, Gilles Paquet, “The Governance of Solidarity Organizations: An Exploratory Essay,” *Optimum-on-line* 37 (4), 2007, pp. 2-22.

研究政府在其机构内部直接创立的机制，政府创立这些机制的目的，在于激发公民参与；而且研究由政府创立的伙伴机制，此类伙伴机制不适合在政府体系内运作，但是政府参与其中。关于公民非制度参与的问题，我们将重点研究移民自我形成的自组织形式，他们试图更加广泛地影响移民自身以及公民社会，而且这些不同形式的自组织的目标在于影响政府，特别是地方政府的政策和实践。

总之，我们不仅试图理解公民参与的形式，而且试图理解其对治理系统中权力、资源和信息分配的影响。为了实现这种目的，我们将优先关注再分配和代表性问题。

三、渥太华移民公民参与的个案研究

选择渥太华市进行案例研究，主要出自实用主义的原因，因为笔者拥有这座城市移民公民参与的最为详尽的信息。这一研究的不利之处在于缺乏距离感，但是，笔者确实拥有关于移民公民参与的大量信息。

从更加客观的角度看，渥太华可以视为案例研究的有益选择。① 尽管渥太华不是传统的“开放”城市，但其已经成为加拿大快速多元化的城市。截至2005年，该市22%的人口为外国出生居民；1996—2001年，移民的主要来源地为中国（20%），其次是印度、索马里和伊朗。② 因而，这些社区对于移民的重要性在日益增强，同时由于这些社区相对较新，因而缺乏加拿大公民参与的长期传统。根据加拿大的标准（尽管显然不符合中国的标准），渥太华相对来说属于大城市，它现在的政府结构形式是随着政府组织的合并，逐渐自然形成的。其管辖范围涵盖农村地区、城市郊区和城市核心区。

根据类型学分析，我们将审视下述模式：

---

① Caroline Andrew, David Doloreux, “Economic Development, Social Inclusion and Urban Governance: The Case of the City-Region of Ottawa in Canada in the Region of Ottawa, Canada,” *International Journal of Urban and Regional Research*, 2011.

② John Biles, Erin Tolley, “Our Underrepresentative but Somewhat Successful Capital: Electoral Representation in Ottawa,” in C. Andrew, J. Biles, M. Siemiatycki, and E. Tolley, eds., *Electing a Diverse Canada: The Representation of Immigrants, Minorities and Women*, Vancouver: UBC Press, 2008, pp. 114-115.

- 政府创设的制度性参与。例子：社区服务咨询委员会。
- 政府以伙伴身份创设的制度性参与。例子：渥太华地方移民伙伴关系（OLIP）。
- 自组织的非制度性参与。例子：基督教和伊斯兰教等移民和少数族裔的宗教场所、社会组织。
- 旨在影响政府的非制度性参与。例子：社区和警察行动委员会（COMPAC），市妇女创议会：创造一个女性宜居城市（CAWI-IVTF）。

四、制度性参与：社区服务咨询委员会

2012年，渥太华市的咨询委员会经历了大规模的重组；委员会的数量急剧缩减（现存5家），管辖的事务缩减为有效保证“联合商界人士，完善服务、支持市政创新战略”。

社区服务咨询委员会负责的事务范围非常广泛，包括政策、项目和社区服务与社会服务的提供；涉及的议题包括贫困人口、弱势经济群体的需求、渥太华市多元化民众的诉求，以及防范渥太华城市犯罪等问题。这意味着委员会关注移民议题的时间相对有限，即使其职责范围明确涉及移民生活的层面，诸如贫困和犯罪等问题。但是，考虑到咨询委员会新近的重组行动，已经无法有效履行其在移民融合事务上的职责。

由于我们的研究兴趣在于关注、参与对渥太华治理系统，在权力、资源和信息分配事务方面的影响，我们可以根据委员会的前身“公平和多元化咨询委员会”（EDAC）的记录，得出它并未对治理系统的权力分配产生重要影响的结论。它仍然视移民为争取公平联盟的合法行动者，这明确表明移民在渥太华城市决策制定结果中，拥有自身的制度化地位。这一地位将继续在社区服务咨询会员会中有效延续，因为这在一项关于委员会组成的特别声明中，已经予以明确，该声明称“成员身份应尽可能地反映城市中多元的人群构成”。

咨询委员会的参与，对资源分配产生的影响非常有限；城市政府并不为咨询委员会和其他寻求公平的群体提供财政资源支持。在人力资源层面，城市政府为其提供了一些人力支持，但显然不足以支撑咨询委员会相关的研究或项目实施。

在咨询委员会中，移民的参与促进了信息的交流。相对于一般公众而言，咨询委员会的所有成员，显然获得了更多关于委员会辖区内有关城市活动的信息。而且，借助相同的方式，委员会成员确实能够将委员会相关议题的信息，向他们各自所在城市的网络进行传递。因此，相关信息可以在城市和社区之间进行双向流动。整体而论，城市咨询委员会中的参与，已经吸引了一些移民，但是，它尚未成为移民实质性参与的主要途径。而且，伴随着咨询委员会作为城市行动联盟这一新结构的形成，其独立行动的空间，亦将非常有限。

五、渥太华地方移民伙伴关系（OLIP）

当我们将目光从移民在政府体制内的制度性参与，转向其在政府以伙伴关系构筑的、非体制内的制度性参与时，发现在加拿大有许多有趣的案例①，而且在阿格拉沃夫等人的研究中，你可以发现更多的个案介绍②。渥太华市出现了同样的转变。我们将选择其中之一，予以详细描述；渥太华最近创立的“地方移民伙伴关系”，可以视为联邦政府、省政府和城市政府在移民融合事务问题上开展协作的典范案例。

我们同样还将介绍遍布渥太华的“社区健康和资源网络服务中心”这一个案，它以居住区为基础，提供健康服务、社会服务、信息和转诊服务、社区开发和咨询服务。这些服务中心，特别是位于移民和少数族裔分布密度较高的中心，已经成为移民参与的关键所在；对于居住在渥太华的移民和少数族裔而言，这些中心已经成为他们社区参与的主要途径。尽管此类中心的部分结构，已嵌入市政组织之中；但是，它们仍被渥太华视为“社区组织”，并由独立的社区董事会创建，渥太华市政府向这些组织提供重要的资金支持；同时，致力于推动这些中心与市政行政管理机构建立紧密的联系。

---

① Leonie Sandercock, “From Nation to Neighbourhood: Integrating Immigrants Through Community Development,” in S. Agrawal, C. Andrew, and J. Biles, *Welcoming Communities: Planning for Diverse Populations*, *Plan Canada*, Special Edition, 2009, p. 6-9.

② Sandeep Agrawal, Caroline Andrew, and John Biles, *Welcoming Communities: Planning for Diverse Populations*, *Plan Canada*, Special Edition, 2009.

重新审视我们选择的个案“渥太华地方移民伙伴关系”这一组织，它是政府创建伙伴关系的典范，因而是制度性参与的典范，尽管不属于城市政府内部的制度性参与。它是加拿大联邦政府资助安大略地区公民和移民政治参与的典范。2009 年，政府对地方协作的资助，依据项目的指引予以实施，必须涵盖地方移民部门的组织、城市政府和其他地方公民社会团体。资金以资助社区短期战略规划的形式进行分配，然后，社区通过开展广泛的协商，制定出在社区范围内开展移民融合的计划建议。一旦这一计划被接受，其实施将获得持续的资金支持，而且，“渥太华地方移民伙伴关系”已经进入该执行计划一年有余。从联邦政府官员的立场出发，这一项目的目的在于激励项目和行动的协调开展，并且激励城市政府参与到这一协调行动之中。它同样关注移民就业问题，涉足以移民融合为目标的广泛的社区参与领域。安大略省以外区域的资助，多以社区为基础，在整个安大略地区，大概有 40 家地方移民伙伴组织。

在加拿大联邦体系中，这一资助形式显得非常特殊，因为联邦政府不愿涉足城市政府的事务，并深知这种行为将激怒省级政府。但是，就安大略省的情况和移民政策而言，2005 年签订的《加拿大—安大略移民协定》（COIA）明确承认城市政府的地位，可以拥有自己的城市移民委员会（由安大略市政联合会共同领导）。虽然先前的观念是拒绝市政府发起的行动计划，联邦政府还是和多伦多市政府签订了独立的谅解备忘录。《加拿大—安大略移民协定》中的省级协作条款，意味着加拿大安大略地区的公民和移民机构，能够不断涉足地方移民伙伴关系的事务之中，以支持以更为灵活的行动模式，从而更为有效地适应地方现实。

在渥太华市，设立渥太华地方移民伙伴关系的创议，由地方移民服务机构（LASI）发起的，此机构为大型移民机构管理者联盟，它还与渥太华市、城市学院（一家以移民和少数族裔学生为主要来源）的法语社区学院和其他公民社会组织，共同构筑伙伴关系。在本章内容写作期间，渥太华地方移民伙伴关系的相关活动开展得如火如荼，关于其行动的具体详情在其网页上有详细的说明（见 http://olip-plio.ca/）。

渥太华市的移民部门由移民进行管理。因此，渥太华市的移民（部分移民显然已经在渥太华居住了相当长的时间）创设并塑造了该部门不同机构的组织形式和行动范围。其中部分机构是协调组织，举例为证，以协调教育问题为使命的机构，以 OCISO（渥太华移民社区服务组织，在学校和图书馆内设立多语种联络官）为代表；以协调健康和住房问题为使命的机构，以 CCI（天主教移民中心，为难民设立了收容住所，与其他城市和社区的服务组织建立伙伴关系，为难民提供良好的健康服务）为代表；此外，还有专门为女性移民提供服务的 IWSO（渥太华女性移民服务组织）和为法语移民提供服务的法语移民社区组织（CÉSOC）。

渥太华移民机构的工作人员，均由移民来担任，而且在许多情况下，他们的工作，无论是关于就业问题，还是涉及公民参与问题，都旨在创立一个更为包容和平等的社区。地方移民服务机构，显然是地方移民伙伴关系计划中的领导者。尽管在渥太华市，尤其是从其职员的视野来看，这一项目的重要性在于其能增进社区在移民融合中的功能，并且在过去的一年，其在移民融合相关事务中的角色日趋积极。这首先体现在社会服务部门，不过，近期以来，它在城市经济发展服务中的角色更加凸显。渥太华地方移民伙伴关系在信息提供层面的作用，同样得到了增强，该项目增进了安大略省内各个社区间的联系，因此，渥太华地方移民伙伴关系组织，可以获得更多关于其他安大略辖区内社区各个城市安置部门协调行动的信息。渥太华治理体系可以获得更多其他区域创新方面的信息，这同时也增强了移民机构在信息提供方面的重要性。在市政组织和社区之间，为了成功实施经济发展战略而相互竞争的环境下，这些信息具有潜在的重要作用，在某种程度上，移民的经济和社会融合，已经被视为经济整体发展的动力。

渥太华地方移民伙伴关系项目对权力分配产生了影响，该项目发轫之时，只能在渥太华的经济部门和社会部门之间，发挥有限联络的作用。[①] 渥太华地方移民伙伴关系这一项目，确实凸显了社会融合对经济发展的支撑作用。但是，其在发挥这一功能的过程中，显得极其谨慎，只是围绕移民对经济发展的推动作用开展工作，因为移民只是被视为离开他们出生国家的冒险者。

正如我们上文所讨论的，地方移民伙伴关系是安置部门的关键创举，因而，可以视其为加拿大政府授权非营利组织提供移民服务的典范。正

---

① Caroline Andrew, David Doloreux, "Economic Development, Social Inclusion and Urban Governance: The Case of the City-Region of Ottawa in Canada in the Region of Ottawa, Canada," *International Journal of Urban and Regional Research*, 2011.

如戴维·雷（David Ley，2007）所言："在一项关于加拿大和美国的比较研究中，艾琳·伯曼瑞德认为加拿大将服务提供授权给草根非营利组织——它们雇用移民工资雇员和移民志愿者——在社会融合过程中发挥着重要作用。"

从这一视角看，地方移民伙伴关系项目，整体上增进了移民对移民机构的认同，因此，强化了移民对其作为营造温馨社区专业角色的认知，从而增强了其在深层次社会融合和促进经济发展之间的联系功能。总之，渥太华地方移民伙伴关系项目，在吸引渥太华移民加入公民参与行动中，具有发挥重要作用的潜力，但是，这一作用能否真正发挥，不宜过早地做出判断。

尽管对移民而言，是否热衷社区层面的移民参与行动，仍然是个未知数，但是人们仍然青睐这一参与行动。此类参与行动的核心在于认知度、代表性和再分配等议题；这关系到移民的呼吁是否得到重视，关系到渥太华社区内的资源能否得到更好的分配，关系到新移民是否能够积极地、全方位地参与到社区和城市决策的制定过程之中。

六、非制度性参与：移民和少数族裔中穆斯林和基督教徒礼拜场所的功能

当我们关注渥太华市移民的非制度公民参与形式时，发现存在多种有待审视的组织形式。在我们对移民的制度性和非制度性公民参与的分析中，首先，我们力图重点考察基于信仰组织的参与形式，确切地说，既关注礼拜场所发挥的服务移民群体和代表移民自组织的功能。这一分析的困境在于，尽管此类组织的重要性日益得到承认，但是关于此类组织的研究极其匮乏。一项针对法语移民社区的研究①，列举了 24 家服务穆斯林社区的清真教堂，其中有两家服务讲法语的穆斯林群体。在渥太华地区，共有 9 家基督教教堂为讲法语的移民群体提供服务，而且，至少拥有相同数量的基督教教堂，为讲英语的移民和少数族裔提供服务。

---

① Ronald Bisson，Patricia Ahouansou，and Charles Draper，*Rapport final：État des lieux de l' immigration d' expression française à Ottawa*，Ottawa ：Ronald Bisson Associates Inc.，2009.

此类组织的数量和生命力，展现了它们在促进移民参与进程中的重大作用。它们为移民的公民参与，提供了重要的参与场所，除了在精神领域的作用之外，这些组织在为移民提供基础服务、社会支持和信息等方面，发挥着不可替代的作用。与此同时，相对而言，此类行动对于其他形式的移民公民参与的影响，仍未能得到有效的研究，这些组织提供的信息，是否有助于引导移民参与制度化的社区服务和社区组织，亦是一个知之不多的问题。人们清醒地意识到，伴随着渥太华移民融入过程中困难的增加，近期内，这些为移民提供帮助的组织，获得了长足的发展。但是，关于这两种方式如何相互影响的知识，仍然比较匮乏。在加拿大社会中，宗教场所对移民影响这一更为深远的问题，显然正日益成为一个值得探索的、有意义的问题。① 在渥太华，我们热切地希望有更多的研究关注以信仰为基础的组织，在提供基础服务和准确信息方面所产生影响的程度，以及它们在联系此类组织与整个社区之间的作用。另一方面，或许此类组织非但没有发挥推进作用，或许甚至产生了抑制作用，移民融合或许是通过不准确的信息，或者因为缺乏与社区服务之间的联系，或者以强化难以为渥太华的移民和少数族裔创立包容和平等社区信息的方式，干扰移民融合。总之，渥太华市移民通过信仰组织的参与行为，具有无可否认的重要性，但是，我们缺乏其对渥太华治理体系和移民真实参与模式影响的知识。

在渥太华的公民社会中，移民通过自组织方式的另一参与形式为社团，这些组织起来的社团，通过为其组织成员提供服务的形式，为社团组织的成员建立更为广泛的社会联系。此类社团的数目繁多，部分社团的组成以特殊的种群为基础，部分社团的成分则更加复杂。以渥太华的加拿大与土耳其妇女联合会（CATWAO，http://www.catwao.ca）为例，虽然它为其成员提供各类活动（演讲、社会联谊会和讲座等），但是正如其使命所言："联合会的首要目的在于为加拿大和土耳其的妇女提供一个平台，以推动其对各自不同文化的理解和欣赏，从而培育良好的意愿，以建立一个更加融合的多文化社区……通过开展在艺术、文化、文学、妇女事务，以及其他与组织目标一致的活动。"此类组织为渥太华的移民创造了机会，通过提供信息和帮助的方式，解决他们在适应新社会

① Jean Kunz，*Religious Diversity in a Multicultural Canada*：*Quo Vadis*，*Horizons*，10（2），pp. 6-13.

过程中的挑战。在未影响社区既有组织权力的情况下，它们为移民提供了更多的联络方式，而且它们确实增进了社区中不同部门之间的信息交流。

七、非制度性参与：创立组织影响地方政府

我们探索公民参与的最后一个领域是移民组织，这些组织由移民自身创立，旨在影响地方政府。对这一领域的探索将通过对两个典型组织予以展开：一是社区和警察行动委员会，该组织通过与警察服务部门开展联合行动，以提高与它保持联系的移民社区内的警察服务质量。二是“市妇女创议会：创造一个女性宜居城市”，这一组织吸引了大量移民加入，目标在于塑造渥太华市的决策结构，从而使决策结构能够全方位地、更好地提供多元化服务。①

社区和警察行动委员会是一家由移民和少数族裔领导的组织，创建该组织目的在于提升渥太华警察部门和移民社区之间的关系。它是一家与渥太华警察部门合作的独立组织。它创立了非正式程序，因而在危机爆发时，警察和社区代表之间的信息交流不至于受到影响。它同样独自或与渥太华的警察部门合作，开展关于警察成员构成和其工作环境的研究工作。早期推动渥太华警察成员构成多元化的努力，已经取得若干成就；但是，其现在行动目标已由招募更加多元化的警察，开始逐步转向推动警察指挥官多元化，从而代表不同群体的诉求（移民、少数族裔、妇女、性少数群体）；而打破以白人、男人和加拿大出生的人担任指挥官传统的努力，则成效堪忧。然而，这一努力强化了深入研究渥太华警局内部工作环境的诉求。

格雷厄姆和菲利普斯（Graham and Phillips，2007）对加拿大城市管理面临的多样性挑战的分析，凸显了社区和警察行动委员会的重要性：

---

① Fran Klodawsky，Janet Siltanen，and Caroline Andrew，“Urban Contestation in a Feminist Register，” *Urban Geography* （in press），2013；Caroline Andrew，Fran Klodawsky，“New Voices：New Politics，” *Women and Environment International*，2006（70/71），pp. 66－67；Caroline Andrew，“Récit d' une recherche-action：la participation et le passage de frontières de femmes immigrantes *à* la Ville d' Ottawa，” *Sociologie et Sociétés* 42（1），2010，pp. 227－243.

涉及不同社区的政策和成员身份问题的争议，不断呈现在人们的面前，而且政策所设定的种族之间的界限引发了高度的争论。这些事件和争论有时使得关注特殊社区、处理特别事件和招聘多元化工作人员的政策创新，暗淡无光。

就渥太华市的情况而言，必须根据警察工作的现实，解读这些“创新举措”，这不是警察部门自身带来的问题，而是由社区和警察行动委员会，以及它们之间的相互关系决定的。它关注认同和代表性的相关问题，以保证警察部门能够倾听移民的呼吁，并使他们在渥太华的警察部门得到相应的话语权。

移民组织影响市政府的第二个典型范例为“市妇女创议会：创造一个女性宜居城市”。尽管它并非由移民自身创立，但妇女移民的行动深深地塑造了这一组织，她们将其和自身所在特定种族的社区参与视为公民参与的主要途径。它的行动具有双重影响：一是与以社区为基础的移民和少数族裔群体建立联系，二是建立与渥太华市的联系。建立与社区联系的行动包括为渥太华市妇女提供如何保证其多元化的呼吁被倾听的培训，召集组织成员学习市政议题，以及制定增加她们在城市委员会和城市市政委员会中代表性的战略等。该组织与城市政府的合作包括创立“平等与包容透明组织”，吸纳 11 个边缘群体（少数族裔、残疾人士、妇女、性少数群体、土著人、移民、贫穷人口、法语族群、农村人口、老人和青少年)，与城市政府的工作人员协作，负责修订娱乐设施总规划，以激励移民社区的参与行动。

“市妇女创议会：创造一个女性宜居城市”组织的参与者，多为在来源国受到良好教育而且就业充分的女性，她们在渥太华市处于失业或半就业状态，大多数还是少数族裔社区的参与者。“市妇女创议会：创造一个女性宜居城市”为她们提供了另外一条公民参与渠道，这一组织的核心工作在于影响城市政府；所以，它是由来自不同社区妇女组成的混合组织，既有加拿大本土出生的人群，亦有在国外出生的人群。在某种意义上，它也是由来自不同部门的女性组成的混合组织：分别来自以社区为基础的妇女组织、城市公务人员和渥太华两所重点大学的代表。

“市妇女创议会：创造一个女性宜居城市”的核心工作在于提升认知度，这可以在其组织格言“我们重要的声音：无可取代”中得到明证。这一组织的使命是确保渥太华市来自不同族群妇女的声音受到关注，尤其是在渥太华市决策过程中受到重视。但是，“市妇女创议会：创造一个女性宜居城市”同样重视再分配问题，它的核心工作在于推动城市政府更好地分配资源，并把重点放在完善城市公共服务，以确保资源得到更为平等的分配。它同样关注妇女组成多元化后的全面代表性问题。

倘若如此，社区和警察行动委员会与“市妇女创议会：创造一个女性宜居城市”对渥太华的治理体系和移民的公共参与产生了什么样的影响呢？与“渥太华地方移民伙伴关系”不同，它们都未能带给治理体系任何资源，但是，二者都为其提供了组织化的人力资源，增进了治理体系和城市以及其他更加广阔范围内公民社会群体间的联系。因而，增强了渥太华治理体系中的多样性特征，尤其是强化了移民和性别的多样性。它们对信息传播的影响，部分源于其与媒体的联系，因而拥有向渥太华更多社区传递信息的能力。这二者之间存在一种复杂的相互关系，广泛传播信息与和城市政府或警察服务部门维护良好关系同样重要；维持这些工作关系的亲密性，亦同样非常重要。就权力而言，这些群体显然未能转变渥太华治理体系中的权力结构，但是，它们的行动扩大了渥太华市移民的行动空间，而且，优化了实现女性公民多样化参与的前景。

八、结论

我们已经审视了渥太华市移民公共参与的四种形式，其中两种为制度性参与，其余两种为非制度性参与。我们发现渥太华市设立的参与结构确实存在，但是，绝大多数移民并未选择这些途径。同时，大多数公民参与行动是以与市政府建构伙伴关系的形式开展的，这些公民在与其构建伙伴关系的同时，保持着一定的独立性或者独立于既有的市政结构。我们如何理解移民通过借助地方政府，或者建构伙伴关系，以利用伙伴关系衍生的相互利益，进而增进认知度的公众参与方式呢？这不同于 20 世纪 60 年代的自主运动，亦不同于美国近期的移民社会动员行动①；它

① Els Graauw de, Caroline Andrew, “Immigrant Political Incorporation in American and Canadian Cities,” in Carlos Texeira, Wei Li, and Audrey Kobayashi, eds., *Immigrant Geographies of North American Cities*, Toronto: Oxford University Press, 2012, pp. 179-206.

是加拿大在后新自由主义环境运动时代的典型公民参与模式，亦被称为为参与型的自由主义或侵入性的自由主义。

为深入理解这种民主的参与形式，可以将其置于“检验城市民主的三项议程”标准之下。① 珀塞尔的首要思想是关于最好民主形式的讨论，因而，关注不同行动主体对民主的不同界定。遵循这一思想，珀塞尔提出了民主与新自由主义之间的关系，以及民主与地理规模之间关系的议题。

珀塞尔勾勒了几种不同的民主形式，他的讨论非常有助于我们理解移民的参与模式。民主模式的清单包括自由—民主模式（亦称古典结构的代议制民主）、革命性民主、社会民主、激进多元主义民主、参与民主和协商民主。显然，不同的个体关于激励他们自身参与活动的民主观念，相去甚远。但是，他们之间存在的共识，使我们可以根据某种理解，将某一群体予以分类。在移民之间，其中一个重要的群体，显然是为社会民主主义的观念所激励，珀塞尔将其重点描述为“社会需求的集体规则”②。其中，一个重要群体的观念与参与民主理念非常贴近，更加关注参与的过程，但是，这种参与是置于治理或政府规则之下的。还有一种移民群体的观念与古典自由主义的民主治理理念相仿，赋予个体权利和个体的自主性较大的空间。这一群体显然无意与城市政府构建伙伴关系，但是，这一群体非常关注如何与城市政府建立共识，以获得平等的个体权利。更好地理解激励移民参与的不同民主观念，显然是理解他们赋予其同政府伙伴关系重要性，以及群体设别，或界定个体自主空间的核心工作。

珀塞尔的第二个观念同样重要：民主同新自由主义的关系是一个经验问题，需要根据其执行的不同环境，来设定民主的内涵。在渥太华市，我们曾经提及某一个移民群体渴望实现自治目标，显然也是政府试图削减政府活动，以推动公民社会行动的新自由主义倾向所致。不同的移民群体对于参与对新自由主义潜在的对抗性，具有不同的认知，通过与城市政府建构伙伴关系的参与，与通过基于信仰基础上的参与，亦被视为两种抵制新自由主义的截然不同的形式。

最后，珀塞尔认为民主与其干预的地理规模有关，在当下，城市辖

① Mark Purcell，“City-Regions，Neoliberal Globalization and Democracy：A Research Agenda，” *International Journal of Urban and Regional Research* 31（1），2007，pp. 197－206.

② Ibid.，pp. 199－200.

区“似乎正日益成为重塑全球政治经济的重要空间地带”①。但是，正如珀塞尔在后续分析中所言“城市区域同样亦是由较小规模的社区组成，并嵌入更大规模的社区之中（同上），因此，这就引发了移民参与的最优规模问题，这一问题不仅涉及民主观念的差异，而且涉及民主与新自由主义之间关系的问题”。就渥太华的城市辖区而言，主要范围局限在渥太华市（正在扩张之中），这一层面的参与涉及联邦政府和省政府具有新自由主义倾向的放权行动，即联邦政府向省政府放权，省政府向社区放权。事关移民问题的政策和项目，在省级层面的重要性正日益提升，在某种程度上，这种倾向已经强化了市政府的行动。就安大略省的情况而言，正如尼尔·布拉德福德（Neil Bradford，2009）所言：“COIA（联邦政府与安大略省政府之间就移民安置和服务而签订的加拿大—安大略移民协定）承认社区组织和市级政府在移民事务和跨文化交流中的重要功能。”

作为理想观念的参与民主，与珀塞尔所言的“小规模社区”联系甚密，我们将其描述为以社区为基础的参与，与社区服务和资源中心关联度较高。社会民主观念显然与城市范围或更高层次的政治行动更为契合，这可能上升到省级层面或联邦层面。这就对渥太华城市层级范围之上的移民参与形式，提出了质疑。事实上，在渥太华市，总是假设移民最感兴趣的是联邦层面上的参与，这不仅出于联邦政府在移民认定角色的考虑，更是出于联邦政府为移民机构提供了资金支持。这正是该项研究的意义所在，同时也是本章对渥太华市层面上的参与进行重点探讨的原因所在。

珀塞尔提出的三个问题，为我们提供了理解渥太华市模式的途径。某类移民群体倾向于选择与城市政府紧密合作，而同时又注重维护一定组织自主性的参与模式。尽管这一模式更加贴近传统的自由主义民主形式，但也符合社会民主和参与民主的前置观念。然而，由于缺乏移民在城市政治结构之外参与（我们将其描述为基于信仰基础的参与）的信息，所以，仍然存在着有待解决的问题。除此之外，或许与我们先前的观点存在着一定的联系，我们所获得的信息多数是关于移民的组织化参与而非个体层面上的参与。最后，我们将渥太华市的情况列为重点内容，在某种程度上设定了本章的重心所在，因此，这或许低估了更多社区层面，

① Mark Purcell，“City-Regions，Neoliberal Globalization and Democracy：A Research Agenda，” *International Journal of Urban and Regional Research* 31（1），2007，p. 202.

甚至较小地域范围，以及更大规模的省级或联邦层面上政治参与的功能。这一问题仍将激励我们深化研究移民公民参与模式的选择问题，以及这些选择所揭示出来的关于移民、加拿大社会，以及营造温馨、包容和平等社区的努力中存在的问题。

第十四章 结　论

陈振明

正如安德鲁·桑克顿教授在“导论”中所言，本书的主旨是通过加拿大与中国的城市若干公共服务领域的案例分析及比较研究，了解两国地方治理中公民参与的情况及异同。在“结论”中，我们将对全书做一个简要的小结，并从中窥见两国地方治理中公民参与的某些显著的相似和不同之处。

中加地方治理中公民参与的异同与两国的不同背景尤其是不同的政府体制密切相关，这是比较研究必须首先说明的问题。桑克顿教授在“导论”中做了说明，他解释“公民参与”、“地方层面”在两个国家里的不同含义，分析两国不同的政府结构，并介绍案例研究的内容，为后面的各专题的研究提供了背景知识。

在关于地方治理中公民参与的一般评述性的第二、第三章中，凯瑟琳·格雷厄姆与陈芳分别回顾和描述了本国地方治理中公民参与发展的历程与现状。这两个专题研究的视角与方法有所不同，前者较为微观细致，后者较为宏观粗线条。

凯瑟琳·格雷厄姆在“参与悖论——加拿大地方政府与公民参与发展”的专题研究中表明：“共享政府”（shared government）正在成为“加拿大城市政府公民参与的新范式”。格雷厄姆认为，20 世纪 90 年代，加拿大日益复杂的卫星选区开始出现，政府减负导致的地方经济和社会健康的斗争也不断涌起，作为这些现象的合理延伸，一个加拿大公民参与市政工作的新范式已崭露头角。这一范式建立在合作模式的基础之上，涉及地方政府、私营部门和当地志愿组织，以及推动地方公共议程向前发展的积极公民。这个过程涉及很多地方组织，市政府只是其中的一个，一个已经被设定好的角色，其他部门和其他政府也有它们各自所要扮演的角色。这种新范式被菲利普斯等人称为“共享政府”（又称“社区建设议程”），这是关于加拿大地方治理公民参与新阶段的一种表述，体现的理念正是面对加拿大地方政府与其所服务的公民间关系正变得日益复杂与多样化，市政府不应在获取地方公共物品的决策与提供上具有垄断地位。市政府的观念里发生了从“居民”到“公民”的转变——前者消费地方服务，后者则同时具有参与的权利和义务。在公私伙伴关系基础上，出现了一些有关可替代性服务供给方式。

“共享政府”或“社区建设议程”阶段的主要特点是社区居民参与一体化服务的供给以及公民、当地志愿组织、政府间的合作规划——由当地政府主导但也不排除其他层级的政府参与社区事宜的可能性。为了更确切地解释“共享政府”这一概念，格雷厄姆列举了许多加拿大的实例。例如，渥太华市妇女创议会将自身定位为“妇女与多元社区、组织、学界和渥太华市的伙伴关系”，积极参与城市议会关于预算的规划。公民参与是通过市政当局及其他途径完成的。例如，在多伦多市，市政当局当前形势分析的发展是通过“多伦多之音”创议完成的。

陈芳的“地方治理中公民参与的发展与中国特色——基于政府职能转变的考察”专题更多地使用中国日常的政治话语，是一个比较宏观的叙事，这与汤姆·厄巴尼克在“抗争抑或促进——加拿大经济落后地区的社会政策、城市政府与市民社会”专题的方法形成鲜明对比。美国学者约翰·克莱顿·托马斯在《公共决策中的公民参与：公共管理者的新技能与新策略》一书中将公民参与公共政策过程的发展划分为传统公民参与和新公民参与两个阶段——前者将公民参与限定在政策制定或决策上，而后者则更强调对政策执行的参与，而且扩展了参与对象的范围，参与过程包括了低收入阶层的公民及相关公民组织。陈芳等人也曾经借用托马斯的这个划分方法，系统分析改革开放以来中国地方治理中公民参与的这两个阶段（传统公民参与和新公民参与）的公民参与主体、参与领域的区别。在本专题的研究中，陈芳沿用这个划分方法来描述中国地方治理中公民参与的历程。在她看来，中国共产党和政府鼓励公民参与，但个人的参与行为更多地通过官方渠道；而且近年地方治理的公民参与最为活跃的领域之一是对公共服务供给的评价。格雷厄姆在有关加拿大地方治理中公民参与的论述中对于这种形式的参与也有所涉及，并且在她的分类中将其称为“需求参与”（engagement by necessity）。本项目的中国案例研究并未过多论及这方面的内容，没有明确关注地方政府在项目评估方面努力的案例。需要指出的是，陈芳所论述的是中国一般性的地方参与，而我们项目研究中也只有五个中国案例的分析。她的讨论中涵盖电子参与的相关内容，这个话题在余章宝关于环境治理的案例中亦有所涉及。

透过两位作者的评述，我们可以看到两国地方治理中公民参与的不同特征。在格雷厄姆看来，加拿大地方政府中的公民参与实践随着加拿大地方政府与所服务的公民之间日益复杂、多样化的关系的变化而转变；市政府对服务对象的认知已经从“居民”转变为“公民”——前者单纯消费地方服务，后者则同时具有参与的权利和义务。参考菲利普斯的说法，格雷厄姆还认为当前加拿大公民参与的主要特点是社区居民参与服务供给，参与当地政府主导的公民、当地志愿组织、政府三者之间的合作规划，另外还包括国际政府组织对社区事务的参与。陈芳则从中国社会发展所处的特殊历史时期对地方政府职能的复杂要求出发，认为动员参与、有序参与、基层民主自治及重视信访等都是地方公民参与发展呈现出的中国特色，而这些特点正是由于地方政府既要发挥领导经济建设的职能，又要履行维持社会稳定并积极扶持社会力量以促进公民参与公共事务的管理的职能所致。

在第四、第五章中，伊曼纽尔·布鲁内特-杰利和丁煜论及城市贫困治理中的公民参与及其困境。布鲁内特-杰利以温哥华市中心东区（DTES）为研究个案，讨论在这样一个有着悠久而激进的公民参与历史和多层级政府决策体系的社区，城市贫民和新移民在何种程度上能够参与到社区治理中。他梳理四任市长的施政纲领和相关政策，介绍温哥华公民参与的背景，研究的重点是DTES。这是在繁华的温哥华市中心的一个“城中村”，聚居了贫困的原住民和新移民。温哥华市政府、一些来自中产阶级和企业集团的社团并没有忽视DTES的存在，也没有对DTES城市贫民的生存状况熟视无睹，甚至还有一些温哥华人认为DTES恶劣的生活环境是温哥华的耻辱。但时至今日，DTES依然充斥着吸毒、犯罪、无家可归者等社会和经济边缘群体，即使在备受瞩目的“温哥华协议”这一具有综合治理意义的机制发挥作用后，非营利性组织在此框架下为DTES的城市贫民提供了大量的社会服务，但城市贫民依然只是被动地接受这些自上而下的服务，并未能够在此框架下获得更多、更好的参与治理的条件。

布鲁内特-杰利论述了温哥华市丰富多样的参与机制，主要包括：（1）选举投票。布鲁内特-杰利认为，在温哥华不同时期不同的选举结果会导致不同种类的政策结果，因而在他看来，市政选举中的投票是一种颇具影响力的参与方式。(2) 社区(邻里)协会的游说作用。他论述了社区协会的游说作用,并认为其中最具代表意义的是温哥华 DTES 的案例。(3) 商业协会。他指出,商业协会,特别是温哥华贸易委员会,是影响他所关注的政策结果的重要因素。(4) 社区综合服务团队。他援引当地市政府的一个机构——社区综合服务团队,该机构主要关注引起并促进公民参与,尤其是来自贫民的参与。(5) 倡导联盟。温哥华预防犯罪和毒瘾治疗联盟作为一个倡导联盟的团队,在制定著名的温哥华"四大支柱"战略过程中起到至关重要的作用,该战略旨在减少药物滥用。(6) 原住民社区。原住民社区作为一个社区,其作用也应受到关注,主要是因为他们长期受到布鲁内特-杰利所描述的各种病症的严重影响。(7) 非营利组织。他提及大量的非营利组织,这些组织不仅为不同客户提供多种形式的服务,并且在各级政府中充当增加资金的倡导者。

布鲁内特-杰利的研究试图说明,尽管市政府雄心勃勃地致力于构建参与式治理机制,但城市贫民和新移民参与治理的程度依然有限。人们一般认为温哥华是一个具有开放性和包容性的城市,并已成功地赋予公民参与政策决策的权力。但 DTES 的事实表明,参与有程度不同之分,甚至有的参与也不乏象征性之嫌。具体而言,虽然从机制设计上为城市贫民参与治理提供了可能性,亦有证据表明他们的声音能够被社会听见,但基层社区的参与能力和参与水平仍需要加强,离真正意义上的社区治理(community governance)还存在差距。

作为比较研究,丁煜在福建省厦门市精心地选择了一个中心城区的街道(中华街道)作为案例。中华街道位于老市区,贫困人口主要由下岗失业人员、没有养老金收入的老年人、长期患病或残障人士等构成。厦门的中华街道与温哥华的 DTES 虽同为老城区,但中华街道是厦门市著名的商业中心,整体贫困状况并不严重。如果说 DTES 属于"连片贫困区"话,那么中华街道则属于"插花式贫困",即城市贫困人口的居住并未表现出地理上的聚集。之所以选择中华街道这样的街道而不是某一个"城中村"社区,主要是考虑到中国城市反贫困治理的主要对象仍是具有当地户籍的贫困群体,低保人士才是中国城市贫困人口的典型代表。

就研究内容而言,布鲁内特-杰利重在研究城市贫民的参与,包括在城市治理和公共政策决策中的参与机会、参与方式和参与水平;丁煜的研究则集中在贫困人口在城市反贫困治理中的社区参与。丁煜考察了中国共产党和政府的基层组织、街道办事处的居民委员会与辖区内要求获得生活津贴的贫困人口之间的相互关系。从某种意义上说，居民委员会本身就是地方参与的一种形式，其成员也许并不像布鲁内特-杰利所描述的各种非营利组织的志愿者，事实上他们可以被称为国家行政管理体系内的高效志愿者。但丁煜的研究结果表明，贫困人口（津贴的接受者）参与政策过程的机会并不多。

这两个研究内容的差异主要源于国情的不同：加拿大具有丰富的政党政治和选举文化，而中国条块兼具的街道管理体制和“家长式”的居委会帮扶模式也别具一格。事实上，体现各具特色的城市贫困治理模式，正是两位作者比较研究的魅力所在。更有意思的是研究结论。两篇论文的主要结论是：无论是温哥华还是厦门，似乎都陷入了城市贫困治理的困境，尤其是作为治理的对象——贫困人口如何参与到社区治理和公共政策的决策之中，两个城市都尚未找到最优的解决之道。

首先，两位作者都认为，在地方政府的公共政策决策中应更多地体现城市贫困人口的声音。在温哥华，城市贫民在治理参与中虽不及中产阶级和商业集团，但左翼政党已成为他们的代言人，并通过执政成功地为DTES引入了诸多社会服务和福利项目。在厦门，虽然贫困人口并未直接参与到政策决策过程，但以提升人民福祉为己任的地方党委和政府，有反思、纠错和完善公共政策的能力，公共政策优先次序的调整与低保制度价值取向的转变就是一个很好的例证，反映出党委和政府对民意的积极回应。在厦门，贫困人口自然地认为政府尤其是基层政府应该代表自己的利益，因而更加依赖政府，也更加顺应政府。在温哥华，城市贫民则更多地“要求”政府，如果政府不能为他们代言，他们的应对策略不是“恳求”而是通过政治选举改变政府。这样的不同，并非意味着温哥华城市贫民的民主权利更大或更有效。事实上，从布鲁内特-杰利的研究中也可以发现，政党轮替更多的是政治力量之间的明争暗斗（much in-fighting），给予城市贫民更多福利成为换取选票的“礼物”，这些带有“施舍”意义的恩惠并未能提高城市贫民的参与水平。

其次，两位作者都认为，虽然“备受重视”，但城市贫困人口都仍处于弱势地位。相对于温哥华的城市贫民而言，厦门的贫困人口更多地表现为经济弱势地位，因而所关注的公共政策焦点是经济福利；而温哥华的城市贫民更多地关注经济福利之外的社会权利，有着更高的政治诉求，希望以实际行动介入基层社区治理和公共政策决策之中。不过，令人遗憾的是，无论是温哥华还是厦门，城市贫困人口的社会经济地位都没有太多乐观的根本性改变，厦门的贫困人口依然滞留在社会经济底层，缺乏向上流动的能力甚至动力；温哥华的城市贫民依然只能有限地参与到社区治理中，自己的命运掌握在更有话语权的主流社会群体手上。这样的结果，显然不是这两个城市的政府希望看到的，因为无论是温哥华市政府还是厦门市政府，主观上都有改善城市贫困人口劣势地位的动力，也很用心地构建城市贫困人口的参与机制。之所以如此，最主要的原因在于两个城市的政府或多或少都存在消极地提供服务，而并未积极致力于改善城市贫困人口的能力不足和权力不足的问题。

在第六、第七章中，卡罗尔·阿戈克斯、凯特·格雷厄姆和余章宝分别对加拿大安大略省伦敦市与中国厦门市的地方环保案例进行研究。卡罗尔·阿戈克斯和凯特·格雷厄姆描述了安大略省伦敦市的当地居民在城市发展过程中为保护环境脆弱地区所采取的相关行动。“斯托尼溪环境之友”作为一个环保团体，致力于保护各种水域和林地，是本地网络的一部分。网络作为此类组织的典型存在形式，在加拿大地方政治中至关重要。“斯托尼溪环境之友”最有趣的特征之一是它与当地的环保局保持十分密切的联系，该机构主要负责管理当地河流流域的使用。卡罗尔·阿戈克斯和凯特·格雷厄姆的研究表明：公民团体并不总是将政府机构视作其对手——有时它们将政府作为敌对方，有时它们甚至接受来自政府机构的资金。但是，当这些团体意在积极应对某些既得利益（尤其是产业发展方面）时，可能会产生相关的问题。如果它们更加积极地参与政治，往往会失去政府的支持；如果它们抵制政治参与，又会被积极分子视为屈从于政府，仅仅作为政府官方政策实施的代理人而存在。这是地方组织参与政治的一个经典困境。

在有关中国的环境问题和“新社会阶层”的出现两个重要问题的讨论之后，余章宝生动地描述了“网民”如何阻止在厦门引入PX化工项目的全过程。它有力地说明公民参与对地方政府的政策制定有时能够产生实质性的影响。在温哥华，创建一个完全是非正式和无组织的“倡导联盟”，需要积极分子通过互联网进行匿名倡议，否则的话将会受到当地政府的干预。然而，厦门引入PX化工项目案例中的公民政治参与在许多方面更为西方国家所熟悉，尤其是在学术专家与公民听证会在公民参与中所发挥的重要作用方面。甚至政府从既定立场中谨慎撤退这一现象也是西方地方政治观察者所常见的。

余章宝借用中国日常的政治话语，将厦门市民参与地方环境治理的途径区分为“正常渠道”和“非正常渠道”。所谓“正常渠道”和“非正常渠道”的区别主要在于这种参与环境治理的途径有没有获得官方的认可。“正常渠道”主要是指制度化的参与渠道，包括各级人民代表大会和政治协商会议以及政府对民众意见的收集渠道（如听证会、市长热线、信箱、电邮、投诉和举报电话、信箱以及信访等）；所谓“非正常渠道”是指没有获得官方认可的非制度化参与渠道（包括市民的网络民意和街头民意等）。余章宝的研究试图表明，这两种参与渠道之间存在着替代性关系，“非正常渠道”是“正常渠道”功能缺失的替代物，当民意与政府决策发生分歧时，民众首先会在现有制度框架内，通过“正常渠道”来解决分歧。如果正常渠道功能良好，政府能及时回应民意，居民的环保要求和经济发展就会在一个新的利益平衡点上发生均衡。当正常渠道被当地政府过度控制，无法发挥政府与民间之间的沟通功能时，公众可能就要寻求“非正常渠道”。

卡罗尔·阿戈克斯和凯特·格雷厄姆参照余章宝的“正常渠道”和“非正常渠道”的概念框架，对加拿大伦敦市的环保团体参与环境治理这两种方式的有效性进行考察。尽管加拿大被视为一个民主治理体系的国家，地方政府在环境治理方面为本地市民提供了一系列公民参与的制度化渠道。然而，作者的研究表明，当地环保组织利用官方现有的制度化的“正常渠道”时，它们所能发挥的作用仅限于提高政府决策合法性的表象，也就是协助政府执行已经制定好的政策和服务，成为政府机构的一种延伸。换言之，伦敦地方政府的环境治理的那种制度化的公共参与，仅仅属于一种技术性与行政性的参与，它既不是政策议程设定前的参与，也不是民主决策的参与。

余章宝所说的“非正常渠道”，即当地环保组织所采取的抗争行动，如示威游行、媒体海报宣传以及向市议员、政府官员和开发商施压等，这些非制度化的参与渠道有可能影响政府的决策。这种非制度化的参与才是一种政治性和决策性的参与。相反，制度化的“正常渠道”，尽管被人们理解为环境治理的公民参与，然而，它的政治参与有效性是值得商榷的。正是在这个意义上，卡罗尔·阿戈克斯和凯特·格雷厄姆强调：伦敦市地方政府在公众有效参与政治活动方面是无效的。尽管卡罗尔·阿戈克斯和凯特·格雷厄姆使用了“正常渠道”和“非正常渠道”的概念框架，但由于中加两国的国家治理体系不同，他们与余章宝所研究的侧重点以及得出的结论也就不同。卡罗尔·阿戈克斯和凯特·格雷厄姆还进一步将公民参与区分为形式性的“技术与行政性参与”和实质性的“政治性参与”两种形式，并分别纳入制度化“正常渠道”和非制度化“非正常渠道”的框架之中，拓展了“正常渠道”和“非正常渠道”概念框架的内涵。

第八、第九章涉及公共住房（社会住房）领域。虽然这两位研究者采用不同研究方法——一位采用个案研究，另一位在问卷调查的基础上进行定量分析，但是，两个专题研究的关注点都在于公民参与对于解决贫困人口住房问题的作用。在中国与加拿大的不同背景下，公众都能够通过特定的方式不同程度地参与到贫困人口住房问题的解决中去。但是，通过对这两位研究者有关住房问题的研究成果不难看出，这种公民参与在程度与方式上都有着非常明显的区别。

在加拿大的案例中，卡普顿地区市政当局曾试图借助于宪法条文向新斯科舍省政府提起诉讼，从而为解决经济与社会发展问题寻找思路，包括解决城市贫困人口的住房问题。但是，这一尝试失败了。贫困人口住房问题最终是借助于当地发达的社会资本的运作来解决的。大学教授与学生、住房修复领域的非营利性组织等在贫困人口住房问题上都发挥着重大而且直接的作用。这些社会力量直接参与到破旧住房的修复中去，督促政府获得旧房的所有权，设计和实施修复工作，然后将修复好的房屋租给穷人或者让穷人有机会先租后买。公众的这种参与不但是直接的，而且深入住房修复的各个环节中，成为住房修复工作的主导力量。显然，这一案例与加拿大土地和房屋的私有权是有明显关系的。在土地和住房私有的前提下，城区内大量弃置的私人旧房成为解决贫困人口住房问题的一个重要渠道。解决这一问题的关键就是如何获得这些遭到弃置的旧房并加以修复。在住房修复过程中，地方政府的预算约束，导致其不愿承担更多的责任。这就为社会资本的动员，为公民参与到贫困人口住房问题解决的实践中去提供了空间。

汤姆·厄巴尼克为读者展示了一种不同形式的案例研究，是本项目研究中唯一的参与观察（participant-observer）的案例。他首先指出加拿大城市政府在体制和财政方面的不足，特别是他生活于其中的卡普顿地区，该地区属于新斯科舍省的经济欠发达地区。厄巴尼克认为，即使是权威不足的城市（即所谓的“弱城市”，weak municipalities），在将人们聚集起来共同解决问题的过程中依然能够起到催化剂的作用。在本案例中，该地区存在的问题是：尽管有许多房屋由于人口下降而被遗弃，但仍有许多居民居住在令人不甚满意的房屋里。如何将破旧的房屋改建为令人满意的房屋？这并不容易，解决方案也不全面。但是，厄巴尼克指出，通过志愿努力和熟练的尝试去获得来自其他政府机构和组织（包括他本人任教的当地大学）的有限资金能够显著改善状况。这是一种不同的参与方式，即试图用当地政府的社区基础（community base）作为主要财富而非其他的财政或决策权威来解决问题。

在中国的案例中，由于实施土地国有政策，廉租房的建设或获取、分配与管理等活动都是由政府主导的，公民参与的空间有限。厦门的调研数据就显示，公民参与贫困人口住房政策过程的水平并不高。在参与能力方面，虽然公众潜在的参与意愿与兴趣不低，但是，对政策的认知水平较低，对政策并不太了解。在参与行动方面，公民参与更多的是通过低水平参与方式——通过媒体等渠道了解、学习政策或者对政策进行讨论等，而高水平的公民参与行动——公开表达政策意见和建议等则相当少。在参与渠道方面，公众更倾向于采用非制度化的网络渠道涉足廉租房政策问题。虽然房地产商通过招投标方式会参与到社会保障性住房的建设中去，廉租房的住户也可以在住房使用中针对住房问题借助于媒体表达他们的不满，或者采取不合作的方式来表达这种不满，但是，真正对廉租房的建设与管理发挥重要作用的一直都是地方政府，公民参与主要起锦上添花的作用。

孟华针对厦门居民就其对公共住房和 PX 化工项目的参与兴趣加以对比，结果表明，厦门居民对公共住房问题明显缺乏兴趣，对 PX 化工项目却具有浓厚的兴趣和强烈的参与意愿。如果人们对某一问题缺乏兴趣，他们不太可能会参与其中。孟华认为中产阶级居民一般对公共住房缺乏参与兴趣，而对公共住房感兴趣的低收入潜在受益人却往往不具备相应的参与能力；同时也缺乏相应的社会组织能够代表这部分低收入者的主张与利益。重要的是，孟华关于公共住房公民参与的研究是基于统计资料和访谈。在缺乏相关的社会团体的情况下，还能做些什么？政府官员认为他们通过政府网站和在线应用对政策方案进行宣传推进，他们对参与者是开放的。然而，政府就政策本身与市民进行协商的情况却较少发生。

在第十章中，胡荣对中国乡村选举中公民参与的相关研究主要集中于投票和参与选举的过程。他认为当地社会网络的参与是当地选举过程参与的重要决定因素，并指出经过 20 多年相对开放的乡村选举，这项特殊的改革仍然没有扩展到城市地区。值得注意的是，也许除去第四章中布鲁内特-杰利有关温哥华的论述，本书中的加拿大学者几乎没有提及有关地方投票的相关内容。这在某种程度上是由于在加拿大关于地方投票的研究比较有限。也许更重要的是，加拿大的学者更加倾向于将地方选举与地方参与视为不同的研究内容，这种倾向在第二章中格雷厄姆有关加拿大地方参与的一般性论述中尤为明显。

第十一、第十二、第十三章论及城市新移民及其子女教育中的公民参与问题。卡罗琳·安德鲁和琼·昆兹的研究是关于加拿大城市移民相关事务的公民参与问题。这两个案例的研究都表明新移民具有较高的参与水平，但这种情况仅存在于部分地区，这些地区的各种政府机构与非营利组织精心培育城市新移民（安德鲁的案例）和学龄儿童（昆兹的案例）的政治参与。与其他方面相比，昆兹一直关注政府公共服务方面的公民参与，她在本案例研究的是教育方面的公民参与。对于中加两国都需要注意的是，除非人们首先了解到政府服务具有包容性和文化差异的敏感性，并且对所有人都是公平的，否则他们不会努力学习成为参与式公民。

如阿戈克斯和格雷厄姆一样，安德鲁也参考了余章宝研究中的制度化参与和非制度化参与的划分方法，区分了不同类型的社会团体，主要包括协助移民的团体和致力于影响有关移民的相关政府政策的团体。她在有关渥太华市的相关案例中寻找到能够代表每一种类型团体的生动案例。由于加拿大不同层级的政府通过不同的方式参与移民事务，安德鲁在其专题研究中强调各层级政府间的关系维度，从而要求参与移民事务的社会团体应熟悉每一层级政府所承担的责任，并在此基础上采取相应的行动。

李学对厦门市外来务工人员子女的教育问题的相关研究也强调政府间协作的维度（intergovernmental dimension）。这主要是中央政府提供国内迁移的规制框架，并致力于制定国家教育标准的结果。但是，政策执行主要由较低层级的政府承担，如李学研究的案例中的 G 市 M 区。该案例对于不了解中国外来务工人员问题的人来说是十分有趣的。然而，回到本项目的研究目的，这个专题主要表明在政府外部没有多少人积极参与相关的政策执行过程。值得注意的是，外来务工人员中还未出现能够代表其利益的非正式组织。与中产阶级反对引入PX化工项目的案例不同，没有人组织任何形式的网络行动以致力于提高G市大多数外来务工人员子女接受教育的机会。

昆兹、李学和安德鲁的这三项研究表明，在该领域的中加公民参与有着几个明显的差异：一是公民参与制度化程度的差异。在加拿大的治理体系中，国家正式构建了公民参与的制度空间，即加拿大地方政府为公民参与提供了合法的、稳定的参与框架，使公民参与到地方层面的公共服务与社会治理过程之中。而中国有关公民参与的稳定的、制度化的参与框架尚不成熟，民众参与与个人事务相关的一些活动、公民参与地方事务的能力也需进一步提升。

二是责任体系方面的差异。基于对外来人口子女入学教育政策方面的比较分析，不难发现中加两国之间公民参与的差异。中国倾向于将国家层面的公共服务提供责任转移至地方基层政府，公民参与的诉求压力，只能由地方基层政府承担；而加拿大政府则非常注重各级政府之间的责任分担，注重各级政府之间协作体系的构建，从而强化了加拿大政府解决移民子女教育问题的能力。

三是公民参与对地方决策结构实际影响程度的差异。昆兹和安德鲁的研究表明，加拿大政府关注公民在参与过程中提出的政策诉求，并将其纳入其决策结构之中。无论是制度性参与还是非制度性参与，都能较有效地回应公民的合理诉求，对社区公共事务发挥了实质性的影响力。而在中国外来务工人员子女入学问题的解决过程中，其利益的诉求主要是以社会议题的形式影响到高层政府的决策，并以官僚体制压力的形式，塑造地方政府的行为偏好。外来人口在解决与自身事务相关问题时，过分依赖于地方决策体系中官员的善意和上级压力，而非公民直接的利益诉求。

四是公民自主性的差异。加拿大移民群体公民参与的自主性较强，公民既可以利用政府提供的制度化参与途径，也可以建立自身的移民组织，以自组织的方式影响地方政府，促使地方的决策结构更好地服务于移民的利益。相比之下，中国城市中的外来务工群体，其所享有的城市市民待遇和参与公共决策的机会不足，也无法组织自身特殊的民间组织，以影响地方政府的决策，其利益的保护往往取决于城市上级政府的治理理念和所在城市政府的善意、良知与回应。

总之，我们描述了中加两国地方治理中公民参与的现实，并力图揭示两个国家的地方治理尤其是公共服务中的公民参与的某些异同之处。本项目的每个参与者都意识到中国和加拿大两国之间的深刻的政治差异，并在研究中时刻注意着。本项研究并未涉及中国和加拿大两国高层政治及其未来发展趋势等方面的争论。项目研究的目的只是考察各自国家地方公共服务及地方治理中的公民参与，并设法在研究中使用共同的术语，在实践中探寻共同的做法，如正式的公众听证会和为评估政府计划而开展的公民调查等。我们也发现，两国学者在如何研究地方参与中所发现的实质内容方面存在很大差异。因此，实施比较研究的难度是可想而知的。

后　记

本书是厦门大学公共事务学院及公共政策研究院与加拿大西安大略大学政治学系及地方政府研究所的联合研究项目——“地方治理中的公民参与：中加比较”的研究成果。

一切缘起于2005年9月西安大略大学的安德鲁·桑克顿和卡罗尔·阿戈克斯初次受邀访问中国的大学，他们所指导的一些公共管理专业的中国研究生曾在这些大学学习。他们走访的每一所大学的官员都表示希望双方进行长期的学术交流，但正是在厦门大学公共事务学院，双方开始了真正的学术联系。2006年12月，桑克顿、阿戈克斯以及其他加拿大同事应邀再次来到厦门，参加公共管理国际学术研讨会。就在这次研讨会上，双方举行了一次非正式的会谈，即为本书发轫之始。会谈的目的是确定主题和方案，陈振明院长提议我们着眼于地方性公民参与。这个主题符合与会大多数加拿大学者的研究兴趣，至少从原则上说，该项目已经启动了。

与会者一致认为，该项目有四个主要目标：

- 研究中国和加拿大地方性参与的实践；
- 将这些实践置于现有的公民参与学术文献背景中；
- 整个项目采用比较的视角；
- 为年轻学者提供机会，参与各章的研究及最终的写作。

2007年2月，卡罗尔·阿戈克斯和卡罗琳·安德鲁（两人均为本书作者）拟了一份文件草案，成为整个项目的指导方针。在本书“导论”中，也谈到了更多关于该项目的研究计划。

2008年5月和2009年5月，加拿大和中国的研究团队分别在加拿大和中国会面。到2009年时，该项目明确了由桑克顿和陈振明担任本书主编，并分别撰写“导论”和“结论”部分。

读者可能会问，我们在合作中是如何克服语言障碍的。中国和加拿大研究人员在举行会谈和研讨会时都使用英语，在需要的时候通过翻译帮助沟通。除了琼·昆兹，其他加方参与者都不会中文，但是中方参与者都至少在某种程度上掌握流利的英语，我们在各种会议中会依靠翻译。曾在英语国家学习和工作过的中国学者在协助沟通的过程中发挥了重要作用。每位作者先用母语完成论文，而后论文被翻译成另一种语言（中译英的工作由 Han Zganh 完成）。我们在一开始就打算把这本论文集分别用中英两种语言出版。现在回顾起来，只有一个比较大的遗憾。我们的初衷是一位中国学者和一位加拿大学者配对，切磋本国的同类问题，希望他们在章节的写作过程中相互沟通，最终促成同类案例的比较。然而实际上这种交流很少。除了 2008 年和 2009 年共同参加了两次研讨会，每位学者都相对独立地写成了自己的论文。遥远的距离和语言障碍无疑是导致配对的论文却最终各自独立写成的原因。厦门大学有一位特别的教师——李明欢教授，她使得这个项目从一开始便熠熠生辉。李明欢教授曾在西方国家求学，英语很棒，且具有一股迷人的学术探索精神。虽然直到项目结束，李教授都一直在关心并致力于此，可是令我们感到非常遗憾的是，因为太忙抽不出时间，她最终无法为本书撰写其中一章。

感谢厦门大学公共事务学院在不同场合主办了两次研讨会；感谢西安大略大学社会科学学院院长布赖恩·蒂姆尼帮助安排项目研究基金；感谢西安大略大学政治学系地方政府项目的招募和发展协调专员乔希·摩根替我们管理项目基金；感谢西安大略大学的 MPA 学生布兰妮·叶芝，协助整理各章以供出版；尤其感谢厦门大学公共事务学院的陈芳教授，她曾作为联合培养博士生在西安大略大学学习一年，她在我们两位主编之间充当着不可或缺的桥梁——无论是在语言沟通上还是其他方面，她同时还是本书第三章的作者。

本项研究得到了西安大略大学“中国公共管理改进”基金项目（由香港企业家大卫·S·H·楚博士及其家庭捐赠）的支持，本书中文版的翻译出版得到福建省 2011 协同创新基地——“公共政策与地方治理协同创新中心”及“厦门大学公共服务质量研究中心”建设项目的支持。在此，我们对这两项基金的资助以及捐赠人表示衷心的感谢！

陈振明

中国福建省厦门市

安德鲁·桑克顿

加拿大安大略省伦敦市

图书在版编目（CIP）数据

地方治理中的公民参与：中国与加拿大比较研究视角/陈振明，（加）桑克顿主编. —北京：中国人民大学出版社，2016.4

（国家治理研究书系）

ISBN 978-7-300-22688-0

Ⅰ.①地… Ⅱ.①陈…②桑… Ⅲ.①公民-参与管理-地方政府-行政管理-对比研究-中国、加拿大 Ⅳ.①D625②D771.232

中国版本图书馆 CIP 数据核字（2016）第 058476 号

国家治理研究书系

地方治理中的公民参与

中国与加拿大比较研究视角

陈振明
［加］安德鲁·桑克顿（Andrew Sancton） 主编

Difang Zhili zhong de Gongmin Canyu

出版发行	中国人民大学出版社		
社　　址	北京中关村大街 31 号	邮政编码	100080
电　　话	010－62511242（总编室）		010－62511770（质管部）
	010－82501766（邮购部）		010－62514148（门市部）
	010－62515195（发行公司）		010－62515275（盗版举报）
网　　址	http://www.crup.com.cn		
	http://www.ttrnet.com（人大教研网）		
经　　销	新华书店		
印　　刷	北京中印联印务有限公司		
规　　格	160 mm×235 mm　16 开本	版　　次	2016 年 4 月第 1 版
印　　张	17.25 插页 1	印　　次	2016 年 4 月第 1 次印刷
字　　数	277 000	定　　价	59.00 元